Alain Desbrosse

Les arbres remarquables de Bourgogne

Editions de l'Escargot Savant
2012

ISBN : 2-9525942-4-4
EAN : 9782952594240

Sommaire

PLATANE D'ORIENT
PLATANUS ORIENTALIS L.
Platanaceae
Planté par BUFFON en 1785

Note de l'éditeur

Ce volume sur les « Arbres remarquables de Bourgogne » est le 1er tome d'une série de 3 livres dont le prochain sera publié en 2010. En effet, notre région fourmille de ces trésors cachés aux milieux des bois, perdus dans les haies ou jalousement gardés derrière les murailles d'un parc de château... Et un seul livre ne peut suffire à leur rendre hommage.

Le prochain tome va vous emmener au gré d'une autre centaine d'arbres des berges de la Saône avec les arbres sculptés de Chalon, aux rives de la Loire sauvage, dans les sylves du Morvan vers Dun-les-Places et Quarré-les-Tombes, vers Viévy et ses haies de charmes plessés, vers Pouilly et ses allées de platanes du Canal de Bourgogne... Quelques détours par des parcs et jardins publics compléteront ces balades... Le cahier d'images qui suit cette note vous dévoile les premières images du futur manuscrit.

Ce livre présente un état en 2008. Au cours de l'étude, plusieurs arbres ont hélas été abattus, comme l'énorme châtaignier des Baudots dont il ne reste qu'une souche éclatée et une rondelle de ses plus beaux cernes au centre Eden à Cuisery. Plusieurs branches étaient tombées avec l'orage. On a donc abattu le patriarche. Pourtant...

Eboule-t-on une cathédrale ou un immeuble parce qu'il y a un signe de chutes de tuiles ou d'une lucarne ? Il est des pays où les grands arbres sont sacrés, comme les baobabs d'Afrique. Pas en France ! Abattre un gros arbre permettait de chauffer sa famille au siècle dernier. Au même siècle aussi, on buvait un « dernier coup pour la route » et on exprimait sa virilité en tirant cigares et cigarettes... Les temps ont heureusement changé et ces cathédrales feuillues forcent aujourd'hui le respect, même si elles « ne servent à rien » : Mozart, Beethoven eux aussi ne « servent à rien »...

Alain Desbrosse a ainsi écrit les lignes documentées du scientifique géographe qu'il est, il a aussi décrit ces géants avec sa prose flirtant avec la poésie. A chaque page, le sous-bois exhale ses effluves et les feuillages bruissent au zéphir. Et surtout il a illustré son livre des magnifiques photographies de l'artiste qu'il est, pour vous offrir à vous, lecteur, le plus beau bouquet de nature de nos pays.

L'auteur et l'équipe de l'Escargot Savant ont ainsi mobilisé leurs plus belles énergies pour réaliser ce livre. D'autres inventaires ont déjà été effectués et publiés, fruits de travaux de terrain minutieux et passionnés, tels ceux de la Société Bourguignonne des Amis des Arbres, de la Société Nivernaise des

Sciences et de la Société d'Histoire Naturelle d'Autun dont le N° 4 de « Bourgogne Nature » contient un inventaire remarquable et récent. Tous, doivent figurer dans vos bibliothèques.

Tous concourent à un seul et même but : sauver ces monuments de nature. Les inventaires sont les premiers pas de la démarche.

Car au delà du symbole que représentent ces arbres c'est de forêt et d'écologie dont on parle. A l'époque de Charles Quint ou de François 1er les armées des rois pouvaient sillonner l'Europe sans sortir des bois, on la traverse aujourd'hui sans y rentrer. Pourtant France et Europe restent privilégiés.

En effet si 21% des forêts ont disparu en 10 ans en Afrique, en Amérique du Sud et en Asie du Sud Est, l'Europe a vu ses sylves progresser de 3,3% et en France, la déprise agricole a permis à nos forêts de passer de 6,7 en 1790 à 16,9 millions d'hectares en 2005.

Hélas ces forêts ne sont souvent que champs d'arbres élagués, alignés, «propres». Survie de nos peurs ancestrales, les bois paraissent hantés par loups et ours, esprits et bandits... La nuit en forêt on serre sa lampe de poche, les ténèbres nous font frémir, comme le fouillis végétal nous dérange... Souvenirs et peurs ataviques d'hommes des cavernes qui grâce au feu et à la lumière disputaient leur survie aux ours et aux lianes. Au contraire, une plantation bien propre, un petit banc, un layon bien droit rassurent.

C'est pourquoi aujourd'hui un vieil arbre, un tronc bien tordu, un houpier extraordinaire sont autant de témoins des sylves d'antan aux essences et aux strates entremêlées, aux troncs gisants au sol et aux géants dominant les canopées. Nos arbres remarquables, fils de la terre et du ciel bien plus que l'œuvre d'art naturelle qu'ils sont, nous rendent ainsi l'esprit des sylves d'antan. C'est pourquoi leur conservation s'impose : les couper, c'est priver notre société d'une partie de ses racines.

Ce livre donc se feuillettera comme tous, de page en page... mais je souhaite qu'au-delà, il nous force à conserver notre Patrimoine.

Nous n'héritons pas des richesses de la terre de nos Parents, nous avons aussi le devoir de les léguer à nos Enfants.

Ce respect, nous vous le demandons aussi lors de vos visites et circuits ; les arbres ne sont ni dépotoirs ni supports de gravures égoïstes ; beaucoup de ces monuments naturels ont été sauvés aussi par des propriétaires privés : remerciez-les en respectant leur terrain et leur propriété.

A bientôt, au détour d'un autre sentier.

Ont collaboré à ce livre :
Cyrille Levitte et Christian Kempf (mise en page), Adrien Horny (photographies), Marielle Suzeau (relecture).

L'orme à Manon, sur les berges de la Saône, à Chalon-sur-Saône.

La double haie de platanes au-dessus du tunnel du Canal de Bourgogne, à Pouilly-en-Auxois.
Le deuxième tome décrira quelques géants tombés sous les dents des tronçonneuses.

Douglas du Creux Botteray à Gibles (71) d'une hauteur de cinquante mètres, âgé de 128 ans et d'une circonférence de 3.84 mètres, planté en 1878.

Il y a plus de 500 arbres remarquables en Bourgogne, plus de 100 sont décrits dans ce livre et 120 autres le seront dans la prochaine publication.

Office National des Forêts
FORET DOMANIALE DE POURLANS
CHENE BORGEOT

Le tome 2 d'«Arbres remarquables de Bourgogne» vous emmènera dans une série de balades nocturnes parmi les géants de nos parcs et forêts.

Remerciements

Un grand merci à tous ceux et celles qui nous ont prêté l'usage, le temps d'une photo, de leur mètre étalon pour donner l'échelle sur la centaine d'arbres passés en revue dans cet ouvrage: Bruno Benard, Lolotte, Bérangère et Camille Lecontre, Viviane Chaffangeon, Marie Delmotte, Nicole Berthier, Patrick Charpentier, Marielle Suzeau et Christian Kempf, Danielle Le Bolloch et Roger Etcheberry, Maurice Petot, l'auguste auteur de ces lignes, 1,72 mètres au sommet du houppier un peu ébouriffé par la course pour arriver avant le déclenchement du retardateur photo, tout le groupe de la Société d'Histoire Naturelle du Creusot, 8 mètres d'embonpoint pour donner la mesure de la circonférence interne du châtaignier de Cuzy un jour de neige de l'hiver 2006.

La direction régionale de l'Office National des Forêts nous a aimablement donné accès au fichier de l'inventaire des arbres remarquables dans les forêts gérées par cet organisme. Merci à Jean-Pierre Perraud, à Vincent Godreau et Danuel Mazué. M. Jean-Louis Guérin du CRPF a mis à notre disposition les riches résultats du Jeu Concours organisé en Côte-d'Or.

Sur l'ensemble des trois départements de l'Yonne, Nièvre et Côte-d'Or pour lesquels nous avons fait des recherches complémentaires, les Offices du Tourisme nous ont signalé quelques-unes des curiosités végétales qui font la richesse des paysages bourguignons.

Un grand merci aux informateurs inventeurs de certains des plus beaux monuments naturels vivants de Bourgogne: Bernard Notteghem pour les communes de Marmagne et de Charmoy, Patrice Notteghem pour tout le territoire de la CUCM et les bords de Loire, Gérard Ducerf pour les «prés violents» de son Brionnais natal, Nicole Vernochet et Maurice Laroche ardents patrouilleurs des «feurtaches» du Creusot et des confins non encore explorés du département, les différents agents de l'ONF qui nous ont aidé à localiser les arbres perdus aux fonds des bois et en particulier M. Pascal Goudeau pour les alisiers de Saulx-le-Duc que son oeil botaniste aiguisé a su repérer et nous faire découvrir au sommet de la Roche Aigüe.

La chouette hulotte habite les vieux arbres creux et sait choisir les arbres... remarquables.

Préface

Depuis de nombreuses années, Alain Desbrosse, notre correspondant régional, parcourt la Bourgogne, agissant en toutes occasions pour recenser et préserver les sites naturels. Lors de ses recherches, il est, comme tous les adhérents de l'association A.R.B.R.E.S, tombé dans la « marmite » des arbres remarquables. La potion magique qu'elle contient génère un curieux état second, et quasi-permanent, qui pousse à rechercher, dans les villages et les forêts, dans le plus petit des hameaux, l'arbre extraordinaire qui va marquer les esprits. Car le domaine des arbres remarquables est avant tout une affaire de cœur, ou plutôt de coup de cœur. C'est même le premier des critères qui permet de définir un arbre remarquable : le coup de cœur, l'émotion. On parcourt la campagne, on fréquente d'innombrables coins perdus, et tout à coup, il est là, il s'impose comme une évidence, il devient inoubliable ! On note précisément les coordonnées de l'arbre en question, les moyens d'y accéder. On prend ses mensurations. On meurt d'envie de connaître son histoire, on cherche le meilleur moyen de le protéger. Alain Desbrosse, comme tous les « chercheur d'arbres » souhaite inévitablement faire partager ses découvertes. Publier s'impose alors comme une nécessité !

Quelques critères plus rigoureux permettent de définir un arbre remarquable. Son âge tout d'abord. La France possède quelques arbres millénaires, et la Bourgogne n'est pas en reste avec de nombreux sujets atteignant plusieurs siècles.

Mais attention, la relativité est de mise pour ce critère. Un hêtre bicentenaire est un vieillard , tandis qu'un chêne de deux siècles est en pleine force de l'âge.

Les dimensions sont à l'évidence un critère déterminant pour affirmer le caractère remarquable d'un arbre. Mais là encore, il est prudent de ne pas se gargariser de valeurs « record » : « le plus gros », « le plus grand », sont des notions à manier avec la plus grande prudence, même si elles peuvent être indicatives.

Un platane de cinq mètres de circonférence n'est pas exceptionnel, et pas forcément très âgé. tandis qu'une aubépine de deux mètres cinquante de tour peut avoir largement plusieurs siècles d'âge.

La forme de l'arbre est un critère très important. Elle peut dénoter une anomalie qui le rend remarquable, comme le montre l'exemple des hêtres tortillards. Elle peut révéler une tradition rurale, à l'instar des hêtres plessés du Morvan, dont les branches furent jadis entremêlées de mains d'hommes. Les arbres têtards, ou trognes illustrent également un patient travail humain.

Une dernière « catégorie » d'arbres remarquables correspond à ceux qui ont une valeur historique, comme les nombreux arbres dits « de Sully », encore présents sur le sol bourguignon. D'autres sont liés à la religion, abritant des chapelles ou portant des ex-votos, d'autres enfin se rapportent à une légende, souvent liée à l'histoire régionale.

Il ressort de l'ensemble de ces éléments une caractéristique presque incontournable : l'arbre devient remarquable parce qu'un jour des hommes en ont décidé ainsi. Il prend alors une valeur symbolique qui, d'une certaine façon, le protège. L'association A.R.B.R.E.S. est donc l'enfant de tous ceux qui , pour une raison ou pour une autre, ont décidé autrefois de préserver un arbre, le conduisant à vivre bien plus longtemps qu'il ne le ferait en milieu naturel.

La Bourgogne regorge d'arbres qui rassemblent ces critères, s'appuyant sur des traditions profondes, et sur une Histoire exceptionnellement riche. Les faire découvrir devenait incontournable, car les recherches dans ce domaine sont parvenues à maturité. Alain Desbrosses, avec son exceptionnelle connaissance du terrain est l'homme de la situation.

Il est temps de considérer ces sujets remarquables comme une merveilleuse contribution au riche patrimoine bourguignon.

Georges Fettermann
Président de l'association A.R.B.R.E.S.

Préambule

Géants verts de Bourgogne, à la découverte du patrimoine méconnu des arbres remarquables de notre région.

L'ouvrage qui suit présente quelques-uns des arbres les plus extraordinaires sur les quatre départements de la Bourgogne, Côte-d'Or, Nièvre, Saône-et-Loire et Yonne.

Un travail détaillé d'inventaire communal avait été conduit en 1993 sous l'égide du Conseil Régional pour le seul département de la Saône-et-Loire. Depuis, plusieurs organismes se sont lancés dans cette démarche: Office National des Forêts en 1996 avec un inventaire national dans les forêts domaniales ou communales, Jeu-concours lancé par la Société Bourguignonne des Amis des Arbres (SBAA, Dijon) pour la Côte-d'Or en 1999, Jeu-concours organisé par le Parc Naturel Régional du Morvan sur les quatre départements que recoupe cette entité. Des compléments d'enquête ont été menés pour cet ouvrage sur les trois départements non inventoriés systématiquement en 1993. Les autres sources d'information sont l'association A.R.B.R.E.S. (pour Arbres Remarquables, Bilan, Recherche, Etude, Sauvegarde) qui traite du sujet à l'échelle nationale, les offices du tourisme, un réseau d'informateurs locaux intéressés par le sujet. Enfin, le lycée agricole forestier de Velet à Etang-sur-Arroux a créé un site internet qui décrit 40 arbres fin 2007 localisés en Saône-et-Loire.

Au total, même si ce travail reste aujourd'hui très incomplet, on peut estimer à plus de 500 le nombre d'arbres qualifiables de remarquables à divers titres.

Les critères de choix qui ont sous-tendu cet ouvrage sont tout d'abord ceux des dimensions des arbres. L'avenir nous réserve encore très certainement de belles surprises dans ce domaine mais on peut considérer que les plus gros hêtres, châtaigniers, chênes ou platanes sont désormais connus. Nous avons cherché à illustrer la richesse botanique bourguignonne en présentant quelques arbres ou arbustes mal connus du public mais pourtant bien présents dans nos campagnes: néflier, cormier, cerisier de Ste Lucie, cornouiller mâle, alisier torminal. Dans ce domaine de la diversité floristique, la Bourgogne possède quatre espèces protégées dont une à l'échelle nationale. Toutes, à l'exception du saule rampant, ont fourni un spécimen considéré comme le plus gros représentant régional pour l'alisier de Fontainebleau, l'érable de Montpellier, le merisier à grappes.

A l'échelle de la région qui compte 93 espèces d'après la liste établie par Bugnon (1993), 42 espèces ont fourni au moins un spécimen d'arbre remarquable.

Sur les 165 arbres appartenant à 32 espèces de l'inventaire de Saône-et-Loire mis en fiches en 1993, 60 sont des chênes, sessiles ou pédonculés, loin devant les châtaigniers (26) du pourtour du Morvan et des contreforts du Beaujolais.

Les arbres associés à la grande histoire de France ou à celle beaucoup plus modeste de nos paysages ruraux et forestiers constituent le gros des troupes: tilleuls de Sully, chênes de St Louis ou Napoléon, arbres de la Liberté associés aux deux révolutions de 1789 ou de 1848 sur les places des villes et des villages, arbres nommés, arbres classés au titre de la loi de 1930. Il est toujours frustrant de ne plus avoir que quelques bribes très éparses du passé de ces arbres. Avec le renouvellement des générations et la désertion des campagnes par les paysans porteurs d'un savoir ancestral, les arbres sont les témoins muets du défilement à leur pied des fourmis que nous sommes.

Patrimoine à la marge entre la nature et la culture, les arbres remarquables sont avant tout le fruit des caractéristiques biogéographiques de la Bourgogne, carrefour climatique où viennent se mêler les brises atlantiques humides qui baignent le Morvan, la bise glaciale d'Europe centrale qui balaie le froid Châtillonnais ou les remontées méditerranéennes chaudes et sèches qui s'insinuent par le Val de Sâone.

Il y a 6000 ans, nos ancêtres agriculteurs chasséens commencèrent à modeler les paysages, défrichant les grands massifs forestiers ou plantant les bocages pour isoler les terres labourées de la dent des troupeaux.

Certains de nos arbres qui ont aujourd'hui 4 siècles ont été volontairement implantés puis conservés par les 12 générations qu'ils ont vu défiler depuis la germination d'une châtaigne, un jour du printemps de 1492, dans un talus moyenageux du massif d'Uchon. Plus récemment, quand la côte chalonnaise n'était qu'une steppe pelée jusqu'à la roche par les moutons et les chèvres, un gland osait lancer ses cotylédons à l'assaut de la lumière dans la ravine d'Agneux à Rully. Il a fallu qu'une bergère décide de l'épargner de la dent de ses biquettes pour que nous puissions, en 2008, l'admirer en lisière d'une chênaie qui a repris ses droits sur les anciennes pelouses calcaires.

Une proportion importante de nos arbres remarquables se trouve sur le domaine privé: sur les 164 arbres recensés en 1993 en Saône-et-Loire, 90 se situaient sur des propriétés privées pour 74 sur le domaine public. Nombre d'entre eux sont néanmoins visibles d'un chemin ou lui procurent directement leur ombrage. Pour les arbres situés au milieu d'une parcelle, assurez-vous de l'accord du propriétaire avant de pénétrer dans le pré. Dans tous les cas, pensez à bien refermer la barrière derrière vous pour éviter la divagation des charolais qui, avant de finir dans vos assiettes, ont encore la chance de pouvoir goûter l'herbe verte des gras pâturages de Bourgogne et ruminer tranquillement, aux heures chaudes, à l'ombre d'arbres séculaires.

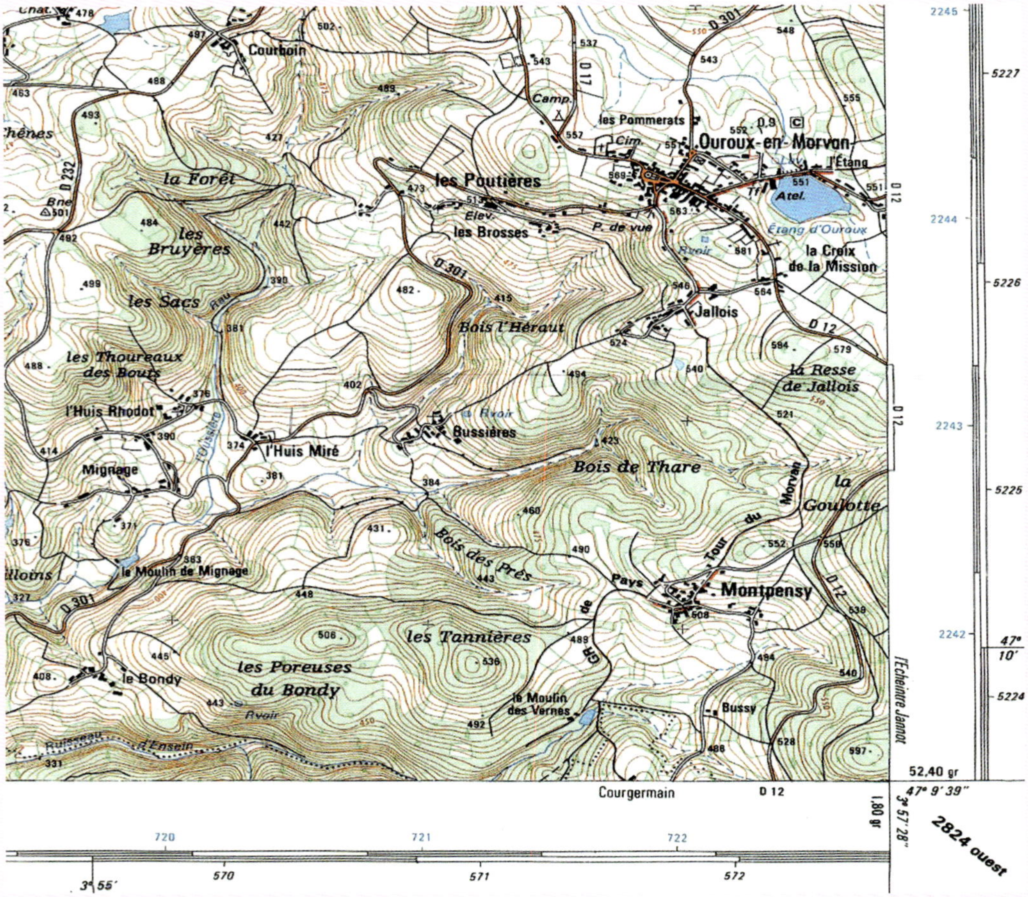

Extrait de carte avec repérage des carrés Lambert II, copie d'écran avec waypoint du châtaignier d'Ouroux-en-Morvan

Localiser les arbres remarquables de Bourgogne

Vous retrouverez sans difficulté l'ensemble des arbres décrits dans cet ouvrage localisables de manière très précise grâce à trois moyens.

- La carte topographique au 1/25000ème est un outil indispensable qui vous permettra, grâce aux coordonnées Lambert II, de situer avec une grande précision les 104 arbres que nous avons sélectionnés. Chaque fiche descriptive donne les références de la feuille nécessaire: 2823 Est Lormes pour le châtaignier des Poutières à Ouroux-en-Morvan dans la Nièvre. Il vous faut ensuite repérer sur la carte les croix qui correspondent aux unités inscrites en bleu sur la bordure de la carte, en l'occurrence 720 sur l'axe nord-sud et 2243 sur l'axe est-ouest. Avec un calque sur lequel vous aurez divisé le carré en dix, vous localisez l'arbre pour lequel nous avons donné les coordonnées à deux chiffres après la virgule. Le châtaignier en question situé entre le petit hameau de quatre maisons et le point coté 442 mètres, le long d'un chemin de terre nous donne les coordonnées suivantes: 720,59 x 2243,91.

- Le GPS. Si vous possédez un exemplaire qui ne soit pas solidaire de votre voiture, cet engin magique vous conduira jusqu'au fond des bois au pied des arbres les plus cachés du Morvan, de la Puisaye ou du Brionnais. Pour garder l'exemple du châtaignier des Poutières, il vous faut être réglé sur le système de positionnement WGS 84 et que votre écran affiche les coordonnées en millièmes de minute, ce qui nous donne 47° 11'.053 de latitude nord x 3°55'.671 de longitude est.

- Si vous êtes équipé d'un ordinateur PC, les logiciels Carto Explorer et Photo Explorer de chez Bayo vous permettent de visualiser à l'écran la position de l'arbre sur la carte 1/25000ème et sur la photographie aérienne de l'IGN. La dernière version vous permet même de visiter la Bourgogne en 3 dimensions! Ils sont disponibles à la boutique de l'IGN, rue Michelet à Dijon ou à la librairie Rendez-vous avec la Nature, rue aux Fèvres à Chalon-sur-Saône. Il existe une couverture générale uniquement cartographique de la Bourgogne au 1/100 000ème et chaque département est divisé en deux pour accéder à l'échelle des cartes topographiques. La bibliothèque des waypoints peut vous être fournie sous forme de CD (www.escargotsavant.fr). Elle compte 200 arbres (45 en Côte-d'Or, 24 dans la Nièvre, 107 en Saône-et-Loire, 21 dans l'Yonne) que vous pourrez aller découvrir par vous-mêmes pour ceux non décrits dans ces pages. Attention à la barre de réglage des coordonnées GPS en latitude et longitude qui se met par défaut sur une échelle en secondes et dixièmes de seconde (Degrés h ddd° mmm' ss.s'') Vous devez choisir l'échelle en millièmes de minute (Degrés h ddd° mmm.mmm').

La position GPS de chaque arbre est donnée au début de chaque description.

ARBRES REMARQUABLES DANS LE MONDE ET EN FRANCE

Les séquoias géants sont réguliers dans les Parcs Nationaux de l'Ouest américain.

Il y a environ 3000 espèces de palmiers au monde; toutes sont des prodiges d'adaptation et d'originalité.

Le «Chêne des Anges» sur l'île Saint-Jean.

Les arbres des déserts chauds (ci-dessus) et des déserts polaires froids (ci-dessous)

ARBRES REMARQUABLES DANS LE MONDE

Un voyage au pays des records de taille et de longévité

Le thème des arbres remarquables dans le monde est superbement documenté par quelques ouvrages qui nous ont permis de rédiger ces lignes. Il s'agit en particulier des ouvrages de Robert Bourdu, «Arbres souverains», Jérôme Hutin, les «Arbres vénérables - Le tour du monde des géants millénaires», Thomas Packenham, «Le tour du monde en 80 arbres» et Francis Hallé, «Plaidoyer pour l'arbre». Les arbres de notre continent sont magnifiquement présentés par Jeroen Pater dans «Les arbres remarquables d'Europe» où il tire le portrait d'une centaine d'arbres de 22 pays de l'Union.

Nos quelques visites dans les étendues sahariennes ou arctiques, dans les mélézins du Mercantour ou de Mongolie, dans les forêts vierges de Pologne ou de Colombie britannique complètent ce très incomplet aperçu des richesses arboricoles mondiales.

Assez curieusement, aucun des quatre premiers ouvrages cités ne traite des forêts tropicales humides qui recèlent pourtant des arbres spectaculaires. Deux hypothèses peuvent être invoquées à cette absence. Les boisements encore vierges sont tellement riches qu'il est difficile d'identifier des individus plus remarquables que d'autres. D'un autre côté, l'ampleur de la destruction de ces milieux par les compagnies forestières, les agriculteurs et les champs de soja transgéniques gorgés de désherbant conduisent à la disparition totale des forêts primaires tropicales à brève échéance: *«Commençons par prendre la mesure de notre ignorance. De la bactérie à la baleine, les chercheurs ont actuellement identifié 1,7 million d'espèces animales et végétales vivantes. Mais il y en aurait en tout de 30 à 50 millions. Ainsi, bien que nous ayons parfois l'impression d'avoir «tout découvert», nous ne connaissons en réalité que 2 à 3 % des formes de vie de notre planète. Au moins la moitié de ces espèces vivent dans les forêts tropicales et en sont une partie intégrante. Or, au niveau de destruction actuel, de 50 000 à 100 000 espèces sont vraisemblablement détruites chaque année. Si l'on suit mathématiquement ce rythme, avec l'espérance de vie d'un Européen (75 ans), les enfants qui naissent aujourd'hui devraient assister à la disparition de l'essentiel des forêts primaires d'Afrique occidentale, d'Amérique centrale et d'Asie du Sud-Est.»* («Forêts tropicales: c'est fichu» par Frédéric Durant, Francis Hallé et Nicolas Hulot, Le Monde du 10 novembre 2003).

On peut ajouter à ce tableau d'apocalypse l'ensemble des forêts pluvieuses de la côte pacifique de l'Amérique du Nord, les forêts d'eucalyptus d'Australie et de Tasmanie livrées aux compagnies forestières.

Les plus gros

On trouve les arbres sur notre planète depuis les latitudes équatoriales jusqu'au-delà du Cercle polaire. Les plus grands et plus gros se trouvent sur la façade ouest de l'Amérique du Nord et en Australie où les eucalyptus formaient des peuplements rivalisant avec les séquoias américains avant l'arrivée des Européens sur ce continent.

Un climat frais et humide permet au Séquoia toujours vert (Sequoia sempervirens) de détenir le record mondial actuel de hauteur. Découvert dans les années 1990, le « Stratosphere Giant » culmine à 112,35 mètres. Il fait partie du groupe des 26 séquoias de plus de 110 mètres dont 18 sont groupés dans le Humbolt State Park aux Etats-Unis.

Les deux espèces challengers sont un eucalyptus (Eucaliptus regnans) et le sapin de Douglas (Pseudotsuga menziesii) qui fleurtent avec les 90 mètres de haut.

C'est la seconde espèce de séquoia, le séquoia géant (Sequoia gigantea) de la Sierra Nevada dans le Sequoia National Park de Californie, qui détient le record de l'arbre le plus gros. Le «Général Sherman» affiche une circonférence de 18 mètres supportant un fût au diamètre parfaitement régulier entre 9 et 45 mètres et qui culmine à 83 mètres, l'équivalent d'un immeuble de 26 étages. Il totalise un poids, grume, branches et racines, de 1500 tonnes pour un volume de 1340 m^3, l'équivalent d'une bonne douzaine des plus grosses baleines bleues !.... Rien d'extraordinaire à cela quand on sait qu'il a mis la bagatelle de 10 siècles pour les accumuler ! Son concurrent, le «Général Grant» dans le King's Canyon National Park le surpasse légèrement avec 1540 m^3.

Chaque année, il s'accroît de plus d'un mètre cube. Son écorce épaisse de 60 centimètres lui procure une carapace ignifugée contre les innombrables incendies déclenchés par la foudre depuis les 2 ou 3000 ans qu'il scrute les nues. Avec ces deux séquoias, il en existe 76 autres dans le peloton de tête baptisés du nom de personnages américains célèbres, présidents, généraux, écrivains ou du nom des Etats de l'Union. Ceux qui ont des formes particulières sont nommés en fonction de leur caractéristique principale: la Tanière de l'ours, la Baignoire de l'ours, la Flèche brisée, la Chambre brûlée, la Bûche creuse ou les Colonnes d'Hercule. Le Tunnel est un monstre couché de 80 mètres de long et 20 de tour dans lequel on a débité un passage de 5 mètres de large et 2,50 mètres de haut suffisant pour laisser passer les véhicules.

Si l'on considère le seul tour de taille, « El Arbol », le cyprès de Tulé, petit village près d'Oaxaca au Mexique détient le record mondial : 58 mètres d'embonpoint pour « seulement » 43 mètres de haut. La forme très indentée du fût de ce Cyprès de Montezuma (Taxodium mucronatum) avait laissé un doute sur l'unicité de l'arbre qui pourrait correspondre, compte tenu de sa forme, à l'union de trois tiges originelles. Des études génétiques récentes ont montré qu'il s'agit bien d'un même individu.

Autre essence originaire de la côte ouest américaine, le thuya géant (Thuja plicata), essence bien connue de tous les propriétaires de maison individuelle en lotissement qui l'utilisent pour s'enfermer derrière l'écran de « béton végétal » que procure son feuillage sempervirent dru. Dans son pays d'origine le « red cedar » faisait partie intégrante de la vie des peuples amérindiens de la côte pacifique. Les Haïdas bâtissaient leurs grandes maisons communes dans ses troncs au bois imputrescible, taillaient des mâts et des canots ornés de leurs animaux totémiques, tissaient des capes dans son écorce filandreuse. Dans les Iles de la Reine Charlotte, au large de la frontière entre la Colombie britannique et l'Alaska, là où les red cedars millénaires ont été protégés des ravages des compagnies forestières, la forêt primaire recèle un univers digne du monde

imaginaire de Tolkien. Dans l'État de Washington, le plus gros thuya connu mesure 20 mètres de tour et culmine à 60 mètres. Dans ces deux pays où le dieu du profit règne en maître, il n'existe pas de protection des moins de 5% des forêts pluvieuses qui subsistent par rapport à ce qu'elles étaient en 1850 quand les Européens ont envahi ces régions encore vierges. On peut ainsi participer à des visites de « chantiers exemplaires » sur l'île de Vancouver où les derniers arpents de forêts aux arbres millénaires sont passés à la coupe à blanc puis au napalm pour calciner les branchages laissés derrière le passage des bûcherons !

En Afrique subsaharienne, à Madagascar, qui abrite 6 des 8 espèces connues, ou en Australie, ce sont les baobabs qui forcent l'admiration par leurs formes plantureuses sous une écorce lisse. Des spécimens de 25 mètres de circonférence pour 1000 ans d'âge présumé ne sont pas rares. Au Botswana, l'un d'entre eux conserve gravé dans son écorce l'autographe de l'expédition de Green datée de 1858 et parfaitement lisible. Le record de circonférence mondial chez l'espèce africaine Adansonia digitata est de 38 mètres pour un arbre qui pousse dans la région de Limpopo en Afrique du Sud. Il ferait profiter de ses fruits les Venda et leurs ancêtres sur le territoire desquels il se trouve depuis sans doute 3000 ans!

Les Mathusalems

Dans le domaine du temps, les plantes sont des organismes hors normes par rapport à celles, bien éphémères, de la vie humaine, inférieure au siècle.

On connaît au Groenland des lichens millénaires. A raison de 0,5 mm de croissance par an, les lichens crustacés jaune et noir de l'espèce très répandue Rhizocarpon geographicum sont plaqués à leur rocher depuis 9000 ans dans les zones de retrait de la calotte de glace les plus anciennes (Mortensen, The Ecology of Greenland, 2001).

Dans la végétation des landes à éricacées caractéristiques de la côte est de l'Amérique du Nord, c'est un myrtillier, Gaylussacia, qui détient en Pennsylvanie un record de longévité avec, pour une touffe constituée de clones génétiquement identiques, un âge de 13 000 ans qui lui a permis de s'étendre sur 40 hectares (Hallé, 2005, p. 51)! Ce record étonnant pour un sous-arbrisseau est désormais dépassé par les datations effectuées sur un houx royal (Lomatia tasmanica) des montagnes de Bathurst en Tasmanie. Plusieurs centaines de tiges totalisent 1,2 km de longueur et leur système racinaire commun aurait 43 000 ans ce qui en fait le plus vieil organisme vivant sur notre planète (Hallé, ibid.).

A l'heure actuelle, les mathusalems du monde des arbres sont les pins à longue vie (Pinus longaeva). 17 de ces pins qui survivent à 3000 mètres d'altitude sont solidement cramponnés dans le décor minéral des bien nommées White Mountains de Californie depuis 4 millénaires ! Le plus vieux, baptisé «Old Man», affiche 4600 ans. Le record absolu chez cette espèce était de 4900 ans mais l'individu concerné découvert dans l'Utah fut abattu par son découvreur pour récupérer la tarrière de carottage qu'il avait cassée dans son flanc (Packenham 2002)!…

Certaines espèces parmi les arbres remettent en question, par leurs capacités de rejet, la notion même de vie et de mort. On connaît dans le Midi les oliviers qui ont résisté aux grands froids de 1956. Les parties aériennes sont détruites par le gel mais les racines qui ont échappé à la mort sont là pour redonner des rejets dès le printemps suivant.

En Tasmanie, les pins huons (Lagarostrobos franklinii) sont une espèce endémique à cette île. A Mount Read, près du lac Johnson, les chercheurs ont découvert des arbres de 1200 ans dont le système racinaire en aurait, lui, plus de 10 000 ans (Hutin, 2003)!

Beaucoup plus près de nous, en Sicile, le Châtaignier aux 100 Chevaux correspond à un arbre originel unique dont les trois rejets géants totalisent une circonférence de 55 mètres.

Baobab géant aux Comores. «Baobab» signifie : «Qui a ses racines à l'air», car en Afrique la légende veut que ces arbres chevelus poussent du ciel vers la terre.

Les plus rares et les plus fossiles mais encore bien vivants

Si l'on remonte dans le temps, on sait, grâce à des découvertes faites en 1870, que les tous premiers arbres remontent à 375 millions d'années. Des recherches plus récentes (Le Monde du 20 avril 2007) permettent de savoir qu'Eospermatopsis mesurait jusqu'à 8 mètres de haut et était coiffé d'un bouquet de petites tiges. La graine n'ayant pas encore été inventée, ces arbres se reproduisaient par spores, comme nos fougères actuelles. Le Dévonien est l'étage géologique qui marque le début de la conquête des organismes aquatiques des continents émergés, il y a 410 millions d'années.

En seulement 50 millions d'années, les organismes chlorophylliens dont faisaient partie les forêts d'Eospermatopsis ont fait chuter les teneurs en gaz carbonique de l'atmosphère par un facteur 10 pour l'amener aux concentrations pré-industrielles de 280 ppm qui ont rendu cette planète habitable par les dinosaures du Secondaire et les mammifères du Tertiaire.

Troncs d'arbre silicifiés entre Comodoro et El Calafate en Patagonie.

Deux espèces se partagent le privilège de pouvoir être considérées comme les plus rares au monde. Il s'agit des métaséquoias (Metasequoia glyptostroboides) découverts en Chine en 1941 et plus récemment encore, des pins de Wollemi localisés en 1994 dans les Montagnes bleues près de Sydney en Australie. Qualifiables de fossiles vivants, les métaséquoias sont les survivants préservés dans une vallée du Sseu-Tch'ouan oriental d'une espèce qui n'était connue jusque-là que par des fossiles vieux de 3 millions d'années découverts en Amérique du Nord. Le plus vieux et le plus gros spécimen vivant trône aujourd'hui dans le village de Modoaxi de la région de Hubei en Chine où la vallée de Shui-Sa-Pa leur a servi de refuge au cours des dernières glaciations. On peut admirer deux spécimens de cette espèce au jardin botanique et dans le parc d'Emmanuel College à Cambridge (Pakenham, 1996) et également un bel individu au Jardin des Plantes du Muséum National d'Histoire Naturelle à Paris.

Découverts par David Noble, les pins de Wollemi (Wollemia nobilis) de la famille de l'araucaria sont connus d'une vallée ayant échappé aux ravages des compagnies forestières dans laquelle moins de 100 individus adultes subsistent. Ils mesurent 40 mètres de haut et pourraient avoir 1000 ans d'âge. On connaît des fossiles de cette espèce vieux de 90 millions d'années. Redécouvrir celle-ci née pendant l'ère secondaire, c'est un peu comme tomber nez à nez avec les dinosaures qui venaient brouter ou chasser sous l'ombre de ses aiguilles!

Bien qu'il ne soit pas aussi rare que ces deux espèces, c'est le ginkgo (Ginkgo biloba), espèce dioïque, qui est notre fossile vivant le plus célèbre. On remonte sa trace jusqu'au Jurassique (-205 à -135 millions d'années). L'Arbre aux Quarante Ecus comme on le surnomme en France est tellement original du point de vue botanique que les systématiciens lui ont réservé un ordre (il est proche et au même niveau de classification que l'ensemble des conifères), une famille, un genre et une espèce pour lui seul. Eradiqué d'Amérique du Nord il y a 7 millions d'années et d'Europe, depuis 2 millions d'années par les cataclysmes et changements climatiques, il fut redécouvert au Japon en 1691 et exporté en Europe à partir du XVIIIème siècle (Utrecht, 1727).

Espèce de la zone tempérée que l'on pense originaire des montagnes du Sud-Est de la Chine, il est très probable qu'elle n'existe plus à l'état sauvage. Le Ginkgo était planté en Chine près des monastères et dans les jardins des palais et des temples par les moines bouddhistes. Le spécimen le plus vieux est un pied femelle toujours fécond après 3000 printemps et 16 mètres de tour, près du temple de Dinglin dans la région de Shandong.

Les plus extrêmes

Aux hautes altitudes et latitudes, la vie est soumise à des contraintes écologiques très fortes d'ensoleillement, de froid ou de chaud et de vent qui ne permettent plus aux arbres de se développer en hauteur. Dans l'Arctique, quand les conifères ont disparu pour laisser la place aux paysages de toundra ou aux déserts glacés, saules et bouleaux rampent au sol. Ils échappent ainsi aux conditions infernales qui règnent une grande partie de l'année au fond des fjords immenses qui dissèquent la côte est du Groenland ou sur les terres qui se libèrent de leur chape de glace depuis 10 000 ans dans l'archipel du Svalbard, plus connu en France sous le nom de Spitzberg.

Un pachypodium dans le désert rocailleux du Damaraland en Namibie.

Pages précédentes (double page): Allée des baobabs à Madagascar.

Pages suivantes Doubles page, 44-45 : L'arbre, peut-être le plus gros du monde, l'Arbre de Tulé, à Oaxaca au Mexique. Il a plus de 2000 ans.

A des latitudes beaucoup moins extrêmes puisqu'il s'agit de notre cher 45ème parallèle mais sur la côte orientale de l'Amérique du Nord, l'archipel de St Pierre-et-Miquelon, sur la côte sud de la grande île de Terre Neuve possède des boisements nains constitués de sapin baumier (Abies balsamea) sur les cimes desquels on peut souvent circuler. La canopée ne dépasse guère quelques décimètres sur tous les versants des «mornes» exposés aux tempêtes hivernales qui font hurler les vents du Noroît et du Suroît, du Nordet et du Suet chargés d'embruns salés ou de poudrin pendant trois ou quatre mois. A la sortie de l'hiver, tous les rameaux qui avaient tenté une percée au-dessus de la nappe d'aiguilles protectrices se retrouvent littéralement passés à la lampe à souder, brûlés par ce facteur vent qui tue par le froid qu'il démultiplie.

Dans les déserts où règnent à la fois des conditions de sécheresse extrême et des écarts de température entre le jour et la nuit de plusieurs dizaines de degrés, seule la présence de nappes phréatiques dans le fond des oueds permet aux cyprès du Tassili ou aux ormes du désert de Gobi de résister depuis des siècles au réchauffement de la planète et aux hordes de troupeaux que l'homme fait pâturer depuis le Néolithique.

Le cyprès du Tassili ou tarout, «l'arbre de la soif» en tamashek, la langue touareg, fait partie depuis 1984 des 12 espèces végétales les plus menacées au monde, inscrites au Livre Rouge de l'Union Internationale de la Conservation de la Nature (UICN). Situés dans un massif gréseux dans l'extrême Sud algérien près de la ville de Djanet, ces cyprès sont des Cupressus dupreziana, baptisés en l'honneur de leur découvreur, le capitaine Duprez, commandant de l'Annexe de Ajjer à Djanet en 1920. Avec l'inexorable dessèchement du Sahara, ce cyprès n'est plus aujourd'hui présent que sur les parties sommitales du Tassili, à 1700 - 2000 mètres d'altitude, où ne subsistaient, lors d'un recensement effectué par Grimm en 1970-71 que 230 tarouts vivants et 153 morts (Malika Hachid, Le Tassili des Ajjer, 1998). La seule vallée de Tamghit en compte 50 dont nous avons pu admirer le port serré au Nouvel An 2001. Une datation sur une souche a donné un âge de 1640 ans (à plus ou moins 80 ans) ce qui la ferait remonter au début du IVème siècle de notre ère, au moment où Constantin 1er déclarait Constantinople capitale de l'Empire romain. Survivant avec moins de 30 millimètres de pluviométrie moyenne annuelle et des écarts de température pouvant aller de -10°C à + 40° C, la régénération naturelle n'est plus qu'exceptionnelle. Un programme international de multiplication par semis et boutures a permis de sauvegarder cet arbre en Algérie et dans d'autres régions du monde. L'espèce est désormais sauvée de l'extinction.

Pour les indien Haidas, les forêts des Rocheuses recèlent des arbres dont les esprits protègent les tribus, alors qu'en Mongolie (ci-dessous) certains arbres sont vénérés et on y dépose des rubans bleus en émettant un voeu.

Les plus vénérés

Dans tous les pays du monde, les arbres font l'objet, depuis la nuit des temps, de cultes païens, religieux ou laïques.

Dans la tradition orientale, Boudha s'est retiré sous un figuier pippal (Ficus religiosa). Il y reçut l'éveil dans le Nord de l'Inde, près des rives du Gange au VIème siècle avant J.C.. Il y a 600 ans, une bouture fut transplantée à Ceylan où l'on peut aujourd'hui admirer l'arbre probablement le plus vénéré au monde à Anuradhapura, dans le Nord du Sri Lanka.

Au Japon, on trouve des camphriers (Cinnamomum camphora) près des temples shintoïstes des VIIème et VIIIème siècles dans les régions les plus chaudes de l'archipel. Ceints de cordes et de pompons, ces arbres dont certains seraient bimillénaires, ont échappé aux séismes et aux guerres et autres tsunamis qui ont détruit tous les bâtiments contemporains de leur germination. En faire le tour dans le sens des aiguilles d'une montre permet de gagner une année de vie. Celui de Takeo, 6ème arbre en taille du pays, mesure 36 mètres de haut pour une base de 20 mètres de circonférence, creuse, propice au culte des divinités.
A Tokyo, le temple de Zempukuji possède un gingko qui remonterait à sa fondation en 1232. Le gingko est associé au Japon à l'arrivée du bouddhisme au cours du VIème siècle.

Dans la forêt sacrée de Zuun Salaa Mod, dans l'Arkhangaï, au centre de la Mongolie, un mélèze de Dahourie (Larix dahurica) ou mélèze du Japon (Larix gmelinii) plus branchu que les autres est devenu lieu de culte, un «oboo» couvert de châles votifs bleus. Les pèlerins en font trois fois le tour en jetant une offrande de fromage séché pour le plus grand bonheur de l'écureuil terrestre qui a élu domicile à son pied! La légende veut que si l'on a égaré un objet, pour le retrouver, il suffit de dormir au pied de l'arbre. L'endroit où vous avez oublié cet objet vous apparaîtra en rêve! Les mélèzes qui couvrent une grande partie de la Mongolie servent très souvent de lieu de culte dans un pays où le bouddhisme reste très tinté de chamanisme. Près des cols, des sources, partout où forces telluriques et cosmiques s'unissent par l'intermédiaire de ces êtres multicentenaires préservés de la dent des troupeaux et de la hache des bûcherons, les mélèzes mongols se couvrent de foulards bleus flottant aux vents des steppes gagnées sur la forêt.

Ci-dessus : «L'arbre à chaussures» à Morley Field (Californie) tient d'une vieille tradition américaine qui veut que l'on attache sa vieille paire de chaussures à un arbre mort...
Ci-dessous : «L'arbre à saucisses» (Kenya) dont les fruits ressemblent à des chapelets de saucisses, d'où son nom.

La forêt tropicale humide est riche de lianes, de plantes épiphytes, d'arbres géants, de fougères arborescentes... Parc National de la forêt d'Ambre à Madagascar.

Les forêts tropicales humides constituent l'écosystème le plus riche du monde. Pourtant, de l'Inde (ci-dessus) aux forêts de bambous géants de Madagascar (ci-dessous), elles ont déjà perdu plus de 85% de leur superficie d'origine.

ARBRES REMARQUABLES EN EUROPE

De la laurisylve macaronésienne des Açores à la forêt de Bialowieza, 4000 kilomètres plus à l'Est sur sa frontière orientale avec la Biélorussie, de la taïga scandinave aux chênaies vertes du pourtour et des îles méditerranéennes, l'Europe des 27 est un immense territoire tempéré où subsistent de beaux massifs forestiers et des territoires agricoles où les ravages agro industriels de la Politique Agricole Commune et de l'urbanisme galopant n'ont pas encore tout dévasté. Les bocages hérités du Moyen Age recèlent encore quelques monuments végétaux venus du fond des âges et les places des villages ou des églises romanes profitent de l'ombre des tilleuls ou des ifs plantés depuis 4 siècles ou bien plus.

Dans la mesure où il n'existe pour l'instant aucune politique communautaire de recensement des arbres remarquables européens, il est impossible d'avoir une vision globale du sujet. La documentation sur le sujet à partir des ouvrages publiés reste donc largement lacunaire. Les données sont très hétéroclites, fruit des voyages ou des contacts qu'ont pu nouer les auteurs qui ont abordé le sujet (Bourdu 1988, Packenham 1996, Hutin 2003, Pater 2006).

Les détenteurs de records de longévité appartiennent dans notre Vieux Monde, à quatre essences: l'if en Angleterre et en Normandie, le châtaignier et le chêne vert en Sicile et en Corse, l'olivier, du Portugal à la Grèce. Ces essences tutoient le millénaire voire, pour les oliviers dont on connaît l'importance de l'huile dans le monde méditerranéen depuis l'Antiquité, le bimillénaire. Aucune donnée scientifique fiable ne vient malheureusement corroborer ces assertions pour lesquelles il est prudent de n'accorder qu'un crédit prudent.

En Angleterre, l'if d'Ulcombe dans le Kent, avec ses 10 mètres de circonférence dépasserait le millénaire. C'est le plus imposant représentant de cette essence longévive chez nos voisins.

Si l'on considère le seul diamètre, c'est le châtaignier qui donne les monstres végétaux les plus imposants. Celui dit aux «Cent Chevaux» en Sicile servit à la Renaissance d'abri au cours d'un orage à une reine napolitaine, Giovanna I d'Angio, et à toute son escorte de cavaliers. Situé sur le territoire de la commune de Sant'Alfio, un certain Brydonne indiquait en 1770, une circonférence de 62 mètres pour ce géant qui devait déjà être constitué de cinq troncs séparés mais tous reliés par le même tissu racinaire (Hutin, 2003).

Il n'en possède plus désormais que quatre après l'incendie récent du cinquième par des vandales.

C'est encore la Sicile, sur la même commune, qui possède le châtaignier à tronc unique le plus gros: 26 mètres de tour. Il est nommé le «Castagno della Nave», le «Châtaignier du Navire», ayant peut-être servi d'amer aux bateaux qui voguaient sur les eaux de la mer ionienne.

Nos deux essences méditerranéennes emblématiques, le chêne vert et l'olivier atteignent quant à eux des circonférences beaucoup plus modestes de 7 à 8 mètres mais qui ne peuvent être atteintes que par des individus multiséculaires. Robert Bourdu (1988) cite un olivier à Santa Maria Navarese sur la côte orientale de la Sardaigne, proche d'une église du XIème siècle et dont les proportions démesurées pourraient en faire l'un des oliviers les plus vieux d'Europe.

L'exploitation des taillis, très pratiquée dans cette vieille Europe surpeuplée depuis le Moyen Age où le bois a constitué, jusqu'à l'avènement du «charbon de terre» au XVIIIème siècle la seule énergie calorifique, a conduit à la création de cépées pour les essences qui ont une bonne capacité de rejet: charme, frêne, tilleul ou châtaignier. Oliver Rackham (1983) cite des cépées géantes de frêne dans le comté d'Essex qui auraient au moins 800 ans!

Dans le domaine des chênes à feuilles caduques, l'un des plus gros chênes pédonculés de la Confédération helvétique se trouverait dans le Jura suisse à Châtillon, dans le district de Delémont. Il est baptisé Chêne des Bosses pour les excroissances qui caractérisent son tronc. Il affiche 8,40 mètres de tour de taille. Accompagné d'autres magnifiques congénères parsemant le même pâturage jurassien, une légende veut que ces chênes étaient plantés pour la nuit de noce, chaque fois qu'une fille du village se mariait.

Thomas Packenham (2002) et Jeroen Pater (2006) présentent le Kvilleken, ou Chêne de Rumskulla, un chêne pédonculé qui serait celui possédant la plus grosse circonférence de tout le continent : 14,75 mètres en 2006. En 1772, Magnus Gabriel Craelius lui mesurait déjà 13,06 m. La lenteur de sa croissance s'explique par la pauvreté du sol caillouteux sur lequel il subsiste dans le Sud de la Suède.

Un chêne de 400 ans en forêt de Bialowieza, en Pologne.

A cheval sur notre frontière avec la Biélorussie, l'immense massif de plaine de Bialowieza est un sanctuaire pour des chênes de très vieille futaie qui atteignent des dimensions que connurent nos ancêtres celtes dans les forêts qui couraient de Bretagne jusqu'en Europe centrale. La partie centrale de la forêt côté Pologne est un parc national où trônent 2000 chênes de plus de 4 mètres de circonférence selon le recensement réalisé par Tomaz Niechoda pour son site sur les arbres remarquables de cette région. Une vingtaine de ces chênes pédonculés dépassent les 5,50 mètres de circonférence et les 36 mètres de haut, seulement dépassés en hauteur par les pins sylvestre (42 à 45 mètres) et les épicéas qui frisent les 50 mètres. On mesure là tout le poids de l'histoire qui a permis à cette ancienne chasse des tsars de Russie d'échapper au rouleau compresseur des pratiques qualifiées de «modernes» transformant les forêts d'Europe en un vaste champ de cellulose. Depuis la mort du chêne du roi Jagielwo qui termine ses jours à rejoindre l'humus de la partie centrale du Parc National, c'est le chêne Bartek qui est le plus célèbre des chênes géants de Pologne. D'une circonférence de 9,45 mètres en 1998 (Pater, 2006), son nom provient de l'apôtre Barthélemy. Situé près du village de Bartkow, il appartient, contrairement à d'autres chênes intégrés au territoire polonais depuis la fin de la Seconde Guerre mondiale, à l'histoire des Polonais. Le roi Boleslas le Vaillant (992 – 1025) serait venu se reposer sous son ombrage, Casimir III le Grand (1333 – 1370) y aurait rendu la justice tandis que Jean III Sobieski (1674 – 1696) à son retour de Vienne y aurait placé dans son tronc creux, une bouteille de vin vieux, une épée turque et des fusils qui se trouvent toujours dans les profondeurs de sa masse végétale.
Le plus gros chêne polonais est le chêne Napoléon de Zabor. Le village de Saabor, en Silésie, était allemand avant la dernière guerre. Ses 10,41 mètres de tour sont à comparer aux modestes 5,58 mètres de notre chêne Napoléon bourguignon de Pouillenay.

Plus près de nous, c'est le Danemark qui abrite les chênes les plus vieux du continent. Le Royal, près de Copenhague, comme le chêne Snoegen «le Tordu», au fût violemment dextrorse afficherait les deux millénaires. Vestiges des antiques forêts que connurent nos ancêtres celtes, ces chênes parmi les plus spectaculaires d'Europe étirent leurs formes fantastiques dans la grande forêt de Nordskov, entre Jaegerspris et Kulhuse.

Nos voisins anglais, grands amateurs de vieux et beaux arbres possèdent également quelques monuments naturels comme le chêne de Bowthorpe Farm qui, avec ses 13,16 mètres de circonférence (2006) et ses 800 ans d'âge est le plus gros chêne d'Angleterre avec le majestueux Majesty Oak, près de Nonington.

Dans l'Est de la Pologne, la forêt de Bialowieza offre un exemple unique d'une forêt naturelle de plaine qui a gardé sa stucture et ses arbres géants.

Autre célébrité, le Major Oak, le plus gros chêne de la forêt de Sherwood, repère de Robin des bois et de sa bande de hors-la-loi. Décrit par l'historien Major Hayman Rooke, en 1790, il développe aujourd'hui une circonférence de 10 mètres pour un âge estimé de 5 siècles.

Pour le tilleul, essence forestière très plantée sur les places des villages d'Europe de l'Est, celui de Polchow en Allemagne pousse dans un vieux cimetière. Son tronc creux mesure 14 mètres de circonférence. Il est d'un calibre similaire à notre tilleul d'Ivory, dans le Jura, âgé de 4 siècles.

Un troisième spécimen (Packenham, 2002), le Wolframslinde croît sur la place du village de Ried près de Koetzting en Basse-Bavière. Baptisé du nom de Wolfram von Eschenbach, auteur de la version originelle de Parsifal, on dit que quantité de ses poèmes furent composés sous l'ombre de ce géant auquel la légende attribue un âge millénaire. Dans le Clunisois, c'est la lumière tamisée du Chêne de Jocelyn qui stimula l'inspiration littéraire de notre Lamartine.

Le plus gros arbre de Pologne est un Tilleul à petite feuille. Il déploie ses 10 mètres de tour pour 500 printemps près de l'église de Cieletniki. Son écorce est censée soigner les dents malades.

Répandu dans l'Est de la France et dans toute l'Europe centrale, le tilleul est un arbre intimement lié à l'histoire. Il fut ainsi abondamment planté pour commémorer la défaite des troupes bourguignonnes devant les montagnards suisses confédérés le 22 juin 1476 (Bourdu, 1988). Un tilleul à Fribourg date toujours de cet événement.

Parmi les essences beaucoup moins citées pour battre des records de taille ou de longévité, un pommier sauvage de Stubbendorf près de Rostock est décrit par Jérôme Hutin (2003) : avec 4,50 mètres de tour et un âge estimé de 400 ans, il est le plus gros pommier sauvage du Mecklembourg et sans conteste d'Europe. Le saule blanc très présent dans nos paysages ruraux bourguignons atteint parfois des circonférences intéressantes comme celui de Chardonnay (8 mètres au pied) ou de Romenay (5 mètres) mais ne battent pas le record de celui de Dzenisu (8 ,45 mètres) en Lettonie, dans la vallée de la Gauja (Pater, 2006). Le plus gros d'Europe appartient à une autre république balte, l'Estonie, le «Rasina Remmelgas», le saule près de l'église désaffectée de Rasina développe 10,92 mètres au niveau du sol. Les propos de Jeroen Pater sur l'inutilité de cette essence aux yeux des habitants de ces pays nordiques nous laisse dubitatif. Les images montrent d'anciens têtards dont l'émonde est abandonnée depuis quelques dizaines d'années.

Un totem sculpté dans un arbre en Belarus.

Les paysans lettons et estoniens qui pratiquaient le développement durable et s'échinaient à les rabattre régulièrement connaissaient certainement aussi bien que leurs confrères bourguignons la qualité des fagots de cet arbre sans grades pour cuire le pain…

A partir de 1492, l'acclimatation d'essences exotiques en provenance des autres continents s'est multipliée. Platanes venus d'Orient hybridés avec ceux du Nouveau Monde, conifères d'Amérique du Nord ou d'Asie, eucalyptus d'Australie (avec ses 67 mètres, «El Abuelo de Chavin» est l'arbre le plus haut d'Espagne), ou autres curiosités botaniques comme le gingko biloba ou le métaséquoia tous deux originaires de Chine.

Le douglas, dont les tristes alignements ont trop systématiquement remplacé les forêts morvandelles et beaujolaises, fut acclimaté des régions côtières de l'Ouest américain. Introduit en Europe en 1827, les spécimens de Beauly dans l'Inverness anglais peuvent être considérés comme les arbres les plus hauts de nos contrées avec 60 mètres, talonnés de peu par les 55 mètres du séquoia du parc Fürstenlager en Allemagne, entre Mannheim et Francfort.

De la Scandinavie au Canada, la taïga, ou grande forêt boréale, constitue la plus grande étendue forestière primaire du monde.

La forêt de Bialowieza en Pologne est la plus grande forêt naturelle des plaines d'Europe. Tilleuls, chênes et charmes y forment une véritable cathédrale.

ARBRES REMARQUABLES DE FRANCE

Une littérature maintenant bien fournie traite de nos arbres extraordinaires. Le premier ouvrage édité en 1955 (réédition en 1995) sur ce thème, «Les plus gros arbres de France» de Lesourd et Le Graverend est une référence incontournable.

On se reportera à la magnifique synthèse, dont l'édition est malheureusement désormais épuisée, qu'en fit Robert Bourdu en 1988 dans son «Arbres souverains». Le thème a été développé par Bourdu et Feterman dans «Arbres de mémoire» en 1998 puis par George Feterman, actuel président de l'association A.R.B.R.E.S., dans «La France des Arbres Remarquables» (2003) et plus récemment dans la réédition de 2005 sous le titre «Arbres extraordinaires de France».

Robert Bourdu a également traité des arbres en lien avec l'histoire de France (1999) et les légendes (2001).

Les divers inventaires ou jeu-concours conduits dans plusieurs régions de France ont fait l'objet d'une publication pour certains d'entre eux. Ils ont été réalisés dans les années 80 et 90. L'inventaire le plus ancien est celui de Gadeau de Kerville pour la Normandie publié par la Société des amis des sciences naturelles de Rouen entre 1890 et 1932.

La bibliographie établie par Laurence Chaber publiée dans la Feuille d'A. R.B.R.E.S., numéro 42 de septembre 2005 en liste une trentaine: Ardèche, Charente, Charente-Maritime, Creuse, Doubs, Drôme, Hérault, Ille-et-Vilaine, Isère, Jura, Loire-Atlantique, Lozère, Mauges, Mayenne, Morbihan, Orne, Rhône, Haute-Saône, Seine-et-Marne, Forêt de Fontainebleau, Somme, Var, Vienne, Vendée, Haute-Vienne, Territoire de Belfort, Hauts-de-Seine, Seine-Saint-Denis. Tout récemment, le hors série numéro 4 de 2007 de la Revue scientifique de Bourgogne nous emmène à la découverte des arbres remarquables du Morvan et de Saône-et-Loire à partir des résultats du jeu-concours organisé par le Parc Régional et l'inventaire détaillé du département couvrant la Bourgogne méridionale réalisé en 1993.

La Corse, qui recèle un patrimoine d'une richesse à la hauteur de cette île d'exception, n'a pas encore publié les résultats des recherches qui y sont poursuivies dans ce domaine. En revanche, le site internet de l'Office de l'Environnement de la Corse fait état de l'inventaire en cours qui révélera des arbres d'un intérêt digne de ce joyau des îles méditerranéennes.

L'association A.R.B.R.E.S. a lancé une opération de labellisation des arbres remarquables de France. Plus de 200 de ces monuments appartenant à des communes ou des propriétaires privés bénéficient en 2008 de cette reconnaissance nationale.

Les plus gros arbres de France

Les arbres les plus spectaculaires par leur taille sont les châtaigniers, les chênes, les tilleuls et les ifs.

Le châtaignier est certainement l'essence qui, par ses capacités à rejeter vigoureusement même après des siècles d'existence, donne les arbres les plus spectaculaires où se côtoient troncs multicentenaires couverts de verrues dominés par une ramure sèche noyée dans la verdure des branches nouvelles qui lui reconstitueront une ramure un siècle plus tard.

Lesourd et Le Graverend, dans leur publication sur «Les plus gros arbres de France» (1955), avaient identifié les dix plus gros châtaigniers compris entre 8,70 m et 11,50 m de circonférence. Le quatrième en taille, avec 11 mètres de tour était situé à Bourbon-Lancy en Saône-et-Loire au hameau de Vigneau. Celui de Cuzy a désormais repris la relève.

Jérôme Hutin cite deux spécimens, l'un dit «du Brûlis» à Neuillé dans l'Indre-et-Loire de 12,30 mètres de circonférence, le second de 16,90 mètres à Mouliherne dans le Maine-et-Loire serait actuellement le plus gros châtaignier de France devant celui de Pont l'Abbé et ses 14,50 mètres (Bourdu, 1988). Un tel tour de taille pourrait même lui faire prétendre détenir le record européen de plus gros arbre du Vieux Monde.

En Corse, comme sur toutes les terres granitiques pauvres, le châtaignier fut l'arbre à pain de nos ancêtres paysans. Si la Castagniccia est la région par excellence du châtaignier, c'est près de Zonza que l'on peut admirer deux monstres de 14 et 13 mètres de tour, l'un, isolé dans une prairie et l'autre dans la forêt, tout près de la route conduisant à Bavella.

Derrière les châtaigniers, ce sont les chênes, pédonculé, sessile et pubescent, qui atteignent des tailles surprenantes. Selon Bourdu, seule une trentaine de chênes dépasserait les 8 mètres de tour. Le détenteur du titre qui affiche 15 mètres est le très célèbre Chêne chapelle d'Allouville-Bellefosse.

Ceux qui jouent dans la cour des 10 à 13 mètres sont le chêne de Tronjoly dans les Côtes-du-Nord ou feu le chêne de Messey-le-Bois en Saône-et-Loire dont seul un calvaire garde la mémoire.

Le chêne de Troujoly (ci-dessus) et l'olivier de Roquebrune (ci-dessous).

La diversité botanique de nos essences indigènes

Quand on cherche à s'écarter des essences qui dominent nos paysages arborés, on aborde un univers plein de surprises botaniques à l'image de la richesse de nos campagnes ou de nos villages. Un des plus gros buis de l'hexagone est celui de Maucomble en Seine-Maritime. On lui donne un âge de 700 ans. Il forme une immense ogive au-dessus du mur d'enceinte du cimetière dont il semble vouloir s'échapper.

Au Nord de Guillestre, dans les Hautes-Alpes, les genévriers thurifères de St-Crépin forment un petit boisement clairsemé sur la pente escarpée dominant la vallée de la Durance. Peuplement relictuel pour cette espèce du pourtour méditerranéen qui s'est maintenue ici malgré les périodes froides du Quaternaire, il est formé d'arbres pluricentenaires aux formes torturées par les intempéries montagnardes dans un site parcouru par un sentier botanique conçu par l'Office National des Forêts. Le thurifère, littéralement le « porte encens » est originaire du Maroc et trouve chez nous sa limite septentrionale à hauteur du Dauphiné.

Dans les pages qui suivent, malgré nos recherches poussées sur les quatre départements, nous n'avons trouvé aucun allouchier de Bourgogne à vous présenter. Le seul individu remarquable que nous connaissions jusqu'à présent s'accroche à une crête du Haut-Jura près de Jougne, tout près de la frontière avec la Suisse. Plus communément connu sous l'appellation d'alisier blanc (Sorbus aria), je l'avais d'abord pris de loin pour un hêtre, trompé par les 80 centimètres de diamètre de son fût gigantesque surmonté par un généreux houppier. Aucun des auteurs sur le thème qui nous intéresse ici ne nous dit quoi que ce soit sur les records de taille et de longévité de cette espèce dont l'usage principal est le bois de feu. Celui que nous vous présentons est donc, jusqu'à preuve du contraire, le plus gros représentant de son espèce en France.

L'un des chênes au fût bien rectiligne de la forêt de Tronçais, la plus réputée en France.

Nos Mathusalems

En France, les plus vieux arbres connus sont des chênes, des ifs, des oliviers dont on peut penser que les plus âgés frisent les deux millénaires. Certains auteurs n'hésitent pas à avancer des chiffres dont nous leur laissons la responsabilité. Jérôme Hutin (2003) attribue au chêne de Montravail, en Charente-Maritime, le record de longévité et avance l'hypothèse d'après des calculs dendrologiques effectués par d'Orbigny dans les années 1840 dont j'attend de connaître la précision exacte sur un arbre creux depuis longtemps, de près de 2500 ans !.... Robert Bourdu dans son «Histoires de France racontées par les arbres» (1999, pp. 6-21) avance pour le chêne de Tronjoly à Bulat-Pestivien dans les Côtes-d'Armor, une longévité de 1300 à 1600 ans. Il serait né entre l'an 400 à 700 avant notre ère, à une époque où les tribus celtes de la Bretagne insulaire sont venues s'installer en Armorique.

Pour le célèbre olivier de Roquebrune-Cap-Martin près de Menton, Bourdu se réfère à Pline l'Ancien, qui, si l'on en croît les écrits, affirme que l'olivier n'a pas été importé en Méditerranée occidentale et donc en Ligurie, notre actuelle Côte-d'Azur, avant Tarquin Premier, cinquième roi de Rome mort en 580 avant Jésus-Christ. L'étude de critères biologiques fait proposer à Bourdu un âge de 2000 ans à plus ou moins deux siècles près. Le pied mère a-t-il été amené par les Romains ou par un bateau grec venu fonder la cité phocéenne? Nul ne le saura jamais !

Toujours selon le même auteur, les châtaigniers de Kerséoc'h, entre Combrit et Pont l'Abbé, en plein pays bigouden auraient vu passer les troupes de Charlemagne il y a 1000 ans. Leurs troncs courts, tortueux et morts en partie mesurent aujourd'hui 17 à 18 mètres de tour, signe de leur âge canonique.

La Normandie est connue pour ses ifs géants. Leur ombrage sombre abrite les tombes dans les cimetières depuis mille ans et plus. Le plus gros est celui d'Estry avec ses 12 mètres de tour. Le plus gros des deux ifs de La-Haye-de-Routot dans l'Eure peut accueillir une quarantaine de personnes dans la chapelle aménagée dans son cœur. Dans le Mâconnais, notre if de l'inventaire de 1993 sur la petite place de Prayes, planté en 1882 sur la tombe de Mlle Lalay, avec ses 2,80 mètres de circonférence, fait bien pâle figure face à ses congénères normands.

La découverte en 1492 des Indes occidentales, nous a légué le robinier faux-acacia aujourd'hui omniprésent dans nos paysages. Le plus vieil arbre de Paris est le robinier du square Viviani en rive gauche de la Seine, en face de Notre Dame. Il tient son nom du sieur Robin, apothicaire jardinier d'Henri III et IV et aurait été planté en 1601 près de l'église St Julien-le-Pauvre. Avec celui du Jardin des Plantes qui n'est plus qu'un bouquet de rejets et qui remonterait à 1635, ces deux arbres, compte tenu des interrogations qui entourent l'introduction de cette espèce en France, sont les deux premiers « sans papiers » d'une essence qui a depuis gagné ses lettres de noblesse grâce à son bois imputrescible et ses fleurs au miel réputé. C'est aussi un arbre qui présente de bonnes potentialités pour encaisser le grand chambardement climatique qui malmènera toute notre flore d'ici la fin de ce siècle.

Quand on circule dans le mélézin, essence reine des Alpes de Lumière et des vallées les plus reculées du Mercantour, on découvre, dispersés dans la marée des perchis centenaires montés à l'assaut des anciens pâturages d'altitude, des mélèzes dont la silhouette et la stature nous disent qu'ils ont connu les siècles où la forêt reculait devant l'avance inexorable des bergers et de leurs troupeaux. Ces patriarches ont au moins 3 ou 4 siècles comme j'ai pu le constater sur l'un d'entre eux tronçonné après sa chute sur la piste reliant St-Martin-de-Vésubie à Isola. Isolés ou en petits bouquets préservés de la hache, ils procuraient leur ombrage à une civilisation rurale qui labourait en terrasses le moindre mètre carré utilisable dans les vallées d'altitude et montait ses troupeaux pâturer jusqu'aux marges des déserts minéraux des crêtes. Ils vieillissent aujourd'hui bien tranquillement dans l'écrin de leur jeunes descendants, servant leur ombre tamisée à une harde de chamois ou à une meute de loups en chasse.

L'arbre-chapelle d'Allouville.

Les plus chargés d'histoire

De nombreuses dates de l'histoire de France sont associées à celles de ces arbres venus de la nuit des temps : Charlemagne, St Louis, Henri IV et son ministre Sully, Napoléon, Marie-Louise et leur fils, l'Aiglon connu aussi par son titre de Roi de Rome, nos deux révolutions de 1789 et 1848, le Concordat de 1801,......

La Bourgogne, carrefour géographique et historique, est riche de ces traces dans son patrimoine arboricole. Il s'agit toujours d'arbres uniques, à l'exception de ceux plantés pour la naissance de l'Aiglon qui furent, dans diverses régions, plantés par milliers ou plus modestement en un rond symbolisant le berceau du Roi de Rome comme on peut encore en admirer un en forêt de Longchamp en Côte-d'Or.

Le nom de St Louis est attaché au chêne sous lequel il rendait la justice en forêt de Vincennes. L'arbre historique a disparu depuis des lustres mais son souvenir est perpétré par des «Saint Louis» en forêt de Fontainebleau, à Heimsbrunn dans le Haut-Rhin ou près de l'abbaye d'Oigny dans le Châtillonnais où Louis IX aurait fait escale pendant son règne, sous un chêne qui n'avait certainement guère plus de trois siècles au moment de sa mort en 2007.

Chapelle à La-Haye-de-Routot.

Buis géant du cimetière de Maucouble.

Son descendant Charles VI qui mourut fou aurait été agressé à proximité du Chêne Bourbon, en forêt de la Grande Charnie à l'Ouest du Mans.

Le tilleul de la chapelle de Mas-St-Jean dans la Creuse ou l'if de la Motte-Feuilly dans l'Indre sont dédiés à Jeanne d'Arc venue se reposer au pied de ces arbres au cours de ses chevauchées dans le royaume de France.

A Bracon, près d'Arbois, un tilleul connu sous l'appellation de Tilleul d'Ivory est actuellement le plus gros de France avec 13,50 mètres de circonférence. Il aurait été planté pour célébrer le mariage ordonné par Charles le Téméraire entre sa fille Marie de Bourgogne et Maximillien d'Autriche, le 18 août 1477. De tous les arbres plantés à cette occasion, il y a 531 ans, c'est le seul qui ait résisté aux assauts du temps et des hommes.

A Vence, le frêne de la trève de Nice scelle l'alliance entre François 1er et Charles Quint en 1538. Son tour respectable de 7 mètres ne doit pas nous faire oublier qu'il s'agit d'une essence peu longévive qui aurait certainement bien du mal à atteindre les 462 ans qu'on lui attribue. Quand on sait que ni le roi d'Espagne ni le pape Paul III instigateur de la trève ne mirent les pieds à Vence, il faut parfois savoir faire la part de la légende dans la dénomination des arbres....

Plus près dans le temps et touchant une essence qui atteint couramment les quatre siècles, les tilleuls dits d'Henri IV ou de Sully, son ministre des finances, sont toujours nombreux sur les places des églises ou des petits villages de France et de Navarre. Les quatre départements bourguignons sont riches de ces témoins plantés à partir de 1598, date de la proclamation de l'Edit de Nantes, grand symbole de la tolérance entre les hommes après les années de carnage des Guerres de Religion et leur paroxysme de la St Barthélémy.

C'est également sous le règne d'Henri IV qu'Olivier de Serres se vit confier la mission de développer la culture du ver à soie dans le royaume. Des milliers de mûriers seront consécutivement plantés aux XVIIème et XVIIIème siècles, du Vivarais où de Serres était originaire, jusqu'au bassin parisien. Décimés semble-t-il par une épidémie, on observe encore des mûriers marqués par une taille draconnienne destinée à fournir le feuillage nécessaire au ver à soie. Un des plus beaux ensemble se trouve à Sennecey-le-Grand dans le val de Saône mais on peut aussi découvrir de beaux mûriers isolés comme celui de Chenavel, petit hameau de Jujurieux dans le Bugey. Un splendide spécimen domine un château installé au débouché des gorges de l'Ain, dans une région sous domination économique des soyeux lyonnais pendant tout le XIXème siècle.

Un autre personnage célèbre chez les forestiers est le fameux Jean-Baptiste Colbert, contrôleur des finances et secrétaire d'état à la marine de Louis XIV à partir de 1665, qui veilla à la qualité des peuplements forestiers pour approvisionner les chantiers navals. Les massifs de Bercé dans la Sarthe et Tronçais dans l'Allier gardent le souvenir de cette époque. La Futaie Colbert de Tronçais possède nombre de chênes nommés datant de trois siècles.

Si la plupart des séquoias que nous pouvons admirer n'ont que 100 ou 150 ans, correspondant à une mode de plantation au XIXème, les plus anciens sont contemporains de la Guerre d'Indépendance des Etats-Unis d'Amérique où La Fayette prit une part active en 1775. En remerciement des dons collectés pour soutenir le corps expéditionnaire français, de jeunes plants furent expédiés de Californie; celui de Chalus en Haute-Vienne atteint aujourd'hui 11 mètres de circonférence.

Parmi les arbres de la Liberté, le plus tristement célèbre est sans conteste celui d'Oradour-sur-Glanne en Haute-Vienne. Planté après l'élection du nouveau maire les 30 et 31 juillet 1848, il fut le témoin du massacre du 10 juin 1944. 642 victimes de la fureur nazie furent mitraillées ou brûlées vives aux alentours de celui que l'on désignait le «Gros Chêne» et qui servait à l'affichage municipal.

Arbres de légende et arbres vénérés

Les arbres sont associés à toutes les légendes véhiculées par les hommes qui circulent à leur pied depuis la nuit des temps ou grimpent, gamins, dans leur ramure protectrice. La forêt de Brocéliande est célèbre pour avoir abrité les amours de la fée Viviane et de l'enchanteur Merlin. Le chêne de Concoret en lisière de la forêt qui aurait servi de cachette à l'abbé Guillotin à la Révolution a peut-être connu les personnages de la légende arthurienne.

A Biscarosse dans les Landes, un orme de 600 ans verdit chaque printemps à l'exception d'une couronne de feuilles blanches. Il garderait le souvenir de l'injustice commise à l'encontre d'une bergère accusée d'être fille mère et que l'on attacha nue au pied de l'arbre.

Le chêne des sorcières de St-Avold en Moselle pourrait illustrer l'un des contes d'Andersen mettant en scène une sorcière, un soldat et un arbre creux. Frédéric Barberousse y aurait fait bombance à son pied au XIIème siècle.

Au sein de nos arbres vénérables, quelques-uns sont vénérés comme le chêne de St-Gengoulph, toujours en Moselle, qui fait l'objet du pèlerinage de Pentecôte au pied d'un gros arbre né du bâton planté par le saint au-dessus d'une source.

Dans le Clunisois, jusqu'au début des années 90, le hêtre des Croix dont l'écorce était toute gravée, fut réduit à un fût mort aux racines duquel jaillissait une source où l'on déposait toujours de petites croix votives pour le succès des mariages.

Curiosités botaniques

Le monde des arbres est aussi celui de bizarreries en tous genres que le numéro 88 intitulé « Petits mystères des grands bois » de la célèbre revue « La Hulotte » a pris pour thème.

Les Faux de Verzy sont des hêtres tortillards qui lancent leurs formes curieuses depuis l'époque où St Basle, contemporain de Chilpéric, petit-fils de Clovis, prêchait sur la Montagne de Reims aux environs de l'an 580.

Le célèbre Chêne Cuve en forêt de Brotonne est un broussin géant, développement monstrueux de tissus végétaux comparable chez un mammifère à une tumeur. A plus petite échelle, on trouve des verrues accrochées à l'écorce des très vieux arbres, en particulier des châtaigniers. Elles ne tiennent bien souvent que par un pédoncule par lequel la sève vient alimenter cette excroissance faite elle aussi de bois à la structure noueuse connue en ébénisterie sous le terme de loupe.

Dans leur croissance perpétuelle en diamètre, les arbres trouvent parfois des obstacles qui, s'ils ne peuvent être contournés, sont tout simplement avalés par un bourrelet d'écorce avant d'être intégrés au bois de cœur. Nombreux sont les exemples de pancartes lentement recouvertes comme cette interdiction de stationner pour les caravanes sur le parking près du Parc aux Biches à Chalon-sur-Saône ou cette barrière dans une haie au col des Baudots entre Chalon et le Creusot. Le chêne qui lui servait de support a déjà digéré son montant métallique et la première de ses cloisons de bois !

(Pages précédentes) : Dans le mélézin du Parc National du Mercantour. Des arbres aux formes torturées par le climat et aux tailles extraordinaires forment l'un des intérets du Parc National.

(Ci-contre) : Barrière «digérée» par un chêne d'une haie en Saône-et-Loire.

ARBRES REMARQUABLES DE BOURGOGNE

Le châtaignier de Cuzy (Saône-et-loire).

N
Arbre remarquable décrit dans ce livre.
Environ
20 km
40 km
Châtillon-sur-Seine
Leuglay
Seine
Abbaye de Fontenay
Montbard
Bussy-Rabutin
St-Germain-Sources-Seine
Is-sur-Tille
Semur-en-Auxois
Flavigny-sur-Ozerain
CÔTE-D'OR (21)
Bierre-les-Semur
Vitteaux
DIJON
Châteauneuf-en-Auxois
Saulieu
Pouilly-en-Auxois
Genlis
Auxonne
Gevrey-Chambertin
Arnay-le-Duc
Nuits-Saint-Georges
St-Jean-de-Losnes
Savigny-les-Beaune
Beaune
Seurre
Nolay

CÔTE-D'OR

Antheuil
Tilleul hybride
n°.........21 014/01

Arbre unique
Localisation *:*
références de la carte 1/25 000ème : Sombernon 3023 Ouest
coordonnées géographiques : 782,52 x 2244,43
coordonnées GPS: 47°10'467 N x 4°44'690 E
lieu-dit : calvaire entrée nord du village
topographie du site : versant
Taille :
hauteur totale : 12 m
fût : 4 m
circonférence : 3,25 m
forme : plein vent avec houppier en boule
Situation foncière :
publique
Accessibilité **:**
à un croisement de deux chemins
Informations complémentaires:
Etat de santé: bon, une grosse branche cassée
Faune-flore associée et environnement végétal : urbain
Importance paysagère (sur une échelle de valeur de 1 à 5) : 4
Source d'information: Alain Desbrosse

Le tilleul est associé à un calvaire daté de 1889 ce qui donnerait un âge de 118 ans s'il lui est contemporain.

La forme de son houppier en boule est admirablement équilibrée.

Cet arbre marque l'entrée du village situé dans une combe connue pour sa grotte avec résurgence, source du Bel Affreux dont les eaux saturées de carbonate de calcium, arrivant à l'air libre, précipitent celui-ci pour accumuler des masses de tuf tout le long du ruisseau.

Argilly
Chêne sessile
n°.........21 022/01

Arbre unique
Localisation:
références de la carte 1/25 000ème : 3124 Ouest Seurre
coordonnées géographiques : 806,25 x 2232,77
coordonnées GPS: 47°03'764 N x 5°03'138 E
lieu-dit : forêt domaniale de Citeaux, Haute Forêt, le Buisson à la Chèvre
topographie du site : plane
Taille :
hauteur totale : 40 m - fût : 8 m
diamètre : 1,75 m en 1999 et 1,78 m en 2008
circonférence : 5,50 m en 1999 et 5,59 m en 2008
forme : plein vent de futaie
Situation foncière:
publique
Accessibilité :
depuis la D 20, layon entre parcelles 31 et 32 jusqu'à un houx rampant
Informations complémentaires :
Etat de santé: bon, première branche basse (diamètre 40 cm) déjà coupée en 1999 non cicatrisée, deux grosses branches récemment cassées, plusieurs plaies non cicatrisées sur les contreforts du pied
Faune-flore associée et environnement végétal: parcelle de vieille futaie
Importance paysagère (sur une échelle de valeur de 1 à 5) : 5
Source d'information: Société Bourguignonne des Amis des Arbres et ONF

Ce chêne sessile est probablement le plus gros de toute la forêt domaniale de Citeaux. Situé non loin du petit village de Bagnot, il se trouve en pleine parcelle forestière de vieille futaie, entouré de chênes et de charmes dont les plus âgés ont probablement deux siècles.

Sa forte stature qui le détache nettement du reste du peuplement fait penser qu'il a été préservé de la hache des bûcherons il y a un siècle, ce qui lui ferait un âge estimé de 3 siècles.

C'est un magnifique exemple des capacités de production en bois d'œuvre de qualité et d'arbres aux dimensions exceptionnelles qui profitent des bonnes conditions de ces stations de plaine où la qualité des sols et la proximité de la nappe phréatique permet aux arbres de donner toute l'expression de leurs capacités génétiques: un seul gland de quelques grammes laisse la place à un monument de plusieurs tonnes deux ou trois siècles plus tard.

Argilly
Chênes pédonculé et sessile, charme, hêtre, tilleul

n°.........21 022/01

Groupe d'arbres
Localisation:
références de la carte 1/25 000ème : 3124 O-Seurre
coordonnées géographiques : 806,70 x 2234,13
coordonnées GPS: 47°04'492 N x 5°03'528 E
lieu-dit : forêt domaniale de Citeaux, Haute Forêt
topographie du site : plane avec petite vallée
Taille :
hauteur totale : 35 m
Situation foncière :
publique
Accessibilité :
au Nord de la route forestière de Gerland à Bagnot
visibilité d'un endroit public :oui, route forestière
Informations complémentaires :
Etat de santé:du semis aux arbres morts
Faune-flore associée et environnement végétal: parcelle de vieille futaie
Importance paysagère (sur une échelle de valeur de 1 à 5) : 5
Source d'information: Régis Desbrosse

Ces parcelles situées le long de la route forestière de Gerland à Bagnot sont facilement repérables grâce aux deux panneaux d'avertissement de chutes de branches.

Traversées par un petit ruisseau temporaire, elles sont laissées hors de toute intervention humaine (Réserve Biologique Intégrale sur 17,43 ha des parcelles 88 et 90) ou font l'objet d'une gestion minimaliste (Réserve Biologique Dirigée sur 29,25 ha des parcelles 64 à 67).

Les arbres magnifiques de deux ou trois siècles y vieillissent lentement, en seule interaction avec les éléments naturels, le vent, la neige, la foudre, les champignons et les insectes xylophages, les oiseaux.

C'est le seul endroit de toute la Bourgogne où vous pourrez entendre tambouriner l'ensemble de nos 6 pics: vert et cendré, épeiche et épeichette, noir et mar. En réserve en 1989, de très nombreuses études scientifiques y sont conduites depuis des décennies dans tous les domaines de la recherche naturaliste.

Du seul point de vue paysager, ce peuplement est l'un des plus beaux de France, rivalisant avec la célèbre forêt polonaise de Bialowieza sur la frontière biélorusse de l'Europe.

La forêt d'Argilly est l'un des plus beaux peuplements forestiers de France avec des parcelles classées en réserve qui montrent des arbres de taille remarquable et qui donnent une structure forestière variée, avec notamment des vieux arbres au sol.

ARBRES REMARQUABLES A L'OFFICE NATIONAL DES FORETS

L'Office National des Forêts a réalisé en 1996 un inventaire des arbres remarquables au sein des massifs forestiers gérés par cet organisme. Les résultats de l'inventaire figurent dans la publication «Les arbres remarquables en forêt». Situés très majoritairement dans l'Est de la France, 298 arbres et groupes d'arbres, 22 peuplements et 8 alignements d'intérêt national ont été identifiés.
Le site internet de l'ONF donne la liste de ces arbres considérés comme remarquables au sein des forêts domaniales ou sur les territoires communaux soumis au régime forestier.
Sur les 298 arbres remarquables d'intérêt national, la Bourgogne en compte 20 dont 3 ont disparu, dans l'Yonne, suite à la tempête 1999. Le chêne de la Malleroye, qui, comme le chêne Borgeot, a séché sur pied, ont tous les deux été abattus. Le chêne Borgeot a été remplacé par son jumeau qui reste bien dru à proximité immédiate du premier, coupé en grande cérémonie en 1999. A l'heure actuelle, c'est à notre avis le Chêne des Fouines à Biches dans la Nièvre, avec la parcelle de vieille futaie qui l'accompagne qui est le plus spectaculaire de ces arbres, en forêt domaniale de Vincence. Le Chêne Babaud à Guérigny, mort il y a quelques années, a fait l'objet d'une mise en valeur exemplaire de sa souche protégée par une gloriette pendant que sa grume couchée fait le bonheur des xylophages en tous genres.
Au total, il en existe en fait beaucoup plus de 20 aux mensurations plus que respectables sur nos quatre départements.
Ces arbres sont, pour un certain nombre d'entre eux, dotés d'un petit écriteau qui donne leurs caractéristiques principales, de taille, volume et âge. Ce sont de magnifiques exemples de ce que peuvent produire ces forêts où évoluaient nos ancêtres les Gaulois et toutes les peuplades celtes à une époque, aux alentours de 6000 ans, où les agriculteurs défricheurs n'avaient pas encore converti les plus belles stations forestières en champs de céréales.
En forêt de Citeaux, tout naturaliste se doit d'effectuer un pèlerinage dans les parcelles qui bénéficient du statut de Réserve biologique intégrale ou dirigée. La première catégorie ne subit plus aucune intervention de l'homme sur des parcelles dont la dernière exploitation remonte à un siècle. Dans la seconde, des interventions minimales sont pratiquées comme la récupération des bois couchés par la tempête de décembre 1999. Compte tenu de la richesse des sols de cette forêt, nous avons en Bourgogne un des plus beaux morceaux de futaie en France avec une diversité d'essences végétales propre aux chênaies-tilliaies de plaine. Les arbres y atteignent toute leur plénitude et les processus naturels sont en pleine action. Les arbres géants couchés par les tornades créent des clairières rapidement occupées par les semis pendant que les bois à terre sont décomposés par les champignons et les insectes, les fûts encore debout criblés par les pics.

Arnay-le-Duc
Tilleul à grandes feuilles

n°.........21 023/01

Renseignements pris auprès de la mairie, ce magnifique tilleul n'est pas l'arbre de la Liberté qui a disparu depuis bien longtemps. Celui-ci pourrait néanmoins en tenir lieu. Sa belle silhouette et son âge probable nous disent qu'il remonte très certainement à cette époque. Il fait l'objet d'un entretien régulier par l'Office National des Forêts qui a rabattu les branches les plus hautes et procédé au haubanage des charpentières qui sont ainsi solidarisées et mieux à même de résister à des coups de vent.

Ce tilleul s'inscrit à merveille dans le cadre architectural de cette petite ville médiévale bâtie avec ces magnifiques grès veinés du pays d'Arnay. Quelques belles demeures cossues autour de la place du tilleul et la proximité du clocher octogonal de l'église couvert d'ardoises lui offrent un cadre à sa mesure.

La ville d'Arnay possède également un Chêne du Jumelage près de l'école et un Tilleul du Bicentenaire fut planté en 1989 au parking St Honoré.

Arbre unique
Localisation :
références de la carte 1/25 000ème :2924 Ouest Arnay-le-Duc
coordonnées géographiques : 762,95 x 2239,03
coordonnées GPS: 47°07'865 N x 4°29'093 E
lieu-dit : place au croisement des rues Victor Proutat et Ursulines
topographie du site : plane
Taille :
hauteur totale : 12 m - fût : 3 m
circonférence :3,59 m
forme : plein vent
Situation foncière :
publique
Accessibilité :
oui
visibilité d'un endroit public : oui
Informations complémentaires :
Etat de santé : bon, branches taillées en hauteur et haubanées
Faune-flore associée et environnement végétal : parterre de fleurs en mélange au pied
Importance paysagère (sur une échelle de valeur de 1 à 5) : 4
Source d'information :
Office du tourisme et Mme Tinturier, mairie

Bouilland
Sureau noir
n°.........21 092/01

Arbre unique
Localisation:
références de la carte 1/25 000ème : 3024 Ouest Beaune
coordonnées géographiques : 784,88 x 2240,54
coordonnées GPS: 47°08'333 N x 4°46'459 E
lieu-dit : le Pré aux Dames
topographie du site : talus de la route en bas de versant
Taille :
hauteur totale : 5 m - diamètre : 0,30 m
forme : cépée de plein vent
Situation foncière :
privée
Accessibilité :
oui
visibilité d'un endroit public : au bord de la D 2
Information complémentaire :
Etat de santé: bon
Faune-flore associée et environnement végétal: houblon et clématite des haies
Importance paysagère (sur une échelle de valeur de 1 à 5) : 2,5
Source d'information: Alain Desbrosse

Le sureau noir fait partie de ces humbles arbustes qui ont toutes les chances de passer inaperçus par les chasseurs d'arbres remarquables qui vont plus souvent s'intéresser aux chênes et autres essences prestigieuses de notre flore arborée. Dans leur papier du Congrès Scientifique de France publié en 1877, Roidot-Deleage et Gillot citent un sureau sur la commune de Cordesse en Saône-et-Loire qui affichait 1,30 mètre de circonférence pour 6 mètres de hauteur.

Dans sa catégorie, le sureau du Pré aux Dames fait figure de géant. C'est en tout cas un des plus gros sureaux de Bourgogne et le plus gros connu jusqu'à maintenant. Il est bien dommage qu'il ait été en partie massacré par une malencontreuse tronçonneuse qui a laissé les troncs sacrifiés à pourrir dans le pré en contrebas. Il conserve néanmoins une belle masse, spectaculaire au moment de la floraison au tout début de laquelle il se trouvait ce 18 mai 2007 et dont Pierre Lieutaghi (2004) parle si bien: «Il se signale alors de très loin à l'attention du promeneur par une odeur puissante, spéciale, jugée désagréable par ceux qui ne l'ont pas découverte, atténuée, dans les premières nuits de l'été, à la saison et à l'heure miraculeuse où les plantes cessent enfin d'être muettes et trouvent un langage d'effluves pour dire leur plaisir d'éclore».

Bouix
Tilleul

n°.........21 093/01

Arbre unique
Localisation :
références de la carte 1/25 000ème : 2919 Ouest Les Riceys
coordonnées géographiques : 760,56 x 2322,84
coordonnées GPS: 47°53'110 N x 4°29'003 E
lieu-dit : entrée sud du village
topographie du site : plane, sur un monticule
Taille :
hauteur totale : 16 m - fût : 2 m, creux
diamètre : 2,42 m
circonférence : 7,28 m en 1999 et 7,60 m en 2008
forme : plein vent
Situation foncière :
publique
accessibilité :
oui, bord de la route d'accès au village
Informations complémentaires :
Etat de santé: bon
Faune-flore associée et environnement végétal: urbain, gui (une dizaine de boules)
Importance paysagère (sur une échelle de valeur de 1 à 5) : 5
Source d'information: SBAA et Feuille d'ARBRES N° 38

Ce très probable tilleul de Sully est un magnifique arbre, trônant sur un petit monticule à l'entrée du village de Bouix.

C'est un des plus gros de Côte-d'Or derrière celui de Veilly (8,48 m) dont il rappelle la forme: un immense houppier posé sur un fût court et entièrement creux.

Objet d'une fiche descriptive dans le cadre du jeu-concours de la Société Bourguignonne des Amis des Arbres, un poème fut rédigé en son honneur par Mme Germaine Aubry, «86 ans et en pleine forme» en 1999:

«Nous avons dans le haut du Pays
Un superbe tilleul
Qui fut planté à l'époque de Sully
C'est notre orgueil

Toi qui a vu naître nous aïeuls
De combien de générations
Toi, l'ancestral tilleul
Ont été en admiration

Nous souhaitons encore longue vie à notre beau tilleul
Sur qui viennent jouer les écureuils
Que tes petites fleurs odorantes continuent à franchir tous les seuils
Nous sommes fiers de notre tilleul».

Bure-les-Templiers
Hêtre
n°.........21 116/01

Nom : Le Fayard pleureur
Arbre unique
Localisation :
références de la carte 1/25 000ème : 3020 Est Recey-sur-Ource
coordonnées géographiques : 791,26 x 2306,17
coordonnées GPS: 47°43'626 N x 4°53'189 E
lieu-dit : les Charrières
topographie du site : mi versant, talus dominant le chemin
Taille :
hauteur totale : 8 m - fût : 2 m
diamètre : 0,61 m circonférence : 1,93 m
forme : plein vent pleureur
Situation foncière :
publique
Accessibilité :
oui, bord du chemin forestier
visibilité d'un endroit public : oui
Informations complémentaires :
Etat de santé: bon
Faune-flore associée et environnement végétal: forestier, en lisière
Importance paysagère (sur une échelle de valeur de 1 à 5) : 5
Source d'information: SBAA et signalé sur la carte topographique

Le Fayard pleureur de Bure fait partie de ces bizarreries botaniques qui font la célébrité de la Montagne de Reims et ses Faux de Verzy où plusieurs centaines de ces hêtres tortillards aux silhouettes tirebouchonnées parsèment le boisement. Cette particularité morphologique est connue chez le chêne, l'orme, le saule, le noisetier mais c'est le hêtre qui présente le plus souvent ces dimorphismes.

Celui-ci présente des caractéristiques propres aux deux variétés: «pendula» par sa ramure et «tortuosa» si l'on observe les circonvolutions de ses branches. Un suivi de son accroissement en circonférence serait intéressant pour savoir s'il possède les caractéristiques de longévité extraordinaire, de l'ordre du millénaire des hêtres tortillards, quand les hêtres «normaux» n'excèdent guère 1,5 à 3 siècles de longévité.

Celui-ci, signalé sur la carte topographique, bien ancré dans le talus qui domine le chemin forestier, par son caractère parfaitement solitaire, donne à penser qu'il a été planté là volontairement il y a plus d'un siècle.

Avec les sapins de Détain, c'est le seul arbre de Bourgogne à présenter, en pleine nature, ces caractéristiques étranges.

Son tronc aux formes très contournées supporte un houppier en parasol qui garde une partie de son feuillage tout l'hiver, on nomme cela la marcescence, rajoutant encore à son intérêt esthétique.

Il n'atteint pas les mensurations exceptionnelles (25 mètres de haut pour 1/4 d'hectare couvert) du hêtre pleureur importé vers 1820 de France à la pépinière de Knap Hill près de Woking en Angleterre, ni celles du plus gros hêtre pleureur de France signalé par Lesourd et Le Graverend (1955) dans le parc du château de Launay à St-Georges-du-Vièvre dans l'Eure qui affichait 4 mètres de tour en 1962.

Ci-dessus : Le hètre de Bure-les-Templiers. Ci-dessous : Les «Six Filles» de Cessey-sur-Tille

Cessey-sur-Tille
Chêne sessile
n°.........21 126/01

Nom : Les Six Filles
Arbre unique
Localisation:
références de la carte 1/25 000ème : 3224 Ouest Dole
coordonnées géographiques : 820,28 x 2258,32
coordonnées GPS: 47°17'274 N x 5°14'968 E
lieu-dit : les Communaux
topographie du site : plane
Taille :
hauteur totale : 25 m - fût : 6 fûts de 6 à 8 m de haut
diamètre : 40 à 50 cm
circonférence : 10,14 m
forme : plein vent de futaie
Situation foncière :
publique
nom du propriétaire : commune
Accessibilité :
sentier fléché depuis la D 109 Cessey-Chambeire
Informations complémentaires :
Etat de santé: excellent
Faune-flore associée et environnement végétal: sangliers
Importance paysagère (sur une échelle de valeur de 1 à 5) : 5
Source d'information: SBAA

Arbre lauréat du Jeu concours organisé par la Société Bourguignonne des Amis des Arbres en 1999. Age estimé à 130 ans. Citons un extrait de la fiche descriptive rédigée par les élèves de l'école élémentaire de Cessey: «*Peut-être ces six filles ont-elles voulu laisser un message au promeneur du 3ème millénaire: même dans la forêt où chacun doit faire sa place (et le chêne en particulier), «se donner la main» rend plus fort et permet d'aller plus loin...plus haut!*».

Cette curiosité botanique est connue dans chacun des quatre départements bourguignons pour des chênes, hêtres et le fabuleux platane de Cézy dans l'Yonne. Non loin de Cessey, à Magny-Montarlot, c'est un 5 Filles qui croît dans le Bois de Mondragon, tout près de la D 24 reliant ce village à celui de Longchamp.

Leur sexe et leur filiation ne sont pas toujours les mêmes : frères, jumeaux ou filles selon les cas. Cette croissance est-elle le fruit du recépage d'un arbre unique dont les rejets principaux se seraient harmonieusement répartis autour de la souche sans que l'un ou l'autre ne prenne le dessus sur ses congénères?

S'agit-il d'un chêne qui dès le départ aurait lancé 6 perches du même pied? Seul le père de l'arrière grand-père des enfants de l'école de Cessey pourrait nous renseigner sur la genèse de ce phénomène !.....

Chambolle-Musigny
Tilleul à grandes feuilles
n°.........21 133/01

Arbre unique
Localisation :
références de la carte 1/25 000ème : 3123 Ouest Dijon
coordonnées géographiques : 798,17 x 2246,09
coordonnées GPS: 47°11'097 N x 4°57'115 E
lieu-dit : église
topographie du site : haut de versant orienté à l'Est
Taille :
hauteur totale : 12 m - fût : 5 m avec base très élargie et creuse
circonférence : 7,30 m
forme : plein vent
Situation foncière :
publique
Accessibilité :
oui, au bord d'une rue
Informations complémentaires :
Etat de santé: bon
Faune-flore associée et environnement végétal: urbain
Importance paysagère (sur une échelle de valeur de 1 à 5) : 5
Source d'information: M. Christian Kempf

Voilà un de ces bons vieux tilleuls qui en imposent immédiatement quand on arrive à leur pied et qui affichent clairement leur statut d'arbre remarquable.

Les habitants de Chambolle-Musigny lui ont d'ailleurs baptisé la rue le long de laquelle il trône. Probable «Sully» si l'on en juge à son gabarit, c'est le deuxième plus gros tilleul de Côte-d'Or derrière celui de Veilly (8,48 m).

Sa base difforme se creuse en une véritable grotte aux entrées grillagées au-dessus de laquelle s'élève un fût encore bien garni par des branches qui lui donnent fière allure au coin de l'église de Chambolles.

Visitez-le en juin quand son ardeur reproductrice le reprend pour embaumer un 400ème et quelques printemps de ce magnifique village de la Côte.

Champignolles
Alisier torminal et lierre

n°.........21 140/01

Arbre unique
Localisation :
références de la carte 1/25 000ème : 2924 Est Epinac
coordonnées géographiques : 768,85 x 2230,52
coordonnées GPS: 47°03'181 N x 4°33'564 E
lieu-dit : entre Combe Vernusse et Bois des Terrasses
topographie du site : haut de versant
Taille :
hauteur totale : 12 m - fût : 3 m senestre
diamètre : 0,55 (alisier) et 0,21 m (lierre)
circonférence : 1,75 m pour l'alisier et 0,675 m pour le lierre
forme : plein vent
Situation foncière:
privée
Accessibilité :
dans une haie entre un pré et un labour
visibilité d'un endroit public : non
Informations complémentaires :
Etat de santé: bon
Faune-flore associée et environnement végétal: haie à flore diversifiée avec nombreux ormes
Importance paysagère (sur une échelle de valeur de 1 à 5) : 2,5
Source d'information: Alain Desbrosse

L'alisier torminal, avec l'alisier blanc, est une des espèces les plus communes de sorbiers en Bourgogne.

Le genre alisier-sorbier compte trois autres espèces chez nous, l'alisier de Fontainebleau, le sorbier des oiseleurs et le cormier.

Ces essences dites à bois précieux sont mal connues du grand public et donc difficiles à détecter dans le cadre d'un inventaire des arbres remarquables. Le torminal, quand on sait reconnaître son feuillage si caractéristique, est assez commun en sous-bois sur terrain calcaire ou sols acides en stations chaudes. Il est chez nous systématiquement passé en bois de chauffage lors de la coupe du taillis, il est donc rarissime d'en découvrir de beaux spécimens comme dans l'Est de la France où les forestiers connaissent les qualités exceptionnelles de son bois saumoné. Il échappe parfois à son sort au milieu d'une haie ou en lisière de forêt et peut alors mûrir ses fruits astringents autrefois utilisés pour soigner les coliques (origine du terme torminal) à plus de 10 mètres de hauteur.

L'alisier de Champignolles fait partie des plus beaux torminaux connus en Bourgogne avec ceux du Mâconnais (Bissy-la-Mâconnaise, 2,00 m). Celui-ci semble s'être envolé vers les cieux de concert et en parfaite harmonie avec un lierre que l'on peut considérer comme le plus gros connu jusqu'à présent pour notre région et qui fait de cet alisier un arbre vert été comme hiver.

Charigny
Marronnier
n°.........21 145/01

Arbre unique
Localisation :
références de la carte 1/25 000ème : 2922 Ouest Semur-en-Auxois
coordonnées géographiques : 757,60 x 2272,17
coordonnées GPS: 47°25'820 N x 4°25'555 E
lieu-dit : église
topographie du site : mi-versant
Taille :
hauteur totale : 12 m - fût : 3 m puis 2 fûts et un manquant
diamètre : 2,07 m
circonférence : 6,50 m (identique à ce qui est indiqué dans la fiche Diren)
forme : plein vent étêté en 2006 ou 2007
Situation foncière:
publique
Accessibilité :
oui, talus le long de l'église
Informations complémentaires :
Etat de santé: senescent, un des trois fûts perdus depuis plusieurs années, nombreux rejets de 2 ans ou plus
Faune-flore associée et environnement végétal: environnement urbain
Importance paysagère (sur une échelle de valeur de 1 à 5) : 3
Source d'information: Diren, Atlas des Sites classés, SBAA

Voici ce que l'on peut baptiser un monument naturel en péril. Arbre classé le 27 mai 1934, celui qui est le plus gros marronnier connu en Bourgogne avec ses 6,50 mètres de circonférence se trouve aujourd'hui dans un état de décrépitude avancé. La taille drastique dont il a récemment fait l'objet, même si elle s'imposait pour des raisons de sécurité publique, contribue fortement à lui avoir fait perdre de sa superbe.

Souhaitons que ses capacités de rejet qui rendent cette espèce résistante à ce type de traitement lui permette de retrouver un houppier digne de son rang!

Si vous voulez visiter deux de ses cadets de 5,20 mètres de tour ayant conservé toute leur plantureuse ramure, il vous faut aller à Chagny (71), square de l'Arlequin ou à Fontenay-sous-Fouronnes (89).

Un article du Bien Public datant de 1998 indique que ce serait un arbre de Sully, planté en 1598 à proximité d'un tilleul servant de gibet et arraché à l'époque pour ne pas gêner la croissance du marronnier. Il mesurait 6,32 m de tour pour une hauteur de 23 mètres. Faire du marronnier de Charigny un «Sully» relève probablement de la légende pour cette essence à croissance rapide qui ne vit guère plus de deux siècles.

D'Inde, il est en fait originaire d'Albanie et du Nord de la Grèce, le sieur Bachelier l'aurait ramené de Constantinople, rue du Temple à Paris en 1615. Deux siècles plus tard, le marronnier avait conquis toute l'Europe.

Ci-après : Le tronc du marronnier de Charigny et l'allée de vieux tilleuls à Châteauneuf-en-Auxois.
L'un des tilleuls creux à Châteauneuf-en-Auxois.

SINGER

Châteauneuf-en-Auxois
Tilleul hybride

n°.........21 152/01

Voici ce qui reste d'une ancienne allée bordée de deux rangées de tilleuls qui conduisait à une petite chapelle dite Notre Dame du Chêne, lieu de culte où christianisme et paganisme avaient sans doute trouvé un terrain d'entente!

Ces arbres sont probablement âgés de deux siècles ou plus, mais, poussant directement sur la dalle calcaire ils sont restés de taille modeste. Leurs silhouettes toutes différentes les unes des autres les rendent intéressants pour le photographe qui prendra le temps d'exploiter leurs formes tortueuses pendant que les enfants pourront explorer les fûts creux, paradis des parties de cache-cache.

L'un d'entre eux présente un très bel exemple de racines dites de réitération à l'intérieur de son tronc éventré. Les branches qui ont rejeté pour lui reconstituer une couronne détruite par les vicissitudes du temps, se sont dotées d'un réseau racinaire qui relie directement le houppier aux richesses nutritives de l'humus du sol et en profitent au passage pour cannibaliser l'intérieur du tronc en décomposition.

Groupe d'arbres : *allée double de 500 mètres de long: 19 à l'Est, 13 à l'Ouest*

Localisation :

références de la carte 1/25 000ème : 2923 Est Pouilly-en-Auxois

coordonnées géographiques : 774,50 x 2249,38

coordonnées GPS: 47°13'269 N x 4°38'461 E

lieu-dit : Allée de la Chaume aboutissant à la chapelle Notre Dame du Chêne

topographie du site : plane

Taille :

hauteur totale : 8 m - fût : 3 m creux

circonférence : 4,14 m (pour le premier côté ouest en venant de Châteauneuf)

forme : plein vent

Situation foncière :

privée

Accessibilité :

oui, allée ouverte donnant accès à une chapelle

visibilité d'un endroit public : parking de Châteauneuf-en-Auxois

Informations complémentaires :

Etat de santé: vieux arbres sénescents

Faune-flore associée et environnement végétal: lisière forestière

Importance paysagère (sur une échelle de valeur de 1 à 5) : 2,5

Source d'information: Christophe Gerbet

Châteauneuf-en-Auxois
Chêne sessile

n°.........21 152/02

Arbre unique
Localisation :
références de la carte 1/25 000ème : 2923 Est Pouilly-en-Auxois
coordonnées géographiques : 776,06 x 2250,42
coordonnées GPS: 47°13'808 N x 4°39'716 E
lieu-dit : Les Grands Jetons, forêt communale
topographie du site : plane
Taille :
hauteur totale : 15 m - fût : 3 m
circonférence : 2,57 m
forme : plein vent, houppier constitué de 30 branches dont 13 principales, de 22 mètres d'envergure
Situation foncière :
publique
nom du propriétaire : commune
Accessibilité :
proche d'un layon forestier, non loin de la lisière proche de la Grande Vendue
visibilité d'un endroit public : oui
Informations complémentaires :
Etat de santé: bon, une balafre cicatrisée de 30 cm mais restée entrouverte sur le tronc
Faune-flore associée et environnement végétal: forestier
Importance paysagère (sur une échelle de valeur de 1 à 5) : 2,5
Source d'information: Christophe Gerbet

Ce chêne de taille somme toute modeste (0,80 m de diamètre) n'en est pas moins original par son houppier d'innombrables branches partant toutes du haut du fût.

Ce bouquet géant présente une plagiotropie marquée qui lui fait étaler son ombre sur 22 m de large et ce, malgré un environnement actuel de taillis sous futaie qui aurait dû le conduire à chercher la lumière en poussant comme une chandelle. C'est en fait un probable témoin du caractère récent d'un boisement qui se serait installé sur d'anciennes pâtures laissées à l'abandon au siècle dernier. Il serait contemporain du premier stade de colonisation forestière quand les chênes avaient encore tout l'espace voulu pour prendre leurs aises.

Chaume-lès-Baigneux
Cornouiller

n°.........21 160/02

Arbre unique
Localisation :
références de la carte 1/25 000ème : 2921 Est Baigneux-lès-Juifs
coordonnées géographiques : 768,62 x 2234,39
coordonnées GPS: 47°37'645 N x 4°34'817 E
lieu-dit : village, verger à proximité du tailleur de pierres
topographie du site : plane
Taille :
hauteur totale : 6 m - fût : 1,50 m couché depuis toujours
diamètre : 14 m pour le houppier
circonférence : 1,42 m en 1999 et 1,47 m en 2008
forme : plein vent
Situation foncière :
privée
nom du propriétaire : M. Maurice Petot, à Jours-lès-Baigneux
Accessibilité :
dans un verger
visibilité d'un endroit public : oui, deux routes longeant l'angle du verger
Informations complémentaires :
Etat de santé: bon
Faune-flore associée et environnement végétal: verger
Importance paysagère (sur une échelle de valeur de 1 à 5) : 2,5
Source d'information: SBAA

Le cornouiller mâle de Chaume-les-Baigneux est remarquable à trois titres : la botanique, sa taille et l'histoire du paysage.

En Bourgogne, nous ne possédons que deux espèces de cornouillers, le mâle et le sanguin. Si le second est répandu un peu partout, le cornouiller mâle (Cornus mas) n'est présent que sur substrat calcaire, commun dans le Nord de la Bourgogne, beaucoup moins dans le Mâconnais, la Côte chalonnaise ou le Donziais.

Ci-contre : Le chêne de Châteauneuf-en-Auxois.

Sa floraison hivernale suit de peu celle du noisetier. Il se pare de discrètes petites fleurs jaunes qui font les délices des abeilles de son propriétaire dans la troisième semaine de février. Ce sont elles qui égayent les talus de l'autoroute quand vous passez le col de Bessey-en-Chaume à cette époque.

Par sa taille -1,47 m de circonférence - il est le champion bourguignon pour son espèce et l'un des plus gros en France.

Dans l'ouvrage de Lesourd et Le Graverend sur les plus gros arbres de France, deux spécimens près de la Ménagerie du Muséum de Paris affichaient une circonférence de 1,07 m pour un âge de 144 ans en 1931. En 1956, le Jardin public de Coutances dans la Manche possédait un sujet d'1,20 m au départ des branches à 0,20 m, pour un âge de 110 ans.

L'ouvrage «Arbres Remarquables de la Vienne» (1999) signale dans le Loudunais le plus gros cornouiller du département, sur la commune de Dercé, qui mesure 1,90 m de circonférence pour 6,50 mètres de haut.

L'âge exact du cornouiller de Chaume n'est pas connu mais il est, avec le tilleul de Clermain (Saône-et-Loire) aujourd'hui disparu, le seul arbre bourguignon à figurer sur un cadastre napoléonien. En 1803, il appartenait au sieur Philipon sur une parcelle classée en vigne et verger.

De la vigne, ne subsistent que quelques ceps de noah ensauvagés tandis qu'un magnifique verger sert d'écrin à notre cornouiller qui développe son abondante chevelure sur pas moins de 6 mètres de haut et 14 mètres de diamètre.

Son propriétaire, M. Petot de Jours-les-Baigneux se fera un plaisir de vous conduire au pied de son arbre qui lui a donné 75 kg de cornouilles en 2007 ! Arboriculteur accompli, il vous fera également découvrir les trésors des variétés anciennes de fruitiers qui se partagent son verger, petit îlot de biodiversité dans le désert agro-industriel des plateaux du Châtillonnais.

Collonges-les-Bévy
Tilleul à grandes feuilles

n°.........21 182/01

Arbre unique
Localisation :
références de la carte 1/25 000ème : 3023 Ouest Sombernon
coordonnées géographiques : 790,65 x 2244,09
coordonnées GPS: 47°10'149 N x 4°51'116 E
lieu-dit : Place du Tilleul
topographie du site : bas de versant
Taille :
hauteur totale : 30 m - fût : 5 m
diamètre : 1,53 m
circonférence : 4,80 m
forme : plein vent
Situation foncière:
publique
Accessibilité *:*
situé sur une place publique
Informations complémentaires :
Etat de santé: bon
Faune-flore associée et environnement végétal: urbain
Importance paysagère (sur une échelle de valeur de 1 à 5) : 5
Source d'information: M. Paul Rose, Service aménagement foncier du Conseil Général

Voici un de ces arbres pour lesquels, quand on est à leur pied, sous la masse imposante de leur océan de feuillage supporté par un tronc colossal, on ne se pose aucune question sur leur caractère remarquable.

Celui-ci l'est à divers autres titres! Labellisé Arbre Remarquable de France par l'association A.R.B.R.E.S. dans le cadre de son opération «200 arbres pour retrouver nos racines», un panneau sur le mur voisin indique qu'il s'agit d'un tilleul de Sully dont l'âge estimé est de 400 ans.

Si c'est bien le cas, alors, ce tilleul est le seul de toute la Bourgogne à avoir conservé sa ramure originelle. N'ayant jamais fait l'objet d'aucune taille et préservé des ravages du vent, de la foudre ou de la neige, il occupe tout l'espace que lui laissent les habitations sur cette petite place face à la mairie.

A l'époque où ce petit village de l'arrière côte de Beaune était un grand centre de production, on installait sous son ombrage, jusqu'en 1960, la balance pour la pesée des petits fruits.

Collonges-les-Bévy
Chêne sessile

n°.........21 182/02

Nom : Chêne Marchand
Arbre unique
Localisation :
références de la carte 1/25 000ème : 3023 Ouest Sombernon
coordonnées géographiques : 788,44 x 2244,16
coordonnées GPS: 47°10'227 N x 4°49'364 E
lieu-dit : forêt de Collonges-lès-Bévy
topographie du site : plane (plateau)
Taille :
hauteur totale : 20 m - fût : 6 m dextrorse avec 2 branches principales
circonférence : 3,60 m
forme : plein vent
Situation foncière :
publique
Accessibilité :
oui; lisière forestière
visibilité d'un endroit public : au bord de la D 109 Collonges - Détain
Informations complémentaires :
Etat de santé: bon, nombreuses branches coupées bien cicatrisées
Faune-flore associée et environnement végétal: une nichée de pic épeiche dans une branche haute
Importance paysagère (sur une échelle de valeur de 1 à 5) : 2,5
Source d'information: la voisine du tilleul du bourg, signalé sur la carte topographique

Ce n'est pas le plus spectaculaire des arbres du réseau des boisements gérés par l'Office National des Forêts mais c'est un spécimen qui reste un bel exemple de ce que peuvent produire ces plateaux calcaires, très fréquentés dans un lointain passé par nos ancêtres du Néolithique qui y laissèrent leurs tombeaux, ces nombreux tumulus dispersés aujourd'hui dans les sous-bois des Hautes Côtes.

Le Chêne Marchant, à ne pas confondre avec son homonyme nivernais baptisé du nom du maire de Varzy, fut nommé en l'honneur du forestier qui l'a mis en valeur.

Des tables de pique-nique installées à son pied invitent à profiter de son ombrage. Son fût torse se drape d'un camaïeu coloré où mousses et lichens se partagent la surface crevassée de son écorce selon leurs préférences météorologiques.

Une nichée de pic épeiche occupait au printemps 2007 l'une des hautes branches, nous rappelant que les vieux arbres qui subissent les attaques du temps sont aussi là pour offrir le gîte et le couvert à toute notre petite faune cavernicole.

Corcelles-les-Monts
Alisier de Fontainebleau

n°.........21 192/02

Arbre unique
Localisation :
références de la carte 1/25 000ème : 3123 Ouest Dijon
coordonnées géographiques : 795,96 x 2260,63
coordonnées GPS: 47°18'991 N x 4°55'812 E
lieu-dit : forêt domaniale de Plombières, Combe Maréchal, parcelle 22 en limite de la parcelle 23
topographie du site : fond de combe
Taille :
hauteur totale : 20 m - fût : 6 m sénestre
diamètre : 0,59 m en 1996 et 0,62 m en 2008
circonférence : 1,88 m en 1996 et 1,94 m en 2008
forme : plein vent
Situation foncière :
publique
Accessibilité :
Par le sentier au départ du bas de la combe
Informations complémentaires :
Etat de santé: bon
Faune-flore associée et environnement végétal: forestier
Importance paysagère (sur une échelle de valeur de 1 à 5) : 3
Source d'information: ONF

Après la mort en 2007 de l'alisier de Bagneaux dans l'Yonne, c'est désormais le plus gros spécimen connu de Bourgogne pour cette essence protégée à l'échelle nationale. Son âge estimé par les techniciens de l'Office des Forêts serait de 120 ans. Il est facile à localiser au bas de la Combe Maréchal à laquelle on accède par une route à l'allée de la Cude, au départ de Velars-sur-Ouche. A partir de la station de pompage en eau, il faut s'engager dans la combe où notre alisier trône au pied de la première falaise calcaire que l'on trouve sur la droite du sentier. Cette combe est un magnifique exemple de reculée d'origine karstique, due à l'attaque des eaux souterraines acides dans les calcaires qui constituent la Montagne bourguignonne. Contrairement aux alisiers de Saulx-le-Duc, celui-ci semble vivre en ermite dans cette combe. Un proche cousin, un alisier blanc situé un peu plus haut dans la combe le long du sentier vous permettra de comparer les deux espèces.

L'autre originalité de l'alisier de Fontainebleau de la forêt domaniale de Plombières est son fût torse sénestre. Là où les arbres torses ne présentent que des lignes dans le dessin de leur écorce, son fût profondément cannelé donne l'impression d'être agité par des vagues . En février , vous trouverez à son pied les oreilles rouge vermillon des pezizes, ce curieux champignon en cupule.

Détain
Sapin pectiné

n°.........21 228/01

Groupe d'arbres
Localisation :
références de la carte 1/25 000ème :3023 Ouest Sombernon
coordonnées géographiques :787,15 x 2244,24
coordonnées GPS: 47°10'296 N x 4°48'345 E
lieu-dit : forêt domaniale de Détain Gergueil, près de la Maison forestière
topographie du site : versant orienté à l'Ouest
Taille :
hauteur totale : 20 mètres
diamètre : 80 centimètres pour les deux plus gros
forme : arbres de futaie régulière à l'origine
Situation foncière :
publique - forêt domaniale
Accessibilité :
au bord de la D109 en contrebas de la maison forestière
Informations complémentaires :
Etat de santé : bon, quelques-uns détruits par la tempête de décembre 1999
Faune-flore associée et environnement végétal : environnement forestier
Importance paysagère (sur une échelle de valeur de 1 à 5) : 2
Source d'information:ONF

La présence de cette espèce «exotique» en Bourgogne, largement plantée sur les hauteurs humides du Morvan, nous rappelle que les Hautes Côtes, cette grosse butte calcaire entre la vallée de l'Ouche et les célèbres Côtes de Beaune et de Nuits, est suffisamment arrosée (900 à 1000 mm/an) pour lui offrir de bonnes conditions stationnelles. Cette espèce de l'étage montagnard est en effet plus caractéristique des futaies jardinées du Haut Jura que de nos hêtraies-chênaies bourguignonnes.

C'est au titre de curiosité botanique que nous avons intégré ces arbres «tortillards» qui occupent quelques arpents en contrebas de la maison forestière de Détain. Ils nous rappellent, en moins spectaculaires, les fameux faux de Verzy, ces hêtres de la Montagne de Reims qui tire-bouchonnent leurs fûts dans tous les sens. Ceux-ci ne semblent affectés que par une bonne «danse de Saint Guy» qui imprime à leur fût des contorsions et un port digne de danseuses balinaises.

Les charmes du secteur présentent également des bases similaires, ce qui plaiderait ici, selon le forestier avec qui nous en avons discuté, pour un phénomène géographique et non génétique. La plantation de ces sapins, âgée d'environ un siècle, est en voie d'irrégularisation, pratique sylvicole consistant à laisser se reconstituer, à partir de la monoculture de départ, un mélange des essences et des âges pour retrouver une structure proche de ce qu'elle serait dans une forêt naturelle.

Foissy
Chêne pédonculé

n°.........21 274/01

Arbre unique
Localisation :
références de la carte 1/25 000ème : Epinac 2924 Est
coordonnées géographiques : 769,36 x 2238,51
coordonnées GPS: 47° 07'487 N x 4°34'143 E
lieu-dit : Antigny-le-Château, le long de la D14
topographie du site : plane
Taille :
hauteur totale : 8 m - fût :4 m fendu en deux
diamètre : 1,87 m
circonférence :5,90 m
forme : têtard
Situation foncière :
privée
Accessibilité :
oui, au bord de la D 14
visibilité d'un endroit public : D 14 et D 17 Arnay-Bligny
Informations complémentaires :
Etat de santé: bon mais fût creux en deux parties donc fragilisé
Faune-flore associée et environnement végétal: sureau noir
Importance paysagère (sur une échelle de valeur de 1 à 5) : 3
Source d'information: Christian Kempf

Le chêne d'Antigny-le-Château est l'un des plus gros du département et de Bourgogne. Son houppier est bien équilibré avec un fût fragilisé entièrement creux, il ne présente pas de trop grosses branches faisant prise au vent.

C'est un bel exemple de vieil arbre ayant reconstitué une cime après avoir perdu son houppier d'origine. Il a probablement encore de nombreux printemps à fleurir et d'automnes pour disperser ses glands, si notre orgie de carbone fossile ne l'emporte dans les canicules qui se multiplieront avec l'effet de serre qui condamnera ces arbres, compagnons de nos ancêtres les Gaulois et avant eux des premières peuplades néolithiques qui s'établirent sur les fertiles terres de l'Auxois.

Comme la majorité des chênes de haute tige qui dominent les haies de nos pays bocagers, c'est un chêne pédonculé, essence dite héliophile, dont la croissance des jeunes plants exige la pleine lumière.

Une exploration du maillage bocager encore bien conservé autour d'Antigny permettrait sans doute de découvrir d'autres patriarches du même calibre.

Lacanche
Chêne pédonculé

n°.........21 334/01

Arbre unique
Localisation :
références de la carte 1/25 000ème : 2924 Est Epinac
coordonnées géographiques : 768,68 x 2233,44
coordonées GPS: 47°04'763 N x 04°33'492 E
lieu-dit : à l'entrée nord du bourg de Lacanche
topographie du site : plane
Taille :
hauteur totale : 15 m - fût : 2 ms
diamètre : 1,82 m - circonférence : 5,73 m
forme : plein vent, 29 mètres d'envergure
Situation foncière :
privée - nom du propriétaire : M. Coste
Accessibilité :
au milieu d'un pré
visibilité d'un endroit public : oui, Nationale 6
Informations complémentaires :
Etat de santé : bon, une blessure au Nord sur le fût (foudre ?)
Faune-flore associée et environnement végétal : prairie permanente
Importance paysagère (sur une échelle de valeur de 1 à 5) : 5
Source d'information : Alain Desbrosse, Bruno Benard

Comme le chêne de Montcenis en Saône-et-Loire, le chêne de Lacanche fait partie de ceux dont on se dit qu'ils méritent absolument de figurer dans un livre.

Véritable archétype de cette espèce reine de nos contrées tempérées d'Europe occidentale, ce très beau chêne est visible dans toute sa splendeur depuis la N 6 en venant du Nord.

Aujourd'hui trônant au milieu d'une grande pâture, il appartenait probablement à l'origine, à un ancien parc attenant au château de la famille Coste, propriétaires des ateliers de fabrication de cuisinières haut de gamme qui font toujours la réputation de Lacanche. La carte topographique signale d'ailleurs tout un réseau d'allées autour d'un monument aujourd'hui disparu, à l'emplacement même du chêne.

Sa ramure fantastique bien posée sur un pied court s'étale tout à loisir pour offrir une fraîcheur estivale généreuse au bétail ruminant. Ses branches basses partent à l'horizontale jusqu'à 15 mètres du fût, soit une ombre portée sur près de 700 mètres carrés pour ce seul arbre! Son tronc montre la trace d'un ancien coup de foudre dont il est en train de cicatriser la balafre.

Ladoix-Serrigny
Chêne sessile

n°.........21 606/01

Nom : Chêne Buffon
Arbre unique
Localisation :
références de la carte 1/25 000ème : 3024 Est Nuits-St-Georges
coordonnées géographiques : 796,37 x 2231,52
coordonnées GPS: 47°03'269 N x 4°55'311 E
lieu-dit : Bois de Petite Borne près du hameau de Corcelles, parcelle 30
topographie du site : plane
Taille :
hauteur totale : 30 m - fût : 8 m
diamètre : 1,50 m
circonférence : 4,71 m
forme : plein vent de futaie
Situation foncière :
publique
nom du propriétaire : commune
Accessibilité :
par la route longeant la lisière depuis le hameau de Corcelles
Informations complémentaires :
Etat de santé: bon, 12 branches parfaitement cicatrisées sur 13 coupées en 1989
Faune-flore associée et environnement végétal: forestier, parcelle de vieille futaie conservées sur 1 hectare
Importance paysagère (sur une échelle de valeur de 1 à 5) : 5
Source d'information: ONF

Signalé sur la carte topographique, le Chêne Buffon fut nommé en 1950, l'année de la restauration de la chapelle de Notre Dame du Chemin. Voici l'arbre le mieux connu de toute la Bourgogne depuis 1905 grâce aux archives de l'Office des Forêts. Son accroissement en circonférence est le suivant:

1905: 2,50 m	1970: 4,10 m
1930: 3,20 m	1996: 4,60 m
1954: 3,60 m	2008: 4,71m

Son âge probable serait de deux siècles, beaucoup plus jeune que ce que la légende locale lui attribue! Il serait au mieux contemporain de la disparition de notre célèbre naturaliste bourguignon si l'on estime qu'en 1905, pour un diamètre de 80 centimètres, il était déjà centenaire. Buffon, né à Montbard en 1707 est mort à Paris en 1788. Son taux moyen d'accroissement annuel en diamètre est de 1,5 cm, chaque année produisant un cerne de 7,5 mm.

De tous les chênes que j'ai pu visiter sur nos quatre départements, c'est celui qui possède les capacités de cicatrisation les meilleures: 12 des 13 branches coupées montrent un bourrelet parfaitement refermé, barrage parfait contre les invasions des champignons grands digesteurs des montagnes d'appétissante cellulose accumulée sous l'écorce de ces colonnes herculéennes.

Longchamp
Chêne pédonculé et Charme

n°.........21 351/01

Nom : Berceau du Roi de Rome
Groupe d'arbres
Localisation :
références de la carte 1/25 000ème : 3123 Est Auxonne
coordonnées géographiques : 823,69 x 2254,24
coordonnées GPS: 47°15'006 N x 5°17' 562 E
lieu-dit : Bois du Bouchet en forêt domaniale de Longchamp, parcelle 70
topographie du site : plane
Taille :
hauteur totale : 25 m - fût : 12 m
circonférence : 2,37m, 2,91 m, 2,31 m, 2,05 m et 2,52 m pour l'arbre central
forme : plein vent de futaie
Situation foncière: publique
Accessibilité :
oui, le long de la sommière du Bouchet
Informations complémentaires :
Etat de santé: bon
Faune-flore associée et environnement végétal: forestier
Importance paysagère (sur une échelle de valeur de 1 à 5) : 4
Source d'information: ONF et SBAA

Quatre chênes de 197 ans forment un cercle autour d'un cinquième symbolisant l'Aiglon, fils de Napoléon et Marie-Louise d'Autriche, couronné de la royauté de Rome. Quelques charmes manifestement plus jeunes complètent ce berceau, le seul que nous possédions de toute la Bourgogne.

Cet événement fut marqué sous le Premier Empire par des plantations, qui, en contraste avec les arbres de Sully ou ceux de la Liberté, ont été plantés en groupe, voire en plantations atteignant des milliers d'arbres. Un article publié dans la Revue Forestière Française par J. Pardé cite la plantation de 30 arbres, ormes, chênes et tilleuls en cercle en forêt de Boscodon près de Gap sur un diamètre de 60 mètres avec, au centre, deux chênes représentant l'Empereur et l'Impératrice. Cette initiative serait partie de Schleiden, une petite commune des environs de Liège. Le Directeur Général des Eaux et Forêts de l'époque officialisa cette pratique par deux circulaires

Panneau indiquant la plantation en 1811 pour la naissance du fils de Napoléon et de Marie-Louise. Le seul Berceau du Roi de Rome en Bourgogne. Des charmes plus récents ont poussé entre les chênes de la périphérie du Berceau.

en juin 1810 pour les «arbres Marie-Louise» et mars 1811 pour les «arbres du Roi de Rome» dans laquelle il précisait: «Un événement non moins fortuné doit exciter le même élan: il faut que dans tous les triages, des arbres contemporains de la naissance du Roi de Rome prouvent un jour que, jusqu'au fond même des forêts, tout tressaillit de joie à son avènement au monde.»

Les plantations eurent lieu aux quatre coins de l'Empire: 25 637 arbres dans la conservation de Koblentz, 31 775 dans celle de Bruxelles, 1114 en Italie,…. Une partie des arbres plantés périt dès l'été 1811 marqué par une sécheresse.

La Restauration ne fut pas l'occasion d'arrachages vengeurs. La circulaire du 8 mai 1816 nous l'indique: *«Il est peu d'arrondissements forestiers, Monsieur, où il n'ait été planté des arbres à l'époque de la naissance du fils de Buonaparte; si parmi ces arbres, il s'en trouve quelques-uns qui portent des empreintes emblématiques, vous aurez soin de faire disparaître ces empreintes, et si cela ne peut avoir lieu sans dommage pour les arbres, vous les mettrez en vente dans la forme ordinaire.»*

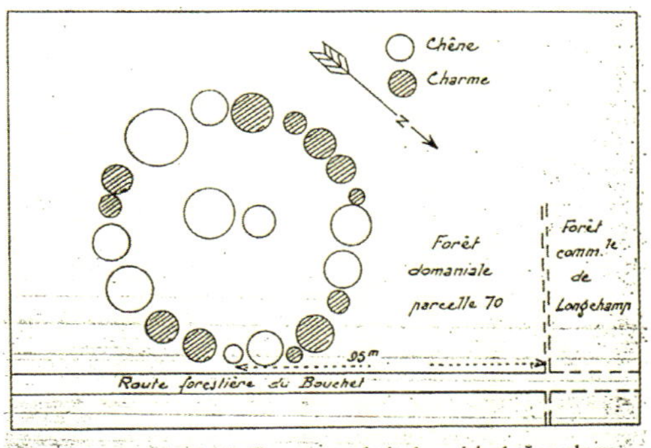

Le « Berceau du Roi de Rome », en forêt domaniale de Longchamp (Côte-d'Or)

Le plan fourni dans l'article de J. Pardé montre 10 chênes et 12 charmes en 1961, sur une organisation identique à celle de Boscodon. Deux chênes se trouvaient à cette époque au centre dont un de 1,90 m de tour. C'est probablement celui qui mesure aujourd'hui 2,52 mètres.

Lors de notre visite, nous avons ramassé une trentaine de cannettes et de bouteilles plastiques qui polluaient le site, laissées là volontairement par les pollueurs «du dimanche»... Comme d'habitude!

RACINES, LA VIE SOUTERRAINE DES ARBRES.

«...Il était des racines au bout de l'arbre
Racines vignes de vie
Vignes de chance
Vignes de cœur
Au bout des racines il était la terre.»

Robert Desnos, Il était une feuille.

La rédaction de ce paragraphe s'est largement inspirée du remarquable ouvrage de Christophe Drenou, «Les racines, la face cachée des arbres».
Contrairement aux icebergs, cette face cachée ne correspond pas à un sixième de la masse aérienne mais seulement à 20% de la biomasse d'une forêt tempérée feuillue et 17% du carbone stocké par les arbres..
Avec l'aubier, les racines ont également la particularité d'être la principale zone de stockage d'énergie, sous forme d'amidon, pour l'arbre.
Il existe deux grands types de racines, celles ligneuses, pivots et charpentières et les racines fines à durée de vie limitée n'excédant guère une saison. Dans un peuplement de pin sylvestre de 40 ans, ces dernières ne constituent que 5% de la masse totale mais 90% de la longueur.
Les racines ligneuses ne pénètrent que rarement le sol à une profondeur supérieur à 1,50 mètre. Si elles sont capables de descendre à 20 mètres de profondeur chercher l'eau d'une nappe phréatique, la majorité d'entre elles se développent dans les 10 premiers centimètres du sol. On comprend ainsi mieux les effets néfastes du piétinement au pied des arbres! Dans les sites touristiques très fréquentés comme les abords de la Pierre qui Croule à Uchon (Saône-et-Loire), le lacis des racines est un bon témoin de l'érosion des sols.

Le microscope permet de constater que ces racines fines sont, à l'instar des lichens, des organes qui vivent en symbiose avec un champignon. Cette association rendue célèbre par la truffe du Périgord ou celle de Bourgogne n'est pas l'apanage des seuls chênes ou noisetiers mais de l'ensemble des espèces d'arbres qui individuellement peuvent accueillir jusqu'à une dizaine d'espèces de champignons.
La symbiose mycorhizienne confère à l'arbre la capacité de fixer l'azote atmosphérique chez le robinier, membre de la famille des légumineuses ou chez l'aulne qui vit sur des sols marécageux. Ces champignons sont également fondamentaux dans la vie de l'arbre pour une bonne absorption de l'eau et des éléments minéraux dissous, la protection contre les espèces pathogènes et éventuellement des substances toxiques.
Quand on examine l'intérieur du tronc des vieux châtaigniers, tilleuls ou acacias, on découvre des racines qui partent du houppier et vont se nourrir dans les entrailles du géant séculaire transformées en compost. On en verra de beaux exemples sur les tilleuls de Chateauneuf-en-Auxois ou sur le cadavre du châtaignier de Montaugey. Une capacité à se nourrir de sa propre gangrène qui laisse rêveur tout membre du règne animal pour qui la putréfaction d'une patte ou d'un bras conduit, sauf amputation rapide, à une mort certaine!...
Bien avant d'atteindre ces extrémités, l'appareil racinaire connaît différentes étapes de son développement qui commencent par le développement d'un pivot primaire puis par la mise en place des charpentières. Quand l'arbre atteint une certaine dimension, la production de pivots secondaires va conduire à la perte de dominance du pivot primaire qui finira par mourir. Le réseau traçant des charpentières continue à se complexifier pour utiliser les espaces laissés vacants. Leur grossissement conduit souvent à les souder là où elles se croisent.
Le chêne visible en contrebas de la route montant à St Léger-sous-Beuvray déraciné lors de la tornade qui a fait beaucoup de casse un jour de l'été 2007 montre un système racinaire typique des arbres matures avec la disparition du pivot central. (Page précédente).

A côté de leur rôle nourricier, les racines, par définition, sont là pour ancrer l'arbre à son substrat et lui permettre de résister aux coups de vent qu'il devra encaisser pendant les 3 ou 4 siècles de son existence. L'abbé Boulay (1888) cité par C. Drenou rétablit la vérité concernant la fable du chêne et du roseau. Il fait le rapide calcul pour un chêne de taille moyenne d'une superficie foliaire de 50 mètres carrés, par un vent moyen exerçant une pression de 90 kilos au mètre carré. Ce chêne doit être capable de résister à une force de 4,5 tonnes! Il faut l'extrême violence d'une tempête comme celle de décembre 1999 pour venir à bout de peuplements entiers et de chênes séculaires comme ceux qui peuplaient les forêts du nord de la Bourgogne particulièrement touchées par cet événement hors du commun. On en voit encore, presque 10 ans plus tard, de nombreuses traces dans les massifs de l'Yonne. Au cours de vos escapades forestières, ne cherchez pas le Chêne du Sauvageon ou les Six Frères de la forêt de Vauluisant signalés sur la carte topographique, ils ont succombé à cet ouragan.
Cela ne signifie cependant pas pour autant la mort systématique des arbres. Ils sont parfaitement capables de survivre avec l'essentiel de la motte racinaire dressée à 90 ° et seulement quelques racines pour continuer à alimenter des rejets qui repartiront du tronc couché au sol. Ce phénomène est observable dans les massifs où les forestiers ne se sont pas empressés de faire place nette après la tempête comme par exemple à Bagneaux, dans la parcelle où trônait le plus gros alisier de Fontainebleau mort lui de vieillesse au cours de l'été 2007. Tout près de lui, un charme à la cime désormais desséchée, a lancé toute une série de rejets depuis son fût horizontal resté bien vivant.
Parmi les arbres remarquables de Bourgogne, on note deux adaptations à la base du tronc qui répondent très probablement à ces contraintes mécaniques permettant de résister au vent: les chênes des massifs de plaine (Citeaux, Pourlans) ont souvent tendance à former des contreforts, à l'image des arbres des forêts tropicales. Au milieu des prés, c'est un empattement qui élargit le collet de l'arbre (chênes de St-Hilaire Fontaine, Lucenay-l'Evêque, Lessard-en-Bresse ou St-Firmin) et semble lui procurer une stabilité accrue bien utile à ces vétérans solitaires pour affronter les nuées déchaînées.

Marmagne
Platane et tilleul

n°.........21 xxx/01

Arbres uniques
Localisation :
Coodonnées GPS : 47 38 356 N x 4 23 304 E
lieu-dit : abbaye de Fontenay
topographie du site : plane, dans un vallon forestier
Taille :
hauteur totale : 35 m - circonférence :
6 m (platane) 3, 95 (tilleul)
Situation foncière :
privée
Accessibilité :
route menant à l'abbaye de Fontenay
Information complémentaires :
Etat de santé: bon
Importance paysagère
(sur une échelle de valeur de 1 à 5) : 5
Source d'information : Christian Kempf

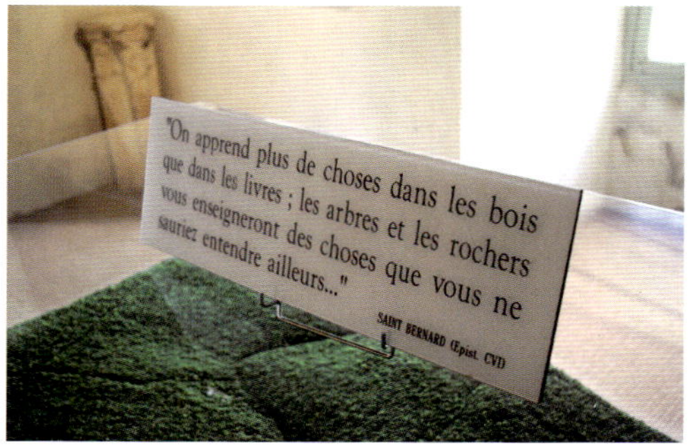

L'abbaye de Fontenay est nichée dans le cadre superbe d'un vallon qui lui donne ses forêts et l'eau pour cadre.

Elle fut fondée par Saint Bernard à l'âge d'or des cisterciens, en 1118 : plus de 200 moines y vivaient, ils n'étaient plus que 12 en 1789.

Propriété d'Elie de Mongolfier, inventeur des ballons, puis de la famille Aynard, elle a été classée en 1981 « Patrimoine Mondial » de l'UNESCO.

Elle héberge plusieurs arbres rares, mais deux d'entre eux sont incontournables : le platane, planté en 1780, selon un écriteau piqué sur le gazon superbement entretenu à ses pieds. Son port altier le propulse à 35 mètres de hauteur –ou plus- et le rend visible à l'extérieur de l'enceinte.

Sur le parking on remarquera un bel ensemble de tilleuls, couronné par un individu en pleine forme que les motos et voitures de notre temps semble amuser. La visite incontournable de l'abbaye doit s'accompagner ainsi d'une balade à l'ombre de ces géants qui ont connu les moines. Un sentier de découverte forestière de 4 km vous y invite.

Meursault
Tilleul sp.

n°.........21 412/01

Arbre unique
Localisation :
références de la carte 1/25 000ème : 3025 Ouest Chagny
coordonnées géographiques : 783,00 x 2221,79
coordonnées GPS: 46°58'249 N x 4°44'521 E
lieu-dit : Creux de Narvaux (le Montmellian sur la carte topographique)
topographie du site : plane
Taille :
hauteur totale : 12 m - fût : 2m
diamètre : 0,77 m
circonférence : 2,43 m
forme : plein vent, port très étalé
Situation foncière :
publique
nom du propriétaire : commune
Accessibilité :
au bord du GR 76
Informations complémentaires :
Etat de santé: bon, fût probablement creux (une grande fente verticale ancienne ouverte)
Faune-flore associée et environnement végétal: gui, une dizaine de touffes
Importance paysagère (sur une échelle de valeur de 1 à 5) : 3,5
Source d'information: SBAA et ONF

Son écorce profondément sculptée et sa puissante ramure tortueuse et généreusement étalée nous disent que le tilleul du Creux de Narvaux n'est pas né de la dernière pluie!

Juché sur un énorme murger de 8 mètres de large , on imagine le tracé compliqué des racines pour aller trouver l'humidité dans les argiles de ce rebord de plateau autrefois cultivé. Peut-être se nourrissent-elles des phosphates laissés par la dépouille d'un chef celte sous ce qui pourrait être à l'origine un tumulus funéraire.

Le défrichage du sous-bois de buis en janvier 2008 met parfaitement en valeur ce tilleul probablement âgé de 150 à 200 ans. Il aurait la particularité de ne fleurir que tous les deux ans selon M. Pierre Moingeon, l'informateur de la fiche descriptive de cet arbre dans le cadre du jeu concours lancé par la Société Bourguignonne des Amis des Arbres en 1999. Il mesurait à l'époque 2,40 m de circonférence. Les 2,43 m constatés en 2008 confirment la lenteur d'accroissement de cet arbre qui suce les cailloux.

Molphey
Houx

n°.........21 01/01

Arbre unique
Localisation :
références de la carte 1/25 000ème :
Saulieu 2823 Est
coordonnées géographiques : 2261,30 x 741,81
coordonnées GPS: 47°20'172 N x 04°12'790 E
lieu-dit : Les Champs Bonnevau (carte topo)
Les Prés du Charme (cadastre)
topographie du site : talweg
Taille :
hauteur totale : 10 m
diamètre : 0,70 m
circonférence : 2,40 m
forme : plein vent, port dissymétrique tourné vers le pré
Situation foncière :
privée
Accessibilité :
bord de chemin, dans la haie
visibilité d'un endroit public : oui
Etat de santé : bon mais creux à la base, nombreux rejets
Faune-flore associée et environnement végétal : nid avec 3 jeunes fauvette à tête noire
Importance paysagère (sur une échelle de valeur de 1 à 5) : 2 (masqué par la lisière forestière)
Source d'information : étude du remembrement par Alain Desbrosse dans les années 90

Avec ses 2,40 mètres de circonférence, c'est le plus gros houx connu de Bourgogne devant celui de St-Léger-sous-Beuvray au château de Montaugey. Il est malheureusement impossible de lui attribuer un âge en l'absence de toute référence pour cette espèce dont la Flore Forestière Française nous dit qu'elle peut atteindre 300 ans et pour laquelle on n'a recensé qu'une dizaine d'individus «remarquables» dans toute la Bourgogne. Le jeu-concours du Parc du Morvan en a localisé 5 dont les circonférences vont de 0,95 m à 2 mètres.

Ce qui étonne toujours quand on est au pied d'un très grand houx, c'est la propension de ses feuilles sommitales à perdre leurs piquants, on les dit inermes. Celles de la base gardent toute leur agressivité, aussi efficace contre les velléités du bétail à changer de pâture que vis-à-vis de celles du chasseur d'arbres remarquables cherchant à mesurer la circonférence du houx géant hérissé d'un buisson de rejets à son pied.

N'oubliez pas lors de votre visite de vous rendre, dans le pré bordé par ce houx, au pied du charme voisin qui est lui aussi un champion régional.

A signaler la belle haie de houx qui délimite un pré à proximité du bourg en allant aux Champs Bonnevau.

Molphey
Charme

n°.........21 422/02

Arbre unique
Localisation :
références de la carte 1/25 000ème :Saulieu 2823 Est
coordonnées géographiques : 2261,44 x 742
coordonnées GPS : 47°20'229 N x 4°12'948
lieu-dit : Les Champs Bonnevau (carte topo)
Les Prés du Charme (cadastre)
topographie du site : talweg
Taille :
hauteur totale : 8 m - fût : 2 m
diamètre : 1,31 m - circonférence : 4,12 m
forme : têtard dont la taille est abandonnée depuis longtemps
Situation foncière : *privée*
Accessibilité :
dans le pré, visible du chemin de Cotâpre
visibilité d'un endroit public : oui
Informations complémentaires :
Etat de santé : bon mais fût totalement creux , excellente vitalité
Faune-flore associée et environnement végétal: ancienne limite avec muret entre deux prés
Importance paysagère (sur une échelle de valeur de 1 à 5) : 3
Source d'information : étude du remembrement par Alain Desbrosse dans les années 90

Le charme des Prés du Charme, après la disparition du foyard du Bois du Fouis à St-Martin-en-Bresse, est désormais le seul arbre lié à la toponymie d'un site pour toute la Bourgogne. Il existait, vers 1820, sur la commune d'Antully, dans les bois de Prodhun, un charme qui mesurait 7 mètres de circonférence. La toponymie a conservé sa mémoire, cette partie de la forêt s'appelant le Canton du Gros Charme (cité par Roidot-Deleage et Gillot, 1877).

C'est également notre plus gros charme connu et l'un des plus spectaculaires avec son tronc traversé par les barbelés, qui enserrent les pierres d'un ancien muret et ses racines formant une grotte au-dessus de la petite source qui s'en échappe. Il montre une vigueur extraordinaire avec la masse colossale de ses branches au sommet d'un fût creux mais toujours prêt à résister vaillamment aux accès pernicieux de la bise morvandelle.

Les vaches assurent la taille de ses branches les plus basses, lui donnant cette silhouette en champignon. Le reste du feuillage fait les délices des chenilles qui s'amusent, en mai, à transformer chaque feuille en véritable passoire.

La végétation herbacée du vallon marécageux qu'il longe, véritable éponge gorgée d'eau formant de gros bourrelets d'accumulations tourbeuses fera le régal des herboristes.

Mont-Saint-Jean
Tilleul hybride

n°.........21 441/01

Groupe d'arbres :
46 (33 à l'Ouest et 13 à l'Est) + 24 (7 et 17) à l'Est du château
Localisation :
références de la carte 1/25 000ème : 2923 Ouest Thoisy-la-Berchère
coordonnées géographiques : de 755,95 x 2256,51 à 756,09 x 2256,68
coordonnées GPS: de 47°17'398 N x 4°23'913 E à 47°17'487 N x 4°24'029 E
lieu-dit : château
topographie du site : hauts de versants orientés à l'Ouest et à l'Est
Taille :
hauteur totale : 15 à 30 m - fût : n°1: 4 m, n°5: 7 m, n°7:10 m, n°8: 6m, n°9: 6 m
circonférence : 16 supérieurs à 3,50 m - n°1: 4,62 m, n°5: 5,45m, n°7: 4,55 m, n°8: 4,95 m, n°9: 4,75 m (numérotation en partant du Sud pour les arbres situés à l'Ouest)
forme : plein vent avec élagage en 1998
Situation foncière :
publique
Accessibilité :
Parallèle à la D 117 et donnant accès au château par deux côtés (anciennes douves)
Informations complémentaires :
Etat de santé: bon, 3 arbres creux ouverts, l'ensemble doit être également creux
Faune-flore associée et environnement végétal: gui, chauves-souris
Importance paysagère (sur une échelle de valeur de 1 à 5) : 4
Critères de remarquabilité: histoire du paysage et site classé Monument Historique
Source d'information : Alain Desbrosse, Christian Kempf

Ces 70 tilleuls font partie du site classé au titre des Monuments Historiques du château médiéval les dominant. Plantés sur les anciennes douves sèches remblayées à la Révolution, celles-ci sont devenues des allées ombragées qui donnent accès au château et à l'église St Jean-Baptiste par l'Est et par l'Ouest. Ils sont donc âgés d'environ 2 siècles.

Taillés en 1998 sur l'initiative du propriétaire du château, ils ont de ce fait parfaitement supporté la tempête de décembre 1999. Malgré un élagage assez sévère avec abaissement de la hauteur des troncs, ils ont tous bien repris, illustrant les puissantes capacités de rejet propres au tilleul. Il est intéressant de constater d'importantes différences de taille entre le plus grêle qui n'excède guère 70 centimètres de diamètre et le plus ventru qui affiche un tour de taille de 5,45 mètres. L'accès à l'eau sur ce nid d'aigle calcaire constitue la contrainte principale pour ces êtres qui développent des milliers de mètres carrés de feuillage en plein été. Le premier situé sous la muraille du château montre l'enchevêtrement de ses racines avec le calcaire jurassique délité par le gel. Avec les années, chacun de ces tilleuls a pris le temps de développer sa personnalité, qui, bien droit à l'écorce parfaitement linéaire, qui, plein de boursouflures et d'excroissances ou cet autre creusé jusqu'au cœur peuplé de tout un monde mystérieux.

Un inventaire précis des habitants de ces arbres révélerait sans doute des trésors de biodiversité et des surprises intéressantes dans le domaine des champignons (gigantesques polypores visibles à l'Est), des insectes xylophages, des oiseaux cavernicoles ou des chauves-souris......

Pouillenay
Chêne pédonculé

n°.........21 500/01

Nom : Chêne Napoléon
Arbre unique
Localisation :
références de la carte 1/25 000ème : 2922 Ouest Semur-en-Auxois
coordonnées géographiques : 761,09 x 2280,16
coordonnées GPS: 47°30'079 N x 4°28'501 E
lieu-dit : La Corvée, entre La Roche des Frois et Combe Pivard
topographie du site : haut de versant
Taille :
hauteur totale : 15 m - fût : 2 m
diamètre : 1,77 m
circonférence : 5,58 m (au lieu de 6,20 m sur la fiche SBAA)
forme : plein vent
Situation foncière :
privée
Accessibilité :
au milieu d'un pré
visibilité d'un endroit public : non
Informations complémentaires :
Etat de santé: bon, très forte cicatrisation sur deux branches basses coupées, une très grosse branche basse cassée en voie de cicatrisation
Faune-flore associée et environnement végétal: prairie, source au pied, terrier de renard sous le centre de l'arbre
Importance paysagère (sur une échelle de valeur de 1 à 5) : 5
Source d'information: SBAA

Après la mort de celui d'Auxonne, le Chêne Napoléon de Pouillenay est le seul de Côte d'Or à perpétrer le souvenir de cette figure historique. Perdu au milieu des pâtures, il y a peu de chances que le personnage soit venu y profiter de son ombre. A moins que les bergères de Pouillenay aient déjà eu une réputation susceptible d'attirer les galants de l'école militaire d'Auxonne.....

Ceci dit, ce magnifique chêne était manifestement là il y a deux siècles. Il a pris aujourd'hui la silhouette de bonzaï géant de ces chênes très anciennement émondés mais laissés sans taille depuis des lustres. Son tronc porte des excroissances que l'on peut attribuer à sa vitalité. Son autre originalité est la cicatrisation exceptionnelle sur deux branches basses qui montrent un bourrelet parfait sur des branches de plus de 20 centimètres de diamètre. Cette vitalité n'est certainement pas sans rapport avec la petite source qui jaillit à son pied, haut dans ce coteau d'où l'on jouit d'une vue imprenable sur la vallée de la Brenne jusqu'à Venarey-les-Laumes et le site fameux d'Alésia.

Saulieu
Tilleul

n°.........21 584/01

Groupe d'arbres (deux allées doubles)
Localisation :
références de la carte 1/25 000ème : 2823 Est Saulieu
coordonnées géographiques : 743,40 x 2254,65
coordonnées GPS: 47°16'565 N x 4°13'932 E
lieu-dit : Promenade Jean Macé près de l'église St Saturnin
topographie du site : plane en terrasse
Taille :
hauteur totale : 20 m. diamètre : environ un mètre pour les sujets les plus gros
forme : plein vent
Situation foncière :
publique
Accessibilité :
oui, par un escalier depuis la rue du Maréchal de Lattre de Tassigny
Informations complémentaires :
Etat de santé: bon, rangée au Sud élaguée de façon drastique
Faune-flore associée et environnement végétal:
Importance paysagère (sur une échelle de valeur de 1 à 5) : 4
Source d'information: Diren, Atlas des Sites classés

Ces tilleuls font partie d'un ensemble classé le 28 janvier 1934 comprenant l'église St Saturnin et le cimetière qui l'entoure où se trouve la tombe du sculpteur Pompon décédé en 1933. Celle-ci est surmontée d'un condor, œuvre originale de l'artiste.

L'aménagement de cette double allée occupant une terrasse en contrebas de l'église daterait de 1735.

Elle assure un magnifique écrin de verdure à l'église et son clocher très original couvert de bardeaux de bois.

Si quelques tilleuls manquent dans les quatre alignements vieux de 273 ans, la rangée méridionale vient de subir un élagage violent mais que justifiait sans doute leur état sanitaire. L'exemple des tilleuls de Mont-St-Jean est là pour nous laisser espérer une bonne reprise chez cette essence aux capacités de rejets assez extraordinaires.

Beaucoup moins longue que la double allée de Decize dans la Nièvre, celle-ci n'en est pas moins un site où il fait bon venir méditer ou lire à l'ombre de cette nef de feuillage.

Saulx-le-Duc
Alisier de Fontainebleau

n°.........21 587/01

Groupe d'arbres : une dizaine dont 2 plus développés
Localisation :
références de la carte 1/25 000ème :3021 Est Grancey-Le-Château-Neuvelle
coordonnées géographiques : 799,55 x 2285,78
coordonnées GPS: 47°32.461 N x 4°59.275 E
lieu-dit : forêt domaniale de la Bonière, la Roche Aiguë
topographie du site : rebord de plateau
Taille :
hauteur totale : 6 m - fût : nombreux gourmands grêles
diamètre : 20 centimètres pour les deux plus gros
forme : arbres de taillis
Situation foncière :
publique : forêt domaniale
Accessibilité :
pour randonneurs équipés de la carte topographique depuis D 901 ou sur le sentier balisé par une croix comme n'étant plus le GR tout proche
visibilité d'un endroit public : GR 7
Informations complémentaires:
Etat de santé : bon, n'ont pas souffert de la canicule de 2003
Faune-flore associée et environnement végétal; environnement forestier
Importance paysagère (sur une échelle de valeur de 1 à 5) : 1
Source d'information : ONF, Pascal Goudeau, Courtivron

L'alisier de Fontainebleau est une des quatre espèces d'arbustes protégées en Bourgogne avec le merisier à grappes, l'érable de Montpellier et le saule rampant. C'est même une espèce protégée à l'échelle nationale. Du point de vue botanique, l'alisier de Fontainebleau est un hybride naturel fixé, ses fruits sont fertiles. Il est le résultat du croisement entre l'alisier torminal et l'alisier blanc. Ses feuilles conservent du torminal un limbe tronqué et de l'allouchier la face inférieure velue. Il tire son nom du célèbre massif forestier où il est facile à trouver. Dans le reste de son aire de répartition française qui s'étend du Bassin parisien à l'Alsace, il est rare et disséminé.

En Bourgogne, il est présent dans trois départements, rare et localisé dans le Sénonais et le Pays d'Othe pour l'Yonne, il n'est connu que de quelques stations en Côte-d'Or (environs de Montbard) et noté pour la Nièvre à Clamecy, Urzy et Varzy (Bugnon, 1993).

Le département de l'Yonne possédait à Bagneau un spécimen atteignant les dimensions d'un arbre (20 mètres de haut pour 0,90 m de diamètre) qui a malheureusement trépassé au cours de l'été 2007.

Le second alisier répertorié dans le réseau des forêts domaniales est celui de la combe Maréchal à Corcelles-les-Monts au-dessus de la vallée de l'Ouche qui mesure 60 centimètres de diamètre.

Les alisiers de Saulx-le-Duc sur leur Roche Aiguë, ce rebord de plateau exposé au Sud, une localisation typique de cette espèce qui recherche les stations chaudes et sèches, sont encore bien loin de cette taille exceptionnelle.

Ils étaient en fleurs le 28 avril 2007 d'après Pascal Goudeau qui nous a guidé jusqu'à eux.

Veilly
Tilleul hybride

n°........21 660/01

Arbre unique
Localisation :
références de la carte 1/25 000ème :2924 Est Bligny-sur-Ouche
coordonnées géographiques : 771,60 x 2238,76
coordonnées GPS: 47°07'586 N x 4°35'919 E
lieu-dit : église
topographie du site : plane, rebord de talus de 2 mètres
Taille :
hauteur totale : 20 m - fût : 3 m entièrement creux
circonférence :8,48 m et 18,60 au sol
forme : têtard géant
Situation foncière :
publique
Accessibilité :
derrière l'église
Information complémentaires :
Etat de santé: bon, branches haubanées (3 haubans), fut ouvert sur la moitié supérieure côté est
Faune-flore associée et environnement végétal: pigeon ramier, chauves-souris
Importance paysagère (sur une échelle de valeur de 1 à 5) : 5
Source d'information : Françoise Benard, Champignolles

Localisé près de l'église de ce petit village de 60 habitants entre Arnay-le-Duc et Bligny-sur-Ouche, c'est, de tous les tilleuls dits de Sully en Bourgogne, définitivement le plus spectaculaire. C'est un arbre dont on sait immédiatement qu'il appartient au cercle restreint des arbres les plus remarquables de France. Le gigantisme de son tronc creux, signe de son grand âge, se dispute l'exubérance de son branchage, expression de sa vigueur intacte.

Son pied forme une grotte dans laquelle plusieurs personnes peuvent s'installer. Une énorme excroissance occupe tout le talus qui sépare le tertre sur lequel est construit l'église de la ferme qu'elle domine. Si l'on ne considère que sa circonférence, il est second derrière celui de Sagy en Saône-et-Loire (9,13 m de circonférence). Il a en revanche une ramure beaucoup plus importante qui n'est malheureusement pas mise en valeur car trop proche des marronniers qui furent plantés tout autour de l'église il y a un siècle. Leur intérêt est cependant de lui assurer une éventuelle protection lors d'un coup de vent.

Vous devez lui consacrer au moins deux visites pour l'admirer de jour comme de nuit. Un projecteur installé à son pied éclaire ce monument naturel et historique et le révèle sous un angle totalement différent, à l'heure où les chauves-souris qui l'habitent partent en chasse. Il a fait l'objet en 1998 d'une opération de chirurgie arboricole destinée à alléger ses branches et à haubaner les principales charpentières.

Une photographie datant de 1944 montre les élèves de l'école communale après la récolte des fleurs du tilleul dont la vente contribuait au pécule de la coopérative scolaire (Le Bien Public, mars 1998).

Viévy
Chêne pédonculé

n°.........21 683/01

Arbre unique
Localisation :
références de la carte 1/25 000ème :2924 Ouest Arnay-le-Duc
coordonnées géographiques : 762,02 x 2228,63
coordonnées GPS: 47°02'247 N x 04°28'098 E
lieu-dit : Thillot/ Les Chaumes
topographie du site : haut de versant
Taille :
hauteur totale : 20 m - fût : 6 m - diamètre : 1,76 m
circonférence : 5,55 m à 1,30m pris en partie haute du talus et en passant sous le lierre
forme : plein vent
Situation foncière :
privée
Accessibilité :
oui, le long d'un chemin d'exploitation
visibilité d'un endroit public : oui, route Sully - Viévy via Bouton et Thillot
Informations complémentaires :
Etat de santé : bon, quelques branches du bas du houppier mortes
Faune-flore associée et environnement végétal : haie haute lierre (5 tiges de 10 cm de diamètre), fourmis «lignivores »
Importance paysagère (sur une échelle de valeur de 1 à 5) : 3
Source d'information : Christian Kempf

Situé dans un talus boisé en majorité par de l'érable champêtre avec un dénivelé de 1,70 m environ, ce chêne est un témoin de la longue histoire rurale de nos campagnes. Viévy est une commune qui conserve encore un bocage en grande partie bien conservé, qui nous laisse quelques belles longueurs de bouchures hautes dans lesquelles la tronçonneuse n'a pas fait table rase d'un passé de plusieurs siècles.

Le chêne du Thillot est un des rares arbres de ce bocage à n'avoir pas été écorné.

Il s'est donc développé tout à son aise dans cette haie dont la largeur exceptionnelle et la hauteur du dénivelé entre les deux parcelles qu'elle sépare plaident pour une origine très ancienne. Il s'agit manifestement là d'une limite figurant sur le cadastre napoléonien et qui remonte très probablement au Moyen Age.

Pour apprécier la masse imposante de ce chêne, il faut prendre la peine d'aller à son pied pour y découvrir la résille que lui tissent plusieurs tiges de lierre qui partent à la conquête de son ample ramure.

Lors de votre visite au chêne du Thillot, profitez en pour faire la tournée des arbres remarquables de la commune de Viévy, très riche en arbres superbes: le chêne d'Essertenne (4,94 m de circonférence), le houx des Charmes près du Défens (45 cm de diamètre) ainsi que le tilleul de la Chaume (20 m de haut) et les charmes d'Essertenne.

Quelques chênes remarquables du bocage de Viévy.

Villers-Rotin
Tilleul sp

n°.........21 701/01

Arbre unique
Localisation :
références de la carte 1/25 000ème : 3224 Ouest Dole
coordonnées géographiques : 832,65 x 2244,21
coordonnées GPS: 47°09"411 N x 5°24'329 E
lieu-dit : église, rue du Tilleul
topographie du site : monticule en haut de versant
Taille :
hauteur totale : 10 m. fût : 2 m
diamètre : 1,30 m - circonférence : 4,10 m
forme : plein vent étêté
Situation foncière :
publique
Accessibilité :
oui, à un angle de l'église
Informations complémentaires :
Etat de santé: bon, ensemble des extrémités raccourci, nombreux rejets, plusieurs branches principales creuses coupées et fermées par du grillage fin
Faune-flore associée et environnement végétal: arbre urbain
Importance paysagère (sur une échelle de valeur de 1 à 5) : 4
Source d'information: SBAA et Diren, Atlas des Sites classés

Ce tilleul de Sully aurait été planté en 1610. Il fut classé le 10 février 1919. En comparaison des autres «Sully» de Bourgogne, celui-ci affiche un tour de taille bien modeste qui permet d'émettre des doutes sur la date de plantation exacte qui pourrait bien avoir quelques années de moins.

La taille récente de l'ensemble de ses extrémités assure un bon équilibre entre le poids des branches et les capacités de résistance du fût entièrement creux à en juger par les grosses branches coupées, elles-mêmes vidées de leur cœur par l'action des champignons. Une grande harmonie se dégage de l'ensemble formé par le tilleul et l'église avec laquelle il a lié une union parfaite.

L'histoire veut que Bonaparte, élève à l'Ecole Royale d'Artillerie, lieutenant en second, en garnison à Auxonne de juin 1788 à septembre1789 puis de février à juin 1791, soit venu se reposer et boire du lait sous son ombrage.

La légende prétend également qu'il devait avoir une petite «bonne amie» dans le village ce qui aurait expliqué la visite du personnage en ces lieux.

N
Arbre remarquable décrit dans ce livre.
Environ
20 km
40 km
Cosne-Cours-sur-Loire
Clamecy
Lormes
Dun
St-Brisson
Corbigny
La-Charité-sur-Loire
Les-Settons
Prémery
NIÈVRE (58)
Château-Chinon
NEVERS
La Machine
Decize
Loire

NIEVRE

Beaumont-Sardolles
Chêne sessile
n°.........58 028/01

Nom : Chêne de Sardolles
Arbre unique
Localisation :
références de la carte 1/25 000ème : 2625 Ouest Imphy
coordonnées géographiques : 677,59 x 2213,93
coordonnées GPS: 46°55'245 N x 03°21'318 E
lieu-dit : forêt domaniale de Sardolles-Cigogne, parcelle 34
topographie du site : plane
Taille :
hauteur totale : 28 m - fût : 8 m avec broussins
diamètre : 1,43 m - circonférence : 4,50 m
forme : plein vent de futaie
Situation foncière :
publique
Accessibilité :
à 33 mètres de la ligne forestière séparant les parcelles 34-35
Informations complémentaires :
Etat de santé : bon, 5 grosses branches les plus basses tombées
Faune-flore associée et environnement végétal: forestier, taillis sous futaie
Importance paysagère (sur une échelle de valeur de 1 à 5) : 2
Source d'information : ONF (Daniel Dupuy)

Ce superbe chêne de forêt domaniale qui fut préservé lors des diverses coupes d'exploitation aurait un âge estimé de 350 ans par les forestiers en charge de ce massif. Il nous donne ainsi une belle représentation des géants qui peuplèrent les grands massifs de Bourgogne et de cette frange nivernaise exposée aux pluies venues directement de l'Atlantique.

Malgré une bonne protection assurée par le peuplement âgé qui l'environne, une tempête lui a arraché quelques grosses branches «basses» (à plus de 8 mètres de haut tout de même !) qui font désormais le bonheur des insectes et des champignons décomposeurs de vieux bois à son pied.

Il est étonnant de découvrir sur son fût une grande abondance de broussins, multiplication de rejets qui se trouvent en forte compétition pour l'accès à la lumière dans cette parcelle de futaie haute où vous pourrez admirer de beaux spécimens de chêne et de hêtre à l'assaut desquels le lierre lance ses tiges sans fin dont on a bien du mal à distinguer le feuillage sommital perdu dans les branches les plus hautes de la canopée.
Point GPS au carrefour de la ligne et de l'allée forestière principale: 46°55'118 N x 3°21'240 E.

Biches
Chêne sessile
n°.........58 030/01

Nom : Chêne des Fouines ou Chêne du Camp Romain
Arbre unique
Localisation :
références de la carte 1/25 000ème : 2724 Ouest Châtillon-en-Bazois, en limite avec 2725 Ouest Cercy-la-Tour
coordonnées géographiques : 699,46 x 2220,92
coordonnées GPS: 46°58'842 N x 3°38'640 E
lieu-dit : forêt domaniale de Vincence, parcelle 85
topographie du site : mi versant
Taille :
hauteur totale : 35 m - fût : 10 m
diamètre : 1,80 m - circonférence : 5,60 m
forme : plein vent de futaie
Situation foncière :
publique
Accessibilité :
sentier sur environ 200 mètres depuis la route goudronnée venant du Colombier à Biches
Informations complémentaires :
Etat de santé : bon, une grosse branche tronçonnée
Faune-flore associée et environnement végétal : futaie de très belle venue
Importance paysagère (sur une échelle de valeur de 1 à 5) : 5
Source d'information : ONF (Christian Vieux:)

S'il fallait faire un comparatif avec le classement gastronomique du célèbre Guide Michelin, c'est alors sans réserve que ce chêne se verrait attribuer immédiatement les 3 prestigieuses étoiles.De tous les chênes que nous avons pu visiter dans le réseau des forêts gérées par l'Office National des Forêts, celui-là est vraiment un monument dont la visite s'impose !

C'est l'un des plus beaux et gros chênes du département, impressionnant en particulier par sa hauteur et celle du peuplement tout autour. L'intérêt d'un tel spécimen qui n'a rien à envier à ceux de la forêt de Bialowieza en Pologne est, de toute évidence, d'un niveau régional et national. L'ONF a d'ailleurs inclus ce chêne d'environ 350 ans dans son inventaire national des arbres remarquables.

La parcelle 85 n'a pas été régénérée sur un hectare autour de cet arbre, les nombreux autres chênes y sont également de très belle venue, véritable cathédrale végétale en contraste violent avec les parcelles coupées à blanc tout autour.

Intégré au circuit de la Belle au Bois (nom de lieu-dit signalé un peu plus loin le long de la route) les deux dénominations qui le désignent posent question: que diable des fouines sont-elles allées se perdre dans cet inexpuniable biotope à martre?

En fait, la terminologie populaire ne fait pas la différence entre les deux espèces, d'où cette appellation peu orthodoxe pour le naturaliste auteur de ces lignes. Pour ce qui est du Camp Romain, il s'agit en fait de la proximité des restes d'un oppidum gallo-romain, une place forte fréquentée il y a 2000 ans et qui laisse à penser que cette magnifique forêt feuillue fut peuplée par nos ancêtres gaulois dans un lointain passé.

Un panneau sur la route indiquant sa présence (46°58'856 N x 3°38'640 E) le rend facile à localiser au Sud du village de Biches.

Coulanges-lès-Nevers
Platane
n°.........58 088/01

Arbre unique
Localisation :
références de la carte 1/25 000ème : 2524 Est Nevers
coordonnées géographiques : 699,48 x 2223,60
coordonnées GPS: 47°00'546 N x 3°11'867 E
lieu-dit : Forge Neuve, dans la cour de la maison bourgeoise
topographie du site : plane
Taille :
hauteur totale : 30 m - fût : 5 branches depuis la base
circonférence : 8,84 m au plus étroit - forme : plein vent
Situation foncière :
privée
Accessibilité :
parc ouvert au public les dimanches d'avril à octobre (10h00 - 18h30) et journée nationale des Parcs et Jardins début juin
visibilité d'un endroit public : D 977
Informations complémentaires :
Etat de santé : excellent, 2 branches haubanées, entretien régulier d'enlèvement des branches mortes par un élagueur spécialisé
Faune-flore associée et environnement végétal: parc classé, cyclamens au pied
Importance paysagère (sur une échelle de valeur de 1 à 5) : 5
Source d'information : ARBRES

Labellisé Arbre Remarquable de France, ce platane fait partie d'un parc classé au titre des Monuments Historiques (bâtiments des anciennes forges du XVIIIème). Il trône au sommet d'un parc baigné par la Nièvre, géré par un jardinier passionné de son art.

Deuxième platane en taille en Bourgogne derrière celui de Cézy dans l'Yonne, c'est, avec celui de Préty en Saône-et-Loire, l'un des trois plus spectaculaires de Bourgogne. A sa base se réunissent en chandelier les gigantesques branches qui jaillissent, tels les cinq doigts d'un titan souterrain, à l'assaut des cieux changeant de cette commune périphérique de la Préfecture nivernaise.

Régulièrement entretenu par son propriétaire qui y fait voltiger un élagueur professionnel, ce platane illustre magnifiquement les qualités monumentales de cet arbre de parc par excellence.

Signalé sur le plan de construction de la maison bourgeoise en 1840 dont il ombrage la cour, sa forme actuelle pourrait s'expliquer par le recépage d'un arbre déjà existant au moment de la construction. Un spécimen identique dans le parc de Versailles datant de 1780, détruit par la tempête de 1999, permettrait de dater celui-ci de la même époque.

Le platane de Coulanges-lès-Nevers est situé dans le contexte d'un parc classé d'un château qui confère à lui donner ses lettres de noblesse.

LES LIANES

Lierre, vigne et clématite, chèvrefeuille et houblon

«Le lierre .... léchant ses racines, coulant aux rainures de l'écorce et roulant ses nœuds au long des branches maîtresses... des pieds à la cime, énorme serpent silencieux et gorgé, masqué de feuilles...»

Charles Sylvestre

Traditionnellement associées aux forêts tropicales, indissociables de la mythologie holywoodienne depuis Tarzan, elles sont aussi l'apanage de nos forêts et particulièrement des forêts alluviales dont il nous reste quelques arpents dans le val de Saône.

De toutes nos lianes bourguignonnes, c'est le lierre qui peut atteindre les dimensions les plus spectaculaires. Cette plante ligneuse est une méconnue : « *On foule, dans les sous-bois, ses beaux tapis sombres déroulés pour des Mélusines à jamais endormies, on le voit monter patiemment (il a toute leur vie devant lui) à l'assaut des plus grands arbres, prospérer, vorace de pierres vénérables, aux donjons démantelés, pouffer de moineaux au faîte des vieux murs, bonasse mais tenace et toujours vainqueur, à la longue, s'il n'est blessé au talon.* » nous en dit Pierre Lieutaghi (2004). Cet auteur cite Mathieu (1897) parlant d'un pied à Gignac dans l'Hérault mesurant 3 mètres de tour pour un âge de 433 ans. Ses dimensions plus habituelles sont de 50 à 75 centimètres de tour pour 30 mètres de haut. Plante sacrée dans l'Antiquité, « *ses feuilles, ses fruits noirs, ses tiges grimpantes contrefont la vigne ; ce n'est point fantaisie de la nature (notion moderne) mais volonté d'un dieu. Aussi était-il désigné pour figurer aux dionysies : vigne stérile, il est antidote de l'ivresse obscure mais n'altère pas la joie du vin. Dionysos en est couronné qui enseigne l'enthousiasme, le fête de l'abondance des terres, l'extase et la création poétique.* » précise Lieutaghi. Sa capacité pour l'étreinte l'a également fait symbole d'amitié, voire d'amour éternel : «*Symbole d'une amitié généreuse, il ne s'attache qu'aux malheureux : et lorsque la mort même a frappé son protecteur, il lui rend encore l'honneur des forêts où il ne vit plus:*

il le fait renaître en le décorant de guirlandes de fleurs et de festons d'une verdure éternelle.» Bernardin de St Pierre, cité par Lieutaghi.
Bien que le lierre ne soit pas une plante parasite, ses crochets ne lui servent qu'à se maintenir sur son support; sa vigueur l'amène parfois à concurrencer son hôte par l'ombre de son feuillage persistant. Cela ne justifie néanmoins pas le coup de serpe vengeur lors de la coupe du taillis qui l'empêchera de dépasser les trente ans d'âge alors qu'il aurait pu vivre largement centenaire comme le chêne avec lequel il avait grandi. Le grand chêne du Thillot à Viévy avec sa résille de gros lierres est là pour en témoigner. Sur d'autres, aux alentours, les ignards ont hélas tranché la vie.
Le lierre joue par ailleurs un rôle clé dans l'écologie forestière par se capacité à fleurir en automne. Source mellifère de fin de saison reconnue par les apiculteurs, ses fruits nourriront tout l'hiver merles, grives et pigeons ramiers. Dans les haies, son feuillage persistant abrite les nids de nombreux oiseaux et en particulier de la tourterelle des bois.

La vigne est bien entendu la liane la plus célèbre de la Bourgogne, déclinée par nos quatre cépages, aligoté et chardonnay, gamay et pinot noir. Sur les coteaux calcaires, de nombreux pieds de vigne se sont ensauvagés dans les friches qui se sont étendues après la crise du phylloxera. La vigne aujourd'hui cultivée, résultat d'une greffe sur une souche d'origine américaine (Vitis labrusca, V. rupestris, V. vulpina) n'est néanmoins pas celle qui peuplait originellement nos forêts des grandes plaines alluviales.
La vigne sauvage ou lambrusque (Vitis vinifera subspecies sylvestris) est en effet une plante dioïque, aux pieds mâles et femelles séparés. Elle possède une assez vaste distribution en France, on la trouve en particulier en Alsace et dans le Midi. En Bourgogne, elle n'est connue que d'une station du Val de Loire, sur la commune de Cronat en Saône-et-Loire (Olivier Bardet, CNBBP, comm. pers.). Elle serait également à rechercher sur l'aval de la vallée de la Seine dans l'Yonne, elle est connue un peu plus bas sur le cours de cette vallée (O. Bardet, ibid.).
Le bois de Maillance, au Sud de Tournus, en rive gauche de la Saône, à sa confluence avec la Seille est une superbe forêt alluviale où les frênes, les chênes pédonculés et les ormes sont littéralement pris d'assaut par la profusion des sarments qui grimpent jusqu'à leur cime. D'après M. Fouratier, forestier de l'ONF, l'origine de la vigne remonterait à l'époque où l'on exploitait « à culée noire », c'est-à-dire en dessouchant les arbres. Pour ne pas s'enliser dans les limons humides de la fosse, les bûcherons auraient disposé des fagots de sarments qui se seraient ensuite bouturés d'eux-mêmes.

La clématite vigne blanche, ou clématite des haies (Clematis vitalba) - page précédente -est associée aux bouchures qu'ornent ses plumets duveteux de graines tant qu'elles n'ont pas été passées au broyeur. Elle se lance également à l'assaut de la canopée des lisières forestières où elle peut atteindre 20 mètres de haut pour une longévité de 25 ans. C'est avec elle que nous continuons à jouer les Tarzan quand l'occasion se présente, dans le sous-bois d'une coupe récente qui laisse ses longues tiges pendantes accrochées aux branches d'un chêne gardé en réserve.

Deux autres lianes moins vigoureuses mais tout aussi communes dans les haies et les bois sont le chèvrefeuille des bois (Lonicera periclymenum) et le houblon (Humulus lupulus). Le chèvrefeuille

a la particularité de déformer les jeunes plants forestiers. Matthioli (1645) cité par Pierre Lieutaghi dit de ses tiges qu'elles «*s'agrafent et s'entortillent tellement aux arbres et arbrisseaux (....) qu'elles rencontrent, que le plus souvent elles s'encharnent et s'impriment dedans*.» La belle collection de canes torses constituée par M. Maurice Laroche de la Société d'Histoire Naturelle du Creusot témoigne de la puissance d'étranglement de cette liane. Sa faible longévité (40ans) et sa taille modeste (jusqu'à 4 mètres) la conduisent à se retrouver rapidement distancée en hauteur et concurrencée pour la lumière par ses hôtes des premiers stades forestiers. Les essences support sont très diverses: bouleau, noisetier, charme, hêtre, merisier, bourdaine, tremble, saule marsault, châtaignier,….

Le houblon appartient à la famille des Cannabacées, celle du chanvre planté pour ses qualités de fibre textile ou son potentiel fumigène. Associé aux sols humides et allié des peuples buveurs de bière, la vigne lui a volé chez nous la primeur… Connu aussi sous l'appellation de «Vigne du Nord», c'est une plante vivace lianescente dont les tiges qui fanent à chaque automne grimpent jusqu'à 5 mètres selon un enroulement toujours sénestre comme d'ailleurs le Chèvrefeuille.

Un mûrier totalement recouvert de lianes à Sennecey.

Couloutre
Châtaignier
n°.........58 089/01

Nom : La Grosse Châtaignière
Arbre unique
Localisation :
références de la carte 1/25 000ème : 2622 Ouest Varzy, en limite avec 2522 Est Donzy
coordonnées géographiques : 668,49 x 2264,87
coordonnées GPS: 47°22'769 N x 3°14'618 E
lieu-dit : forêt communale, le Bois du Pré
topographie du site : plane
Taille :
hauteur totale : 18 m - fût : 6 m creux et ouvert au N-E, incendié
circonférence : 5,95 m
forme : plein vent
Situation foncière :
publique
nom du propriétaire : commune
Accessibilité :
au bout de la ligne du Rond de Bouillant
Informations complémentaires :
Etat de santé : sénescent, un rejet de 30 cm de diamètre au pied
Faune-flore associée et environnement végétal : forestier
Importance paysagère (sur une échelle de valeur de 1 à 5) : 2,5
Source d'information : Office du tourisme de Donzy, M. Langlois, maire

Situé au carrefour des lignes forestières à l'extrémité du chemin forestier au départ du château d'eau, sur un chemin parallèle à la route Couloutre-Menou, séparant la forêt feuillue d'une plantation de conifères à l'Ouest, c'est typiquement un arbre qui a servi de point de repère à de nombreuses générations de coureurs des bois de Couloutre. En dehors des contreforts du Morvan ou du massif granitique de St-Saulge, les châtaigniers ne sont guère fréquents sur ces couvertures sédimentaires calcaires du Nivernais. Celui-ci est manifestement là depuis deux ou trois siècles.

Il a subi les affres du temps, son tronc creux a par ailleurs été incendié, laissant une bouche béante à la croisée des chemins. En bon châtaignier soucieux d'immortalité, il a lancé un rejet qui prendra peut-être le relais quand le pied originel aura fini par succomber aux coups de boutoir des vents et des intempéries. Son appellation est directement issue du patois qui bien souvent inverse les genres par rapport au français académique.

Decize
Platanes, tilleuls et érables planes
n°.........58 095/01

Groupe d'arbres : ***(293 platanes, 134 tilleuls, 7 érables planes)***
Localisation :
références de la carte 1/25 000ème : 2625 Est Decize
coordonnées géographiques : 685,85 x 2204,01
coordonnées GPS: 46°49'831 N x 3°27'720 E
lieu-dit : Promenade des Halles
topographie du site : plane
Taille :
hauteur totale : 25 m
circonférence : 4,02 m pour l'un des plus gros platanes
forme : plein vent pour les platanes, étêtés pour les tilleuls
Situation foncière :
publique
Accessibilité :
entre le parking et la Loire
visibilité d'un endroit public : oui
Informations complémentaires :
Etat de santé: bon, deux tilleuls haubanés, il manque un certain nombre d'individus abattus pour des questions de sécurité
Faune-flore associée et environnement végétal: urbain, nombreux oiseaux: choucas, pigeon ramier, sitelle, pics, grimpereau,...
Importance paysagère (sur une échelle de valeur de 1 à 5) : 5
Source d'information : Diren, Atlas des Sites classés

Planté au XVIIIème siècle, cet alignement de 434 arbres appartenant à 3 espèces différentes forme une double allée très spectaculaire, particulièrement pour la moitié est attenante au stationnement, plantée de platanes. Elle totalise 900 mètres de longueur sur une superficie de 5 hectares. Les tilleuls sont l'essence principale de l'extrémité ouest de l'allée qui semble s'avancer entre les eaux de la Loire et de l'Aron. Ils sont en mélange avec quelques érables planes.

Curieusement, cet alignement est assez peu spectaculaire depuis le reste de la ville où il ne bénéficie pas d'un point de vue propice. En revanche, il est indispensable de prendre le temps de parcourir cette nef végétale de l'intérieur pour apprécier l'impressionnante perspective qui s'en dégage. Elle se termine par un point de vue remarquable sur la Loire qui conflue avec l'Aron et le canal du Nivernais qui part rejoindre l'Yonne.

La présence de bancs au pied invite d'ailleurs à venir flâner dans ce lieu de promenade et de course à pied très fréquenté par les habitants de Decize.

Des panneaux installés aux deux extrémités conseillent de ne pas circuler sous les arbres les jours de grand vent et de gel. On imagine en effet qu'il est peu prudent de rester sous ces ramures immenses quand il y a un

risque de chute de branches !

L'autre intérêt de cet océan de ramures est ornithologique, bruissant en permanence des appels des choucas, du roucoulement des ramiers et des pépiements de toute l'avifaune cavernicole, mésanges, sitelles, grimpereaux, pics, …. qui trouvent dans cette forêt urbaine bicentenaire un véritable dédale de cavités et leur marché quotidien regorgeant d'insectes divers.

Le département de la Nièvre possède une seconde allée classée faite de tilleul sur près d'un kilomètre de long, à Guérigny.

Donzy
Tilleul hybride

n°.........58 102/01

Arbre unique
Localisation :
références de la carte 1/25 000ème : 2522 Est Donzy
coordonnées géographiques : 655,50 x 2268,07
coordonnées GPS: 47°24'596 N x 3°04'320 E
lieu-dit : hameau de la Grande Brosse
topographie du site : plane
Taille :
hauteur totale : 10 m - fût : 3 m, creux, ouvert au Nord
circonférence : 6,46 m
forme : plein vent étêté
Situation foncière :
publique
Accessibilité :
devant l'église
Informations complémentaires :
Etat de santé : bon, un moignon cassé récemment, ramure équilibrée par rapport au fût creux
Faune-flore associée et environnement végétal : urbain, un banc au pied
Importance paysagère (sur une échelle de valeur de 1 à 5) : 4
Source d'information : association A.R.B.R.E.S. (G. Feterman, projet de livre arbres de France)

Situé devant l'église du hameau de la Grande Brosse, ce tilleul, d'après son tour de taille imposant, fait partie des fameux «Sully», ces arbres dont la plantation fut décidée par le ministre d'Henri IV.

On peut le comparer à ceux de Jailly (6,29 m) et de Sainte Colombe-des-Bois (5,84 m) qui sont d'une circonférence voisine. Celui-ci, avec ses 6,46 m, détient le record départemental qui reste encore éloigné des 9,13 m du tilleul de Sagy en Saône-et-Loire.

Comme nombre de ses contemporains, il a perdu son houppier originel et son fût s'est entièrement creusé sous l'action des champignons lignivores.

La taille des rejets s'impose alors pour éviter que le poids excessif des branches ne cause la perte de l'ensemble de l'arbre à l'occasion d'un coup de vent. Cela ne lui a néanmoins pas empêché de perdre récemment un moignon accroché à ce tronc réduit à l'épaisseur de son écorce.

Il forme ainsi un ensemble parfaitement équilibré avec la petite église sans clocher près de laquelle il fut planté.

Giry
Chêne sessile

n°.........58 127/01

Nom : Le Gros Chêne de Plaine
Arbre unique
Localisation :
références de la carte 1/25 000ème : 2623 Ouest Prémery
coordonnées géographiques : 677,22 x 2247,25
coordonnées GPS: 47°13'230 N x 3°21'373 E
lieu-dit : la Garenne près du hameau de Plaine
topographie du site : plane (plateau)
Taille :
hauteur totale : 20 m - fût : 8 m
diamètre : 1,94 m
circonférence : 6,10 m
forme : plein vent
Situation foncière :
privée (château de Plaine)
Accessibilité :
depuis la D 177, prendre le chemin des Sillons à partir de l'aire de Giry, suivre la ligne forestière abrupte dans la ligne droite, le chêne est au carrefour des lignes du bois de la Garenne
visibilité d'un endroit public : non
Informations complémentaires :
Etat de santé : bon mais arbre probablement sénescent, belle cicatrisation des marques laissées par la foudre, 2 grosses branches récemment cassées par le vent, une branche élaguée
Faune-flore associée et environnement végétal : forestier
Importance paysagère (sur une échelle de valeur de 1 à 5) : 5
Source d'information : Office du tourisme de Prémery et mairie.

Signalé sur la carte 1/25000ème, voici le plus gros des chênes de la Nièvre. Il trône, impérial, au croisement des chemins forestiers qui quadrillent le bois de la Garenne en étoile. Bien qu'encore bouillonnant de sève, il accuse les marques du temps. Son fût est profondément travaillé par la foudre avec des lèvres dont la puissance de la cicatrisation est à la mesure de la vitalité de ce géant.

Contrairement aux magnifiques chênes des massifs de plaine, le Gros Chêne de Giry pousse au sommet d'un petit chaînon calcaire dominant la vallée de la Nièvre. Sa masse colossale contraste fortement avec les arbres du peuplement qui le ceinturent.

Guérigny
Chêne sessile

n°.........58 131/01

Nom : Chêne Babaud
Arbre unique
Localisation :
références de la carte 1/25 000ème :2524 Est Nevers
coordonnées géographiques : 665,82 x 2234,73
coordonnées GPS: 47°06'549 N x 3°12'228 E
lieu-dit : forêt des Bertranges, le Bois de Biez, parcelle 429
topographie du site : plane
Taille :
circonférence : 6,30 m (souche)
Situation foncière :
publique
Accessibilité :
sentier avec panneau général au parking et panneau Chêne Babaud au départ de la ligne
Informations complémentaires :
Etat de santé : mort, abattu le 16 octobre 1993 à 482 ans
Faune-flore associée et environnement végétal: forestier
Importance paysagère (sur une échelle de valeur de 1 à 5) :
Source d'information : carte 1/25000ème(Chêne Badaut), ONF

Pages précédentes : Le «Chêne Babaud» abattu en 1993.

C'est à la visite d'un défunt que nous vous invitons ici.

Le Chêne Babaud a été abattu en 1993. Il était né au XVème siècle, sous le règne de Louis XII, il a vécu jusqu'à l'âge canonique de 482 ans.

Il profite depuis d'une belle mise en valeur de sa souche protégée par une gloriette avec un panneau explicatif sur Babaud de la Chaussade et la métallurgie du fer dont il fut un des instigateurs dans la région.

La grume énorme gît à côté de l'abri et donne une idée de la masse de ce patriarche.

La souche est équipée d'étiquettes avec quelques dates marquantes: 1706: naissance de Babaud, 1789: Révolution française, 1792: décès de Babaud, 1862 : naissance de Pasteur, 1869: ouverture du canal de Suez, 1958: naissance de la 5ème République, 1969: premiers pas sur la lune.

Elle mériterait un ponçage permettant de lire les cernes, la souche étant parfaitement saine jusqu'aux toutes premières années de pousse de ce chêne.

Un chêne Babaud bis a été désigné, il serait âgé d'une cinquantaine d'années, il n'a pas été trouvé lors de la visite. A signaler enfin l'existence d'une carte postale ancienne (panneau au départ de la ligne) illustrant l'arbre au début du XIXème siècle.

L'ensemble du massif environnant fait l'objet de divers panneaux d'interprétation sur la forêt et sa faune.

Jailly
Tilleul

n°.........58 136/01

Arbre unique
Localisation :
Références de la carte 1/25 000ème : 2624 Est St Saulge
coordonnées géographiques : 686,62 x 2233,52
coordonnées GPS: 47°05'754 N x 3°28'656 E
lieu-dit : église
topographie du site : mi versant
Taille :
hauteur totale : 18 m - fût : 2 m
circonférence : 6,29 m - forme : plein vent
Situation foncière :
publique
Accessibilité :
devant l'église romane du XIIème siècle
visibilité d'un endroit public : oui
Informations complémentaires :
Etat de santé : bon, trois grosses branches arrachées, nombreux rejets
Faune-flore associée et environnement végétal :
Importance paysagère (sur une échelle de valeur de 1 à 5) : 5
Source d'information : Diren, Atlas des Sites classés

Ce tilleul dit de Sully forme un très bel et étrange ensemble avec l'église St Sylvestre inachevée, œuvre des fées selon la légende locale, avec un beau point de vue sur les paysages ruraux et forestiers que domine le massif de St Saulge.

Par rapport aux autres «Sully» du département, c'est un des rares, malgré les affres du temps, à conserver en grande partie sa ramure d'origine.

Un banc de pierre au pied de l'arbre côté église offre un lieu de méditation au pied de ce curieux édifice, ancien prieuré bénédictin datant des XIème et XIIème siècles, qui dépendait de la Charité-sur-Loire. Un panneau explicatif au bord de la route est illustré d'une gravure ancienne où le tilleul est déjà associé au bâtiment.

Sur la façade de la mairie toute proche, un autre panneau signale que l'on peut y adorer le nouveau dieu des temps modernes puisque derrière les murs de ce temple laïque, on « fourgonne l'internet »!

Larochemillay
Frêne élevé

n°.........58 140/01

Arbre unique
Localisation :
références de la carte 1/25 000ème : 2825 Ouest St-Léger-sous-Beuvray
coordonnées géographiques : 724,22 x 2211,85
coordonnées GPS: 46°53'702 N x 3°58'013 E
lieu-dit : entre Mesles et le Bouchet
topographie du site : mi-versant
Taille :
hauteur totale : 10 m - fût : 3 m creux - circonférence : 7,68 m - forme : têtard
Situation foncière :
privée
Accessibilité :
dans une haie basse séparant deux prés
visibilité d'un endroit public : oui, D 192
Informations complémentaires :
Etat de santé: bon
Faune-flore associée et environnement végétal: lierre sur une moitié du fût
Importance paysagère (sur une échelle de valeur de 1 à 5) : 3
Source d'information : Alain Desbrosse

Découvert tout à fait par hasard lors des prospections conduites pour la rédaction de cet ouvrage, c'est au détour d'un virage entre Larochemillay et le Mont Beuvray que m'est apparu ce frêne têtard dans un magnifique paysage de bocage où les bouchures de houx le disputent aux châtaigneraies séculaires sur cette marge méridionale du Morvan.

Après vérification de sa circonférence, il apparaît que ce frêne est le plus gros frêne écorné connu en Bourgogne devant celui de Briant en Saône-et-Loire.

Un gros lierre enserre une moitié de son fût creux divisé en deux parties principales qui supportent des rejets qui n'ont plus été émondés depuis sans doute une bonne quinzaine d'années.

Pour un œil non averti, ce têtard n'est qu'un des nombreux arbres qui parsèment encore les kilomètres de bouchures qui courent sur les reliefs arrondis du Morvan. Pour cette espèce peu longévive, ne dépassant guère 150 à 200 ans nous indique la «Flore Forestière Française», le fait de subir un «écornage» régulier pour la production traditionnelle de fagots, obligeant l'arbre à cicatriser ses blessures et ralentissant ainsi sa croissance, crée des bonzaïs géants dont l'âge est probablement supérieur à celui qu'il aurait pu atteindre s'il n'avait pas été régulièrement traumatisé par ces tontes répétées.

L'apparition de la tronçonneuse dans les années 70 a sonné le glas d'innombrables arbres du bocage, les premières victimes étant ceux qui avaient les formes les plus torturées par des siècles d'émonde.

La nouvelle religion de la «propreté» dans nos campagnes a fait disparaître tous ces monuments naturels dont il ne reste désormais plus que ces deux derniers frênes géants connus pour toute la Bourgogne...

Montambert
Chêne sessile

n°.........58 172/01

Nom : Chêne du Tiers
Arbre unique
Localisation :
références de la carte 1/25 000ème : 2726 Ouest Bourbon-Lancy
coordonnées géographiques : 703,41 x 2196,58
coordonnées GPS: 46°45'673 N x 3°41'425 E
lieu-dit : forêt domaniale de Buremont, parcelle 67
topographie du site : plane
Taille :
hauteur totale : 14 m - fût : 2 m - diamètre : 1,50 m
circonférence : 4,80 m - forme : plein vent
Situation foncière :
publique
Accessibilité :
à l'angle de la forêt, sur le chemin rural desservant le hameau des Bruyères de Mont, sur le tracé du GR3
visibilité d'un endroit public : oui, chemin rural
Informations complémentaires :
Etat de santé: bon mais sénescent (dessèchement des extrémités), deux grosses branches tronçonnées au raz du tronc et badigeonnées de mastic de protection
Faune-flore associée et environnement végétal: lisière forestière
Importance paysagère (sur une échelle de valeur de 1 à 5) : 4
Source d'information : carte 1/25000ème et ONF

Ce superbe chêne sessile dont l'âge est évalué à 300 ans marque la lisière de la forêt de Buremont au carrefour des chemins. Son tronc boursouflé à la base et sa ramure noueuse plaident en effet pour un âge respectable. Il possède à son pied un intéressant panneau avec une aquarelle le représentant et un texte évoquant diverses hypothèses sur l'origine de son nom: «*Cet arbre, plusieurs fois centenaire, était-il au Moyen Age, un «Chêne de Justice»? Annonçait-il la propriété de la «forteresse de Tiers» véritable «Château du diable» où demeurait une sorte de Barbe bleue local rançonnant les voyageurs et bateliers de Port Thareau? A-t-il été planté par des représentants du Tiers Etat pour fêter la révolution française? Ou bien était-ce tout simplement un chêne en limite de propriété qui appartenait toujours à l'Autre, le tiers? Et bien laissez nous votre version, votre scénario dans la boîte aux lettres au pied de l'arbre. Le «comité des sages» l'étudiera très sérieusement lors de la kermesse estivale du village*». La boîte aux lettres en question a disparu, remplacée par trois poubelles en plastique, développement durable oblige!...

A visiter à proximité, le chêne de St-Hilaire-Fontaine proche de la D 979.

Ouroux-en-Morvan
Châtaignier

n°.........58 205/01

Arbre unique
Localisation :
références de la carte 1/25 000ème : 2723 Est Lormes
coordonnées géographiques : 720,59 x 2243,93
coordonnées GPS: 47°11'052 N x 3°55'671 E
lieu-dit : Les Poutières
topographie du site : plane
Taille :
hauteur totale : 26 m - fût : 3 m
circonférence : 4 m, 3,70m, 3,30 m
forme : plein vent
Situation foncière :
publique
Accessibilité :
bord de chemin, sentier équestre et VTT
Informations complémentaires :
Etat de santé : bon
Faune-flore associée et environnement végétal: haie
Importance paysagère (sur une échelle de valeur de 1 à 5) : 5
Source d'information : Bourgogne Nature (page 24)

Ce châtaignier probablement âgé de 150 ou 200 ans au plus a la particularité d'être divisé en 3 fûts de tailles assez voisines. Les forestiers désignent cette particularité sous le terme de triplette. Un signe de sa relative jeunesse, si on le compare avec nos très gros et vieux châtaigniers du Sud Morvan (dont celui baptisé les Quatre Châtaigniers à Cronat en val de Loire de Sâone-et-Loire), est son triple houppier qui ne montre aucune branche desséchée ou tortueuse.

Il possède une silhouette identifiable de loin, avec des rameaux assez grossiers, en brosse dressée vers les cieux, un peu à la manière de la cime des sapins pectinés, bien nommés pour leur port en peigne au stade adulte. Côté pré, les branches basses d'une des tiges ont été élaguées. Elles ont immédiatement produit des rejets vigoureux et parfaitement verticaux qui reconstitueraient une cime quand les assauts du temps s'attaqueront au houppier originel.

Le jury en charge des résultats du jeu-concours des arbres du Parc du Morvan en a fait le lauréat de cette opération conduite en 2004 et 2005. Bien avant de faire la couverture du numéro hors série du Bulletin Scientifique de Bourgogne consacré aux arbres remarquables, il avait servi de support de cible d'entraînement à une compagnie du maquis Bernard en 1944.

Les impacts des mitraillettes Sten sont aujourd'hui profondément enfouis dans la mémoire des cernes d'accroissement du bois de coeur de ces trois compères siamois.

Raveau
Chêne pédonculé
n°........58 220/01 et 02

Nom : Chêne de Ginardeau et Chêne du Garde
Localisation :
références de la carte 1/25 000ème : 2523 Est Suilly-la-Tour
coordonnées géographiques : 658,60 x 2243,79 (Ginardeau)et 658,60 x 2243,96 (Garde)
coordonnées GPS: 47°11'477 N x 3°06'594 E (Ginardeau) et 47°11'572 N x 3°06'596 E (Garde)
lieu-dit : forêt des Bertranges, croisement routes forestières de la Bertherie et de la Réserve
topographie du site : plane
Taille :
hauteur totale : 25 m - fût : 7 m
circonférence : 4,60 m (Ginardeau) et 4,28 m (Garde)
forme : plein vent de futaie
Situation foncière :
publique
Accessibilité :
dans la parcelle forestière, à environ 250 m du carrefour
visibilité d'un endroit public : carrefour dit Rond Lucien Turc pour le houppier du Chêne de Ginardeau
Informations complémentaires :
Etat de santé : bon, deux branches sèches pour chacun des deux arbres
Faune-flore associée et environnement végétal : vieille parcelle de futaie avec très beaux arbres, peuplement sur sol marécageux à frêne et aulne, à l'aval d'une ancienne digue d'étang
Importance paysagère (sur une échelle de valeur de 1 à 5) : 5
Source d'information : ONF

Eloignés de 250 mètres l'un de l'autre, ces deux magnifiques chênes en imposent par leur seule stature qui consacre cette essence reine de nos forêts d'Europe occidentale.

Ils sont par ailleurs restés associés à une parcelle de vieille futaie de plaine de très belle venue sur des terrains humides voire marécageux, traversés par un petit ruisseau dont le cours est encore barré par une ancienne digue d'étang.

On peut observer au moins deux types forestiers originaux, la chênaie pédonculée à charme et frêne élevé et l'aulnaie marécageuse dans la zone qui sépare les deux chênes du Rond Lucien Turc.

Le forestier apprécie ces deux ambassadeurs témoignant de ce que peuvent produire nos massifs de plaine et dont les 7 mètres de grume d'une rectitude parfaite représentent une petite fortune en bois d'œuvre de première qualité.

Le naturaliste et écologue s'y régale d'un écosystème à très forte valeur patrimoniale à intégrer au réseau européen des sites Natura 2000.

Ces parcelles de vieilles futaies sont des hauts lieux pour la biodiversité qui abritent tout un cortège d'espèces associées aux peuplements de plus de 200 ans : pics et divers oiseaux cavernicoles, chauves-souris, insectes vivant dans les bois morts, champignons décomposeurs.

Le simple promeneur trouvera là un havre de sérénité qui nous permet de rêver à la magie des forêts le jour où une sylviculture «proche de la nature» prendra le pas sur le rouleau compresseur des seuls impératifs économiques qui transforment aujourd'hui nos forêts en espaces de production de cellulose standardisés.

L'origine des noms de ces deux arbres provient, pour le Chêne de Ginardeau du nom du ruisseau qui coule dans la parcelle et pour le Chêne du Garde, à sa proximité avec la maison forestière de la Bertherie.

Raveau
Chêne pédonculé et Charmes

n°.........58 220/03

Nom : Chêne de la Vache
Groupe d'arbres
Localisation :
références de la carte 1/25 000ème : 2523 Est Suilly-la-Tour
coordonnées géographiques : 658,27 x 2242,60
coordonnées GPS: 47°10'836 N x 3°06'323 E
lieu-dit : forêt des Bertranges, Taillis de la Vache
topographie du site : plane
Taille :
hauteur totale : 20 m - fût : 7 m
circonférence : 4,40 m pour le chêne de la Vache et 2,20 m pour le charme le plus près du panneau, à l'aval de la résurgence - forme : plein vent de futaie
Situation foncière :
publique
Accessibilité : *au bord de la route forestière à la Vache*
visibilité d'un endroit public : oui
Informations complémentaires :
Etat de santé : chêne sénescent, 4 branches principales élaguées en hauteur avec nombreux rejets, fût martelé pour être abattu au cours de l'hiver 2007-2008
Faune-flore associée et environnement végétal: lisière forestière riche en charmes et érables champêtres
Importance paysagère (sur une échelle de valeur de 1 à 5) : 5
Source d'information : ONF et carte 1/25000ème

C'est en fait l'ensemble du site qui est intéressant par la résurgence et la quantité de vieux charmes aux formes tortueuses et aux fûts profondément cannelés qui peuplent les bords du ruisseau s'échappant de la source. Il est rare de pouvoir admirer une aussi belle collection de ces vieux charmes aux formes toutes plus extraordinaires les unes que les autres. Quelques beaux érables champêtres témoignent également de la qualité des sols de cette station forestière. Un panneau explicatif sur la source a été installé au pied d'un très beau charme, un des plus gros de ce peuplement avec ses 2,20 m de circonférence. On apprend que le terme vache viendrait du latin bache signifiant source dont les eaux servirent à faire fonctionner aux XVIIème et XVIIIème siècles les équipements hydrauliques du Domaine des Forges.

Au moment où ces lignes seront publiées, le Chêne de la Vache n'existera peut être plus. Lors de notre visite le 1er novembre, il avait été martelé par le forestier en charge de ce secteur en lisière du vaste massif des Bertranges. Son état sanitaire commence à le rendre en effet dangereux pour le public qui fréquente les lieux. Il avait déjà été sérieusement élagué dans les années antérieures. Un très beau chêne à quelques dizaines de mètres à l'aval pourrait très bien prendre le relais de celui-ci et perpétuer le souvenir de cet arbre nommé et la légende selon laquelle St Louis en personne rendait la justice sous un chêne séculaire en ces lieux.

Rouy
Charme

n°.........58 223/01

Arbre unique
Localisation :
références de la carte 1/25 000ème : 2624 Est St-Saulge
coordonnées géographiques : 692,51 x 2225,01
coordonnées GPS: 47°01'110 N x 3°33'209 E
lieu-dit : Chazeau ou Moulin de Chazault (carte topographique)
topographie du site : plane au sommet du talus routier
Taille :
hauteur totale : 8 m - fût : 1,50 m - diamètre : 1,06 m
circonférence : 3,34 m - forme : têtard
Situation foncière :
privée
Accessibilité :
au bord de la D 132 Rouy-Biches
visibilité d'un endroit public : oui
Informations complémentaires :
Etat de santé: bon
Faune-flore associée et environnement végétal: au bord d'une parcelle labourée
Importance paysagère (sur une échelle de valeur de 1 à 5) : 3
Source d'information : Alain Desbrosse

Découvert lors des prospections des arbres remarquables de la Nièvre, ce charme d'un niveau d'intérêt départemental avec ses 3,34 mètres de circonférence présente, par son emplacement judicieux à l'entrée d'un virage en venant du village de Rouy sur le moulin de Chazeau, un fort intérêt paysager.

C'est un magnifique exemple d'arbre têtard du bocage nivernais. La haie dans laquelle il est né a disparu, ce qui contribue à le mettre d'autant en valeur, seul au sommet du talus qui borde une vaste parcelle labourée.

Les charmes conservés comme arbres de haute tige dans les bocages bourguignons étaient émondés de deux manières différentes, « écornats » ou têtards. Le principe de l'écornat consiste à conserver un fût sur la plus grande hauteur possible sur laquelle on récolte les rejets pour faire des fagots. Le têtard possède un fût court supportant un houppier lui aussi exploité pour les fagots sur un rythme de 6 à 12 ans environ. Le charme de Chazeau appartient à cette deuxième catégorie. Il est d'une belle vigueur qui devrait lui assurer un long avenir si tant est que son propriétaire reprenne l'exploitation des branches sans attendre qu'elles atteignent un trop fort diamètre qui créerait des plaies impossibles pour l'arbre à cicatriser. Le tronc, comme chez la majorité des gros charmes, est creusé de profondes cannelures qui lui donnent tout son intérêt esthétique.

Du point de vue de sa circonférence, on peut le classer entre le charme de Molphey en Côte-d'Or et ses 4,12 m et le charme de futaie de Courson-les-Carrières dans l'Yonne qui affiche 2,05 m. Celui de Cruzille dans le Mâconnais, têtard lui aussi, est son alter ego avec 3,33 m.

St-Amand-en-Puisaye
Charme

n°.........58 227/01

Groupe d'arbres (une centaine)
Localisation :
références de la carte 1/25 000ème : 2521 Est St Fargeau
coordonnées géographiques : 654,87 x 2282,83
coordonnées GPS: 47°32'567 N x 3°03'925 E (près du panneaux sur les trognes)
lieu-dit : Chemin de la Passerelle, entre Beauregard et les Gibelins
topographie du site : versant, talus de chemin creux
Taille :
hauteur totale : 8 à 15 m - fût : 2 à 6 m
diamètre : 0,30 à 0,60 m - forme : têtards
Situation foncière :
publique
Accessibilité :
sentier balisé vert/jaune/rose avec panneau d'information sur les trognes
Informations complémentaires :
Etat de santé : bon
Faune-flore associée et environnement végétal: bouchures
Importance paysagère (sur une échelle de valeur de 1 à 5) : 5
Source d'information : Office du Tourisme de Puisaye Nivernaise à St-Amand

Les charmes qui ombragent ce parcours sur près d'un kilomètre au Nord du village de St-Amand sont un des derniers témoins des paysages du bocage poyaudin avec ses chemins creux bordés de trognes de charme.

Le terme de «trogne» ou «étrogne» désigne en Puisaye les arbres têtards.

En une autre époque où la civilisation rurale vivait au rythme du développement durable, les kilomètres de haies et les milliers d'arbres qui les parsemaient fournissaient les montagnes de fagots indispensables pour se chauffer et cuire les miches de pain.

Dans une belle ambiance de chemin creux, la grande diversité de formes chez les diverses trognes et leur nombre sur cette portion du sentier constituent leur intérêt qui rappelle la magie des «queules» de hêtre au Beuvray.

Les années les ont toutes modelées différemment l'une de l'autre, véritable armée de pénitents lançant leur chevelure hirsute dans les nuages.

Du point de vue de l'histoire du paysage, on a ici une idée de la densité des arbres dans nos bocages bourguignons avant la funeste apparition de la tronçonneuse qui a sonné le glas d'une quantité astronomique de ces monuments végétaux sculptés par la hache de générations de paysans.

Profitez de votre visite pour explorer la petite zone de bocage encore intacte aux abords du hameau des Verreaux.

Le tracé des chemins de randonnée pour l'ensemble de la commune est fourni par l'Office du Tourisme de St-Amand.

PLAGIOTROPIE, OU L'ART DE PRENDRE SES AISES.

«Et, tout autour du tronc s'étend un vaste espace ombreux, que l'arbre investit sur lequel il règne, étalant ses branches colossales comme pour repousser toute autre végétation.»

André Gide.

Les arbres sont des organismes où s'exprime de manière forte le géotropisme, réponse à la contrainte de la pesanteur. Il est positif chez les racines qui cherchent à s'enfoncer à la verticale, il est négatif pour la tige qui constituera un magnifique tronc (Bourdu, 1988).
La plagiotropie est la particularité de ces très vieux arbres isolés de s'étaler jusqu'aux limites de la résistance mécanique de leurs branches basses devenues parfois d'un diamètre impressionnant. Ils défient ainsi les lois de la pesanteur usant des qualités extraordinaires de leur bois capable de soutenir, sur une grande longueur, le poids considérable de leurs branches secondaires alourdies du feuillage estival, ballottées par le vent des tempêtes et des orages.
Le chêne de Lacanche et ses 29 mètres d'envergure ou le châtaignier de L'Etang Marnay à Marmagne avec un étalement de 28,50 mètres sont deux exemples de cette particularité quand l'espace et le temps sont donnés aux arbres. Le chêne beaucoup plus modeste de la forêt communale de Châteauneuf-en-Auxois, bien que situé au sein d'un boisement, s'étale déjà sur 22 mètres de circonférence.

légende

On peut penser, outre son patrimoine génétique ou un accident de croissance l'ayant affublé d'un véritable buisson de branches au sommet du fût, qu'il a pu être le premier à s'installer sur d'anciennes terres agricoles abandonnées depuis un siècle, lui laissant tout loisir de s'étaler au grand soleil de l'Auxois. Les champions toutes catégories de cette particularité sont les banians ou figuiers de l'Inde. Celui du Jardin botanique de Calcutta, cité par Robert Bourdu, supporté par une véritable forêt de racines porteuses, recouvre 12 000 mètres carrés. Plus près de nous, c'est le marronnier d'Inde d'Itzacker, au Sud-Est de Hambourg qui détient le record européen de l'étalement. La taille régulière de ses branches l'a contraint à l'horizontalité. La légende s'en est ensuite emparée affirmant que l'arbre a été planté à l'envers par une sorcière, racines en l'air et cime en terre!

Saint-Aubin-les-Forges
Chêne sessile
n°.........58 231/01

Nom : Chêne des Rondelles (coupé, surbille laissée sur place)
Arbre unique
Localisation :
références de la carte 1/25 000ème : 2524 Est Nevers
coordonnées géographiques : 663,77 x 2239,06
coordonnées GPS: 47°08'899 N x 3°10'649 E
lieu-dit : forêt domaniale des Bertranges, les Rondelles
topographie du site : mi-versant
Taille :
circonférence : souche: 5,85 m,
«Chêne des Rondelles bis» près de la route: 3,90 m
forme : plein vent de futaie
Situation foncière :
publique
Accessibilité :
depuis la D 179
visibilité d'un endroit public : oui.
Informations complémentaires :
Etat de santé : excellent pour le «Chêne des Rondelles bis» près de la route
Faune-flore associée et environnement végétal: chênaie sessiliflore
Importance paysagère (sur une échelle de valeur de 1 à 5) : 5
Source d'information : carte 1/25000ème, ONF

Comme pour le Chêne Babaud à Guérigny, c'est à la visite d'un défunt à laquelle nous vous invitons ici. La surbille du chêne des Rondelles et sa souche sont encore là pour témoigner de la splendeur du géant déchu.

Tout autour, c'est l'ensemble de la parcelle constituée par une vieille futaie de chênes et de hêtres avec de très beaux spécimens qui mérite d'y passer quelques heures à contempler ces vivants piliers séculaires..

Deux beaux spécimens pourraient parfaitement remplacer le chêne abattu il y a quelques années, l'un tout proche de celui d'origine, le second le long de la D 179 dans le virage (3,90 m de circonférence en 2007).

St-Hilaire-Fontaine
Chêne pédonculé

n°.........58 245/01

Localisation :
références de la carte 1/25 000ème : 2726 Ouest Bourbon-Lancy
coordonnées géographiques : 699,52 x 2195,84
coordonnées GPS: 46°45'311 N x 3°38'360 E
lieu-dit : Le Terrain
topographie du site : plane
Taille :
hauteur totale : 25 m - fût : 2 m avec large trottoir à la base - circonférence : 6,50 m
forme : plein vent
Situation foncière :
privée
Accessibilité :
au milieu d'une pâture
visibilité d'un endroit public : oui, depuis la D 979 équipée à cet endroit d'un parking côté chêne et depuis le GR 3 qui longe le ruisseau en limite de parcelle
Informations complémentaires :
Etat de santé : bon, probablement creux
Faune-flore associée et environnement végétal: fourmis (sciure accumulée à la base)
Importance paysagère (sur une échelle de valeur de 1 à 5) : 4
Critères de remarquabilité: intérêt paysager

Très bel arbre visible d'une route très passante avec possibilité de stationnement à sa hauteur. C'est un chêne de plein vent au milieu d'une pâture dont on peut se demander comment il a pu échapper à la dent du bétail. Etait-il protégé dans une haie ou résulte-t-il du déboisement ancien de l'actuelle parcelle de pré ?

Contrairement aux chênes dans la même parcelle qui sont alignés sur des axes d'anciennes haies désormais disparues, celui-ci ne semble avoir été accompagné que par un seul autre chêne dont il ne reste que la souche.

Des recherches sur l'histoire de cette parcelle située dans le lit majeur inondable de la Loire seraient nécessaires pour répondre à cette question.

Avec 6,50 mètres de circonférence, c'est un de nos très gros chênes recensés en Bourgogne. La base du fût présente une sorte de trottoir qui lui donne une assise parfaitement adaptée à la colossale prise au vent que représente son houppier gigantesque. Elle plaide également pour un âge potentiellement assez élevé, supérieur à deux siècles, encore qu'il faille se méfier de la vitesse de croissance d'un chêne dans ces terrains où la nappe phréatique de la Loire est accessible tout l'été.

Tout proche du chêne du Terrain, se trouve le Chêne du Tiers dans la forêt domaniale de Buremont, un des arbres riche en histoire que l'Office National des Forêts a inclus dans son inventaire régional des arbres remarquables

Saint-Malo-en-Donziois
Chêne sessile

n°.........58 252/01

Nom : Chêne de St-Malo
Arbre unique
Localisation :
références de la carte 1/25 000ème : 2623 Ouest Prémery
coordonnées géographiques : 672,07 x 2257,02
coordonnées GPS: 47°18'538 N x 3°17'388 E
lieu-dit : forêt de Bouhy, les Usages de St Malo, à l'Est des Pontots
topographie du site : plane
Taille :
hauteur totale : 20 m - fût : 5 m
circonférence : 4,03 m - forme : plein vent
Situation foncière :
publique
Accessibilité :
le long de la N 151 - visibilité d'un endroit public : oui
Informations complémentaires :
Etat de santé : bon, champignons dans la partie sommitale de la surbille
Faune-flore associée et environnement végétal: lisière forestière
Importance paysagère (sur une échelle de valeur de 1 à 5) : 4
Source d'information : ONF

Avec ses 4,03 mètres de circonférence, ce chêne n'est assurément pas le plus impressionnant des arbres remarquables des forêts gérées par l'Office National des Forêts.

Il a encore bien des cernes à accumuler pour rivaliser avec les 5,60 m du Chêne des Fouines à Biches!

Il a néanmoins l'avantage d'être idéalement placé le long d'une route nationale très fréquentée.

Il possède par ailleurs une silhouette particulièrement harmonieuse et équilibrée avec un houppier remarquablement branchu.

Le sommet de la surbille montre une attaque par les champignons indiquant qu'il est rongé de l'intérieur par ces organismes décomposeurs de la cellulose.

Si leur action risque d'être néfaste au bel équilibre esthétique du Chêne de St Malo, il fait aussi le bonheur des insectes et des pics lancés sur leurs traces, nous rappelant que les vieux bois sont en forêt de hauts lieux de la biodiversité à conserver précieusement.

St-Ouen-sur-Loire
Néflier
n°.........58 258/01

Arbre unique
Localisation :
références de la carte 1/25 000ème : 2625 Ouest Imphy
coordonnées géographiques : 676,52 x 2211,62
coordonnées GPS: 46°54'006 N x 03°20'458 E
lieu-dit : forêt domaniale de Sardolles-Cigogne, le long de la D 206, entre les Essarts et Travant
topographie du site : plane
Taille :
hauteur totale : 5 m - fût : 2 tiges principales dont une divisée en 3 - diamètre : 0,15 m - forme : plein vent
Situation foncière :
publique
Accessibilité :
le long de la D 206
visibilité d'un endroit public : oui
Informations complémentaires :
Etat de santé : excellent
Faune-flore associée et environnement végétal: forestier
Importance paysagère (sur une échelle de valeur de 1 à 5) : 3
Source d'information : Alain Desbrosse

Cela faisait deux jours que nous rôdions à la recherche des arbres remarquables qui nous avaient été signalés pour la Nièvre quand mon regard fut tout à coup retenu par ce buisson couvert de «culs de singe», son appellation imagée dans le bassin minier dont je suis originaire. Je tenais du même coup le plus gros néflier connu pour l'heure en Bourgogne!

C'est avant tout l'intérêt botanique pour cette essence à répartition dite subatlantique trouvant sa limite orientale en Bourgogne qui m'a conduit à retenir ce spécimen élu au rang d'individu remarquable. Cette essence est utilisée au Pays basque pour fabriquer la fameuse canne nommée «makila» à partir de tige préalablement scarifiées sur pied. Chez nous, cet arbuste a laissé de nombreuses traces dans la toponymie d'une grande partie de la Nièvre sous l'appellation de mélier, et en Sâone-et-Loire jusqu'à la Sâone qui semble dessiner la limite orientale du méplier. Le toponyme néflier possède quant à lui une répartition diffuse dans l'Yonne, une grande partie de la Saône-et-Loire dont la Bresse et la partie orientale de la Côte-d'Or (G. Taverdet, Microtoponymie de la Bourgogne, tomes 6 et 7, ABDO, 1991).

A l'instar des chênes, les néfliers de Bourgogne ont produit une fructification d'une rare abondance à l'automne 2007 qui fera le régal, après les premières gelées, des oiseaux et des amateurs de fruits oubliés.

Sainte-Colombe-des-Bois
Tilleul

n°.........58 236/01

Arbre unique
Localisation :
références de la carte 1/25 000ème : 2523 Est Sully-la-Tour
coordonnées géographiques : 660,81 x 2258,37
coordonnées GPS: 47°19'334 N x 3°08'460 E
lieu-dit : église
topographie du site : plane
Taille :
hauteur totale : 8 m - fût : 3,50 m creux
circonférence : 5,84 m
forme : têtard dont les rejets ont été coupés en hauteur récemment
Situation foncière :
publique
Accessibilité :
sur une place publique
Informations complémentaires :
Etat de santé : moyen, une branche horizontale soutenue par un pilier (étai de maçon)
Faune-flore associée et environnement végétal :
Importance paysagère (sur une échelle de valeur de 1 à 5) : 4
Source d'information : Office du tourisme de Donzy

«Tilleul planté par Sully, ministre d'Henry IV (1596-1610)» nous indique une plaque en bronze à son pied qui précise également : « écoutez-le, il parle ! »

Ce vénérable a vu défiler à son pied pas moins de 12 générations d'êtres humains. Il a effectivement toutes sortes d'histoires à nous raconter depuis l'intérieur de son énorme fût creux où s'engouffrent les vents des quatre saisons. Il forme un très bel ensemble avec l'église du XIIIème siècle classée Monument Historique et avec le petit mail de tilleuls qui occupe cette place publique. Une pierre de linteau à gauche du porche de l'église porte une inscription énigmatique datée de 1691: «icy ce donne le gris», le gris désignant probablement le sel.

Une carte postale ancienne reproduite sur le panneau près de l'église montre le tilleul photographié au début du siècle dernier.

QUEL AGE AS-TU DONC, ARBRE REMARQUABLE?

Les arbres ont poussé sur la terre avant les animaux, avant que le soleil se fût dégagé, que le jour et la nuit fussent distincts...

Empédocle d'Agrigente

A la question que l'on me pose souvent: «Quel est l'arbre le plus vieux de Bourgogne?», je réponds invariablement que je n'en ai aucune idée.
Les plus gros ne sont certainement pas les plus vieux et c'est peut-être un genévrier malingre dans le creux d'une pelouse calcaire en friche ou un chêne pubescent tortueux qui a crevé la soif pendant des siècles au sommet d'une côte calcaire qui détient le record sous nos latitudes.
Les quelques datations que nous avons pu établir sur de gros arbres abattus plaident en général pour un âge moins respectable que n'en imposait leur masse colossale. Le châtaignier des Baudots dont une rondelle trône au Centre Eden de Cuisery ne totalise que 145 ans pour un diamètre de 2 mètres. Le premier Chêne Borgeot à qui il prit la lubie de sécher sur pied il y a peu ne comptait guère plus de deux siècles au lieu des trois affichés par le panneau installé à son pied. Si l'on s'amuse à faire le calcul à partir du châtaignier des Milliens à Marmagne, celui-ci est passé en 14 ans de 9,08 mètres à 9,70 mètres de circonférence. Il atteint donc aujourd'hui un diamètre de 3,09 mètres avec un accroissement annuel de 0,7 centimètre sur cette période. En supposant un accroissement parfaitement régulier à ce rythme, il suffit de 220 ans pour fabriquer un des plus gros arbres de Bourgogne!
Par l'aspect difforme et tortueux du monstre en question, on peut penser qu'il a sans doute largement deux siècles de plus. Le seul point de comparaison que nous possédions, ce sont les tilleuls dits de Sully qui prennent des silhouettes très travaillées par le poids des ans: fût caverneux, disparition de la cime originelle remplacée par de multiples rejets, écorce couverte de gros «comédons», localisation sur des limites figurées sur le cadastre napoléonien et probablement beaucoup plus anciennes que ce document quand on voit le talus de deux à trois mètres qu'épouse la base de l'arbre en question. Les deux plus gros, Veilly et Sagy affichent respectivement 8,48 et 9,13 mètres de circonférence.
A taille égale, les arbre émondés sont également beaucoup plus âgés que ceux de plein vent qui ont poussé en toute liberté et sans concurrence au milieu d'un pré avec éventuellement une nappe phréatique leur permettant de supporter les sécheresses estivales. C'est le cas des frênes et des chênes dépassant des bouchures qui quadrillent nos bocages bourguignons. «Ecornés» sur un cycle de 6 à 12 ans, la disparition régulière de la totalité de leurs branches pour fabriquer du fagot les contraint pendant deux ou trois ans à un accroissement en diamètre quasiment nul pendant lequel ils reconstituent leur surface foliaire et cicatrisent leurs plaies.

Cernes d'accroissement de frêne et souche du châtaigner des Baudots (71).

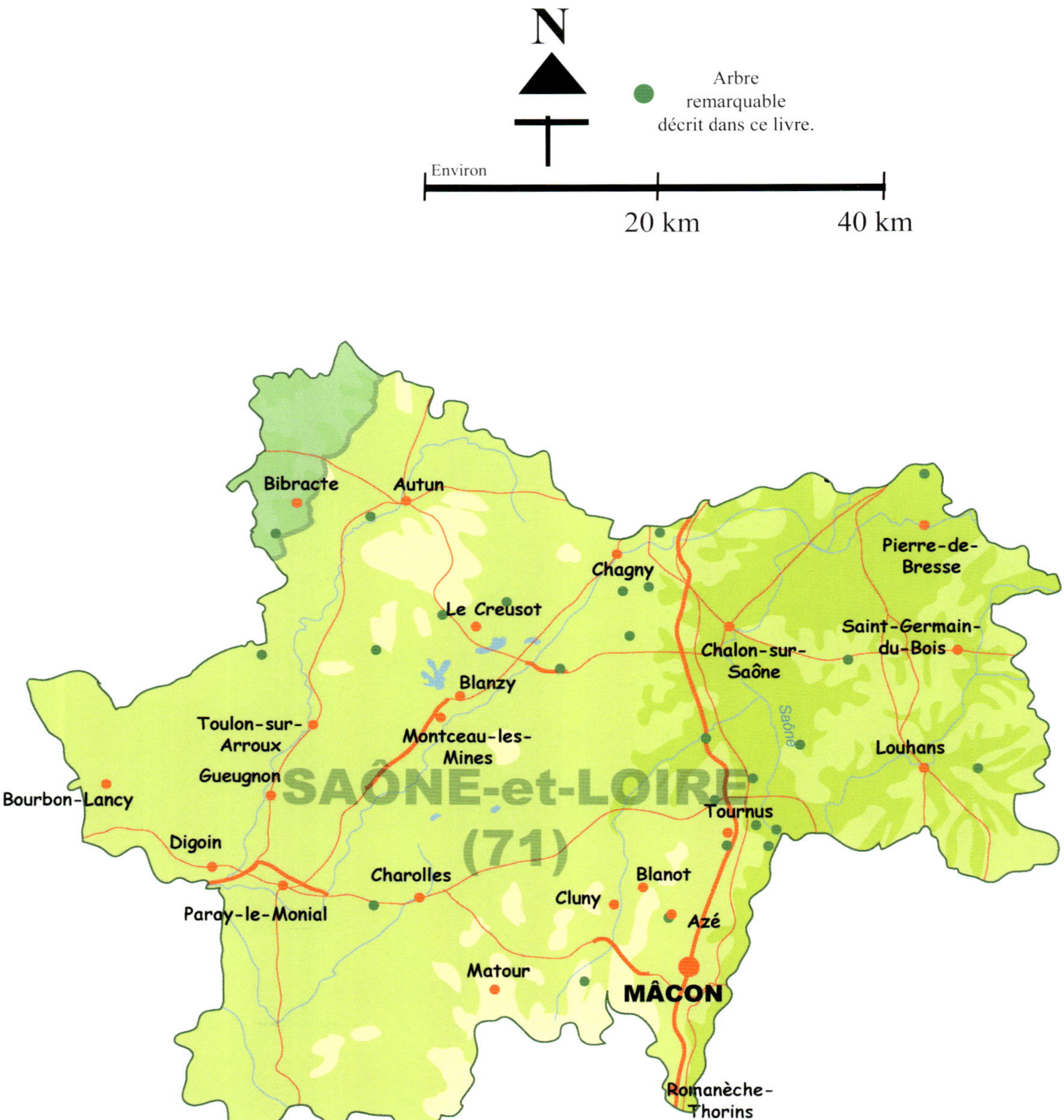
N
Arbre
remarquable
décrit dans ce livre.
Environ
20 km
40 km
SAÔNE-et-LOIRE
(71)
Bibracte
Autun
Chagny
Pierre-de-
Bresse
Le Creusot
Saint-Germain-
du-Bois
Chalon-sur-
Saône
Blanzy
Saône
Toulon-sur-
Arroux
Montceau-les-
Mines
Louhans
Gueugnon
Bourbon-Lancy
Tournus
Digoin
Charolles
Blanot
Cluny
Paray-le-Monial
Azé
Matour
MÂCON
Romanèche-
Thorins

SAÔNE-ET-LOIRE

Azé
Cèdre

n°.........71 016/01

Arbre unique
Localisation :
références de la carte 1/25 000ème : 3028 Ouest Mâcon
coordonnées géographiques : 786,33 x 2161,89
coordonnées GPS: 46°25'877 N x 4°45'689 E
lieu-dit : place de la Halle - topographie du site : plane
Taille :
hauteur totale : 20 m - fût : 6 m
diamètre : 1,24 m en 1993 et 127 m en 2008
circonférence : 3,90 m en 1993 et 4,01 m en 2008
forme : plein vent
Situation foncière :
publique
***Accessibilité** :*
sur une place publique -visibilité d'un endroit public : oui
Informations complémentaires :
Etat de santé : bon mais plusieurs branches cassées par la neige en 1991, d'autres coupées au niveau du fût, en voie de cicatrisation
Faune-flore associée et environnement végétal :
Importance paysagère (sur une échelle de valeur de 1 à 5) : 5
Source d'information : mairie et Diren, Atlas des Sites classés

Ramené du Liban dans son chapeau par Claude Bonnet, trisaïeul de Mme Bressand, famille établie depuis 5 siècles à Azé, il aurait été planté en 1821 (1824 selon la fiche Diren) dans ce qui à l'époque était un jardin. C'est aujourd'hui la place des halles qui profite, comme le restaurant voisin, de l'ombrage de ce géant qui eut à souffrir d'une grosse chute de neige lourde dans l'hiver 1990-91. Nous ne nous sommes pas penchés sur la systématique exacte de ce cèdre, mais il y a de fortes chances qu'il soit atlantique, comme la majorité des cèdres acclimatés en France et donc originaire de l'Atlas marocain ou algérien et non libanais comme le veut la légende de son arrivée à Azé. Il fut classé le 23 avril 1943 et aurait perdu sa tête en 1871 dans la tentative pour y fixer un drapeau au 14 juillet. Malgré ces avatars répétés au fil des siècles, il reste en pleine forme et affiche imperturbablement ses 184 ou 187 ans en 2008. Quand on sait la fragilité du tissu racinaire au piétinement, on ne peut qu'être d'autant plus admiratif vis-à-vis de cet arbre urbain cerné par une route, un stationnement et les habitations et dont le collet se trouve aujourd'hui surélevé de près de 60 centimètres, ce qui suppose que le sol d'origine sur lequel il a poussé a été décaissé d'autant et avec lui un bon paquet de ses racines!.... A Azé, deux autres curiosités arboricoles vous attendent: les buis géants à l'entrée des grottes et le thuya en touffe dans le parc du château d'Aine à la sortie sud du village.

Azé
Buis

n°.........71 076/02

Groupe d'arbres (plusieurs dizaines)
Localisation :
références de la carte 1/25 000ème : 3028 Ouest Mâcon
coordonnées géographiques : 786,32 x 2162,83
coordonnées GPS: 46°26'382 N x 4°45'702 E
lieu-dit : Rizerolles, grotte de la Balme
topographie du site : coteau
Taille :
hauteur totale : 6 m - fût : 4 m - diamètre : 20 cm
forme : plein vent
Situation foncière :
publique
Accessibilité :
dans le parc qui entoure l'entrée des grottes
Informations complémentaires :
Etat de santé : bon
Faune-flore associée et environnement végétal: chênaie sessile avec cèdres de l'Atlas de 200 ans
Importance paysagère (sur une échelle de valeur de 1 à 5) : 4
Source d'information : Alain Desbrosse et Diren, Atlas des Sites classés

Tout le coteau dans lequel s'ouvrent les fameuses grottes d'Azé est couvert par une chênaie à chênes sessiles ou pubescents avec un sous-bois de buis. Ce type de boisement qui fleure les senteurs de pisse de chat exhalées par le buis, est typique des chaînons calcaires exposés au Sud dans toute la Bourgogne viticole.

L'originalité du site de Rizerolles provient du fait que ce sous-bois de buis, pour une raison qui nous est inconnue, ait échappé aux coupes de taillis qui interdisent à cet arbuste à pousse lente (longévité supposée de 600 ans) de dépasser la taille d'un arbrisseau. Cette buxaie est aujourd'hui constituée de buis géants dont beaucoup atteignent un diamètre de 20 centimètres pour 6 à 8 mètres de haut. Des cèdres de l'Atlas dominent la chênaie et portent l'indication d'un âge de 200 ans, date de leur acclimatation dans le massif. Les buis géants, qui ne sont que des nains sous ces arbres trois fois plus hauts et quatre fois plus larges en diamètre, leur sont très probablement contemporains. Un buis trouvé dans la petite buxaie sous l'église de Vers, pour un diamètre de 10 cm, présente un âge de 105 ans.

Ces buis sont encore loin d'atteindre les dimensions de leurs congénères cités par Lieutaghi (2004) pour la buxaie de la Coudrée au bord du Léman où certains sujets atteignaient, en 1961, 80 centimètres de tour pour une hauteur de 8 à 11 mètres. Ils auraient de 250 à 300 ans.

L'originalité du site, par ailleurs haut lieu de la spéléologie et de la préhistoire bourguignonnes, lui a valu, le 10 février 1933, un classement au titre de la loi du 2 mai 1930 sur les monuments naturels et les sites. Le réseau de sentiers aménagés pour donner accès à l'entrée des grottes permet de passer au pied de plusieurs de ces buis uniques en Bourgogne.

Azé
Thuya géant

n°.........71 016/03

Arbre unique
Localisation :
références de la carte 1/25 000ème : 3028 Ouest Mâcon
coordonnées géographiques : 785,64 x 2160,59
coordonnées GPS: 46°25'188 N x 4°45'114 E
lieu-dit : parc du Château d'Aine
topographie du site : plane
Taille :
hauteur totale : 20 m
diamètre : une trentaine de mètres
forme : plein vent marcottage géant
Situation foncière :
publique
nom du propriétaire : commune de Mâcon
Accessibilité *: oui*
Informations complémentaires :
Etat de santé : bon, cimes des tiges centrales commençant à se dessécher
Faune-flore associée et environnement végétal: parc du château
Importance paysagère (sur une échelle de valeur de 1 à 5) : 5
Source d'information : mairie

Le thuya du parc du château d'Aine, propriété de la ville de Mâcon présente la particularité de former une touffe gigantesque constituée d'une cinquantaine de tiges.

Les pousses centrales sont bien droites, celles de la périphérie sont couchées. Vues de l'extérieur, elles forment une pyramide tentaculaire en passe d'absorber les pins lariccios plantés sur sa périphérie il y a environ un siècle.

Le thuya géant (Thuja plicata) originaire des forêts pluvieuses de la côte pacifique de l'Amérique du Nord est bien connu pour son utilisation outrancière comme «béton végétal» dans les lotissements qui dévorent la périphérie de nos villages.

Les chevaliers du taille haie qui s'évertuent à les maintenir aux 2 mètres de haut réglementaires ne savent pas qu'ils ont à faire à l'un des arbres géants des forêts vierges américaines dont les fûts vertigineux furent utilisés par les indiens Haïdas pour sculpter leurs totems dans le bois aux senteurs balsamiques du «Red Cedar».

La particularité du thuya à produire des cépées par marcottage est connue de différents parcs en France. L'arborétum des Barres en possède plusieurs dont la plus grande mesure 60 mètres de circonférence: «On peut comparer ces touffes immenses à des colonies comme celles des coraux dont les structures ramifiées sont la somme d'une multitude d'êtres tout à la fois intimement réunis et cependant individualisés» (Bourdu, 1988). Le jeu concours de la SBAA en Côte-d'Or en signale un à 10 troncs dans un parc privé à Grancey-le-Château.

LE JEU-CONCOURS ORGANISE PAR LA SOCIETE BOURGUIGNONNE DES AMIS DES ARBRES (SBAA)

Réalisé en 1999, avec le soutien du Conseil Général, du Centre Régional de la Propriété Forestière (CRPF), il a conduit au signalement par 150 participants de 200 arbres dont 99 ont été retenus par le comité. On trouvera la liste de ces arbres en annexe de cette publication.
14 lauréats ont été primés dont voici la liste:

1: Cessey-sur-Tille: les 6 Filles
2: Charigny: le marronnier
3: Dijon: les séquoias du cloître des Cordeliers
4: Bouix: le tilleul
5: Dijon: le platane de la Révolution de 1798 à l'hôpital
6: Lucenay-le-Duc: le double alignement de platanes
7: Chaume-lès-Baigneux: le cornouiller mâle
8: Fauvernet, le cyprès chauve au Chassagne
9: Molphey: le houx
10: Dijon: le cèdre du parc de la Chartreuse
11: Channay: le frêne de 1848 près de l'église
12: Pouillenay: le Chêne Napoléon
13: Labergement-lès-Seurre: un if topiaire, 7, rue de Saône «Je vous ai… compris»
14: Brazey-en-Plaine: un Salix sakhalinensis

Quelques-uns de ces arbres sont présentés dans ce livre (Cessey, Charigny, Bouix, Chaume-lès-Baigneux, Molphey, Pouillenay) qui illustre la diversité du patrimoine des arbres remarquables dans le département de Côte-d'Or. Avec la Saône-et-Loire, la Côte-d'Or est le département le mieux connu pour son patrimoine d'arbres remarquables. Les compléments d'enquête réalisés pour cet ouvrage à partir de diverses sources nous donnent un total de 114 arbres remarquables pour le département.

Brion
Tilleul à petites feuilles

n°.........71 062/01

Groupe d'arbres
Localisation :
références de la carte 1/25 000ème : 2825 Est Autun
coordonnées géographiques : 746,22 x 2216,42
coordonnées GPS: 46°55'898 N x 4°15'425 E
lieu-dit : Les Vernes de Vaux – Bois de Pierre Noire
topographie du site : bas de versant
Taille :
hauteur totale : 20 m
diamètre : 25-30 cm pour chaque tige
circonférence : 10,50 m (16 tiges), 9 m (16 tiges), 6 m (10 tiges), 6,60 m (10 tiges)
forme : cépées
Situation foncière :
publique
nom du propriétaire : commune d'Autun
Accessibilité :
par sentier partant de la D 46
visibilité d'un endroit public : oui (décharge d'Autun)
Informations complémentaires :
Etat de santé : excellent
Faune-flore associée et environnement végétal : forestier
Importance paysagère (sur une échelle de valeur de 1 à 5) : 2,5
Source d'information : Alain Desbrosse

En partie détruites en 2000 par la dérivation du ruisseau passant originellement sous la décharge, ces cépées géantes sont uniques dans toute la Bourgogne, menacées par l'extension de la décharge voisine de la ville d'Autun.

L'encart qui suit vous explique en quoi ces grosses touffes sont si originales.

LES CEPEES GEANTES DE TILLEUL A BRION (SAÔNE-ET-LOIRE)

C'est au cours de relevés en 1991 pour l'extension de la décharge municipale d'Autun, sur la commune voisine de Brion, que j'ai été amené à découvrir l'existence d'une tilliaie de pente au lieu-dit Le Bois de Pierre Noire.
Le site, très dégradé d'une part par la décharge existante et par un enrésinement du sommet de la colline dominant la vallée de l'Arroux présente encore un peuplement forestier sur tout son flanc nord constitué par une tilliaie-érablière à tilleul à petites feuilles et érable sycomore, un peuplement dont la préservation est classée prioritaire par la Directive Habitats (forêts de ravins, code Corine Biotopes 41-42).
A l'époque du projet d'extension, on était encore bien loin de la mise en application de cette directive et le site n'était pas non plus signalé dans l'inventaire des ZNIEFF de Bourgogne.
Il s'agit bien du Tilleul à petites feuilles, espèce acidicline qui est établie ici sur les colluvions d'un relief constitué par un granit à deux micas.
Cet intérêt botanique identifié, une visite ultérieure du site avec Oliver Rackam, spécialiste anglais de l'histoire des paysages (Rackam, 1990 et 1994) m'a ouvert les yeux sur l'intérêt historique du peuplement.
Ces tilleuls ne sont pas des arbres à tronc unique issus de la germination d'une graine mais des cépées, résultant de l'exploitation d'un taillis destiné à produire du bois de chauffage.
Les plus grosses cépées mesurent 10 m50, 9 m, 6 m60 et 6 mètres de circonférence pour un nombre respectif de 16 m, 16 m, 10 m et 10 tiges d'un diamètre de 25 à 30 centimètres.
Leur exploitation après l'autorisation d'extension de la décharge a montré que leur coupe précédente remontait à environ 50 ans.
Les tiges possédaient une vigueur remarquable avec une hauteur de près de 25 mètres, attestant de la qualité stationnelle du peuplement, sur ces colluvions du bas de versant à bonne réserve en eau.
Si l'on réfléchit à la genèse de ces cépées, il faut partir sur la base de trois coupes chaque siècle à partir d'un jeune tilleul issu, à l'origine, d'un semis spontané.
La première coupe amène le sujet à produire quelques rejets sur sa périphérie pendant que le cœur pourrit. Avant d'obtenir des cépées de cette taille exceptionnelle, il faut compter en siècles !
En Angleterre, Oliver Rackam (1990) cite des cépées équivalentes de frêne estimées à 800 ans.
Les autres espèces susceptibles de constituer de grosses cépées sont l'orme, le châtaignier, le hêtre, l'aulne et le chêne.
Depuis la découverte de cette tilliaie, je suis à la recherche d'autres cépées, vulgaire bois de feu en apparence mais dont la graine originelle peut avoir germé il y a un millénaire, attestant de l'ancienneté du boisement et des pratiques d'exploitation.
Je n'ai jusqu'à présent retrouvé aucun peuplement équivalent en Bourgogne d'où l'intérêt supplémentaire de la préservation de ce qui reste du Bois de la Pierre Noire.
Un complément au premier dossier fourni à la municipalité d'Autun lui précisant l'intérêt historique des tilleuls n'a donné suite à aucune modification dans le projet d'extension de la décharge néanmoins destinée à être prochainement fermée par les nouvelles réglementations.
Le caractère exceptionnel des tilleuls de Brion m'a conduit à les intégrer dans l'inventaire des arbres remarquables de Saône-et-Loire.
Le site possède d'autres richesses botaniques et en particulier le plus gros Merisier à grappes connu, espèce protégée en Bourgogne que vous trouverez dans le fond du talweg, le long de la limite séparant la décharge du terrain de moto-cross situé en amont.
En ce début de troisième millénaire et de développement non durable triomphant, les tilleuls et le merisier à grappes sont en première ligne devant la marée de nos déchets qui enfle chaque jour.
Espérons que notre civilisation saura réagir à temps pour maîtriser sa prolifération galopante et laisser à nos enfants des espaces encore peuplés d'arbres multicentenaires…..

Brion
Cerisier à grappes
n°………71 062/02

Arbre unique - cépée de 6 brins et un mort couché
Localisation :
références de la carte 1/25 000ème : 2825 Est Autun
coordonnées géographiques : 746,29 x 2216,39
coordonnées GPS: 46°55'528 N x 04°15'288 E
lieu-dit : Les Vernes de Vaux – Bois de Pierre Noire
topographie du site : fond de vallon
Taille :
hauteur totale : 12 m - diamètre : 0,30 cm pour la plus grosse tige, entre 20 et 25 cm pour les autres
circonférence : 1,03 m pour la plus grosse tige
forme : plein vent
Situation foncière :
publique
nom du propriétaire : commune d'Autun
Accessibilité :
bord extérieur de la décharge
visibilité d'un endroit public : oui (décharge d'Autun) et terrain moto cross
Informations complémentaires :
Etat de santé : excellent, un broussin sur la plus grosse tige
Faune-flore associée et environnement végétal : chenilles défoliatrices
Importance paysagère (sur une échelle de valeur de 1 à 5) : 2,5
Source d'information : Alain Desbrosse

Voici le plus gros cerisier à grappes connu dans le département et la région. Cet individu très spectaculaire en pleine floraison nous a surpris par sa précocité au printemps 2007. Il était déjà en fruits le 30 avril 2007, alors que ses frères morvandiaux étaient encore en fleurs à St-Brisson. Situé au pied de la décharge qui barre le vallon au fond duquel il jaillit, cet arbuste fait partie des trois essences protégées en Bourgogne. Assez fréquent dans le Morvan et en Bresse, il est rare à très rare partout ailleurs. En France, il est assez fréquent dans le Nord-Est et en montagne, recherchant soit des conditions submontagnardes, soit des sols inondables. Il est connu sous le nom de «bois puant» à cause de l'odeur soi-disant fétide quand on écorce les jeunes rameaux. Au vu de la dentelle des feuilles qu'en font les chenilles printanières, ce n'est pas un avis partagé de tous! L'une des bruns de la cépée porte un chancre impressionnant dont l'écorce chaotique contraste avec celle finement granuleuse du reste des tiges.

Les amoureux des arbres ne le sont pas forcément des décharges géantes, verrues nauséabondes de la civilisation du développement non durable qui nous caractérise. Allez donc plutôt découvrir des cerisiers à grappes plus modestes mais dans un biotope d'une grande naturalité, la forêt alluviale du Ternin en amont de sa confluence avec l'Arroux, en arrière de la zone industrielle de Bellevue (coordonnées Lambert II: 747,70 x 2221,53 et GPS: 46°58'633 N x 4°16'689 E).

Charolles
Chêne sessile

n°.........71 106/01

Nom : Chêne à la Dame
Arbre unique
Localisation :
références de la carte 1/25 000ème : 2827 Est Palinges
coordonnées géographiques : 746,96 x 2162,63
coordonnées GPS: 46°26.859 N x 4°14.973 E
lieu-dit : forêt domaniale de Charolles
topographie du site : plane
Taille :
hauteur totale : 20 m - fût : 9 m trace de foudre cicatrisée
circonférence : 4,27 m et 4,32 m en 2007
forme : plein vent
Situation foncière :
publique
Accessibilité :
oui, le long d'un sentier, à un carrefour
Informations complémentaires :
Etat de santé : bon, branches élaguées sur le fût, en cours de cicatrisation à 8 m de haut, rejets de 6 à 7 ans
Faune-flore associée et environnement végétal :
Importance paysagère (sur une échelle de valeur de 1 à 5) : 5
Source d'information : mairie

Sauvé «in extremis» de la coupe à blanc qui concerna, en 1976 la parcelle dont il marque l'angle, ce chêne de futaie est depuis bien longtemps le lieu de rendez-vous galant des amoureux de Charolles.

Signalé sur la carte topographique, le Chêne à la Dame trône à un carrefour des chemins de la forêt domaniale. Il a profité de 30 ans de lumière pour regarnir son fût de rejets, en attendant que le taillis voisin se reconstitue. La bonne cicatrisation des branches élaguées est un signe augurant de sa vigueur intacte malgré les perturbations, il est vrai passagères, qui ont marqué son environnement immédiat.

Cuzy
Châtaignier

n°.........71 166/01

Arbre unique
Localisation :
références de la carte 1/25 000ème : 2826 Ouest Luzy
coordonnées géographiques : 2198,22 x 730,76
coordonnées GPS: 46°46'270 N x 4°02'933 E
lieu-dit : Le Pré Batard, près de la Croix de Rozian
topographie du site : bas de versant
Taille :
hauteur totale : 12 m - fût : 3 m ouvert d'un côté
circonférence : 11 m - forme : têtard
Situation foncière :
privée
Accessibilité :
au milieu d'une parcelle
visibilité d'un endroit public : oui, route de Cuzy à Croix de Rozian
Informations complémentaires :
Etat de santé : bon, fût entièrement creux et ouvert d'un côté mais houppier équilibré
Faune-flore associée et environnement végétal : nid de merle à l'intérieur du fût
Importance paysagère (sur une échelle de valeur de 1 à 5) : 3
Source d'information : Société d'Histoire Naturelle du Creusot

Découvert par Maurice Laroche et Nicole Vernochet, membres très actifs de la Société d'Histoire Naturelle du Creusot et grands chasseurs devant l'éternel d'arbres hors du commun, le châtaignier de Cuzy, depuis la chute de celui de Montaugé à St-Léger-sous-Beuvray, est désormais notre plus gros châtaignier bourguignon devant celui de l'étang du Château des Crots à St-Eugène (10,10 m). En France, le record serait détenu par le châtaignier de Mouliherne dans le Maine-et-Loire qui affiche 16,90 mètres de circonférence (Jérôme Hutin, 2003).

Dans un courrier que m'avait adressé B. Stassen il y a déjà quelques années en préparation de son ouvrage sur les arbres remarquables dans le monde, Benjamin m'avait communiqué une référence bibliographique qui signale notre châtaignier dans une revue hollandaise sous la plume de Frank Moens («Monumentale bomen over de grens», dans Bomenniews, Utrecht, Bomenstichting, 1995, N°3 (Najaar 1995), p.93):

«Durant les vacances, j'ai rencontré un énorme châtaignier dans les environs de Cuzy un petit village au Sud d'Autun, en Bourgogne. L'arbre se trouve au milieu d'une prairie, sur une éminence, à quelque distance de la route. Pas le moindre panneau, pas la moindre indication ne signale ce monument. Près des deux tiers du tronc ne comportent que quelques dizaines de centimètres d'épaisseur. Plusieurs personnes peuvent aisément y prendre place car la circonférence avoisine les 10 mètres. L'arbre n'est pas bien haut. Il semble avoir été frappé à plusieurs reprises par la foudre, mais il s'obstine et donne une très nette impression de vigueur inébranlable.»

Gibles
Douglas
n°.........71 218/01

Groupe d'arbres (2)
Localisation :
références de la carte 1/25 000ème : 2928 Ouest Matour
coordonnées géographiques : 758,38 x 2149,79
coordonnées GPS: 46°19'777 N x 4°23'624 E
lieu-dit : Creux Botteray - Chantalouette
topographie du site : bas de versant
Taille :
hauteur totale : 50 et 44 m, hauteurs identiques en 2008
fût : 25 m
diamètre : 1,22 m et 0,94 m en 1993 - 1,30 m et 1,02 m en 2008
circonférence : 3,84 m et 2,98 m en 1993 - 4,11 m et 3,22 m en 2008
forme : plein vent
Situation foncière :
privée
nom du propriétaire : M. Pierre Giraud, Matour
Accessibilité :
petit sentier à partir du panneau «Gros Douglas»
visibilité d'un endroit public : oui, chemin principal dominant le site
Informations complémentaires :
Etat de santé : bon
Faune-flore associée et environnement végétal : plantations résineuses, douglas et sapin
Importance paysagère (sur une échelle de valeur de 1 à 5) : 5
Source d'information : mairie et ONF

Espèce introduite en 1827 par le botaniste Douglas, son aire de répartition naturelle occupe la côte pacifique de l'Amérique du Nord, de la Colombie britannique à la Californie.

Les deux spécimens du Creux Botteray auraient été plantés en 1878. Ils fêtent donc en 2008 leurs 130 ans. C'est sans conteste les douglas les plus beaux et spectaculaires du département. En Bourgogne, seuls deux spécimens morvandiaux (Montreuillon, 4,90 m et abbaye de la Pierre-qui-Vire, 5,45 m) leur sont supérieurs en circonférence (Bourgogne Nature, 2007). Ils donnent une petite idée de la splendeur des peuplements vierges qui couvraient l'Ile de Vancouver quand Menziès découvrit cette espèce. Avec une hauteur d'environ 50 mètres, ce sont également eux qui détiennent ce record dans la région. Leurs frères de Colombie Britannique peuvent mesurer le double.

Au pied de ces deux géants, on se plaît à rêver à une sylviculture du douglas qui laisserait la place aux rotations supérieures à 30 ans et où le mélange des âges et des essences primerait sur les sinistres alignements qui couvrent les hauteurs du Beaujolais, du Charollais et du Morvan et sous lesquelles il fait nuit en plein midi.

← GROS DOUGLAS

Givry
Peuplier noir

n°.........71 221/01

Arbre unique
Localisation :
références de la carte 1/25 000ème : 3026 Ouest Chalon-sur-Saône
coordonnées géographiques : 780,96 x 2200,47
coordonnées GPS: 46°46'779 N x 4°42'402 E
lieu-dit : hameau de Russilly, près de l'église
Topographie du site : haut de versant
Taille :
hauteur totale : 12 m - fût : 9 m
diamètre : 1,61 m en 1993 et 1,68 m en 2007
circonférence : 5,07 m en 1993 et 5,30m en 2007
forme : élagué
Situation foncière :
publique
Accessibilité :
oui, place publique
Informations complémentaires :
Etat de santé : creux, élagué il y a 5-6 ans, repousses vigoureuses
Faune-flore associée et environnement végétal :
Importance paysagère (sur une échelle de valeur de 1 à 5) : 4
Source d'information : mairie

Situé dans un adorable petit hameau de Givry niché dans une combe de la côte chalonnaise qui domine tout le Val de Saône avec, à 190 kilomètres dans le Sud-Est, le Mont Blanc comme ligne d'horizon, ce peuplier noir serait l'arbre de la Liberté planté en 1848. Débarrassé de sa ramure devenue trop dangereuse sur un fût parfaitement cylindrique mais creux, il lance depuis quelques années de vigoureux rejets qui vont bientôt lui reconstituer sa tignasse perdue. Sa circonférence s'est significativement accrue entre 1993 et 2007, lui faisant gagner 7 centimètres de diamètre en 14 ans.

De l'impressionnante colonne qu'il dresse au ciel, c'est avant tout la magnifique écorce tourmentée qui fait la beauté et l'originalité de cet arbre, point de départ pour de belles ballades sur la chaume de Givry et ses orchidées en fleur au mois de mai sous le vol stationnaire du circaète en chasse.

Jambles
Cerisier de Ste Lucie
n°.........71 241/01

Arbre unique
Localisation :
références de la carte 1/25 000ème : 3026 Ouest Chalon-sur-Saône
coordonnées géographiques : 781,24 x 2199,75
coordonnées GPS: 46°46'387 N x 4°42'609 E
lieu-dit : Charnaille
topographie du site : haut de versant
Taille :
hauteur totale : 6 m - fût : 1 m
diamètre : 0,49 cm - circonférence : 1,55 m
forme : plein vent
Situation foncière :
privée ?
Accessibilité :
au bord de la route Russilly-Charnaille
visibilité d'un endroit public : oui
Informations complémentaires :
Etat de santé: bon, deux grosses branches coupées dont une en 2007
Faune-flore associée et environnement végétal: une seule boule de gui, vigne
Importance paysagère (sur une échelle de valeur de 1 à 5) : 3
Source d'information : Alain Desbrosse

«Cet arbre au bois embaumé ne paie pas de mine: tordu, bancroche, le tronc court, se penche précocement; il porte une cime irrégulière et clairsemée aux nombreux rameaux qui s'étalent tant qu'ils peuvent»

Voilà la description que fait du Cerisier de Ste Lucie Archibald Quartier dans son Guide des arbres et arbustes d'Europe (1990). Ste Lucie est un ancien monastère de la Meuse où son bois qui dégage une odeur de coumarine caractéristique était utilisé pour la fabrication de petits objets (Flore Forestière Française).

L'un des quatre Prunus indigènes de notre flore régionale, son nom scientifique de Prunus mahaleb aurait pour origine l'appellation arabe de cet arbuste méridional qui couvre une grande partie du territoire français à l'exception de sa marge atlantique.

Utilisateur à mes heures de son bois aux effluves magiques sur le tour ou, dans le creux de la main, transformé en fendoir à osier, j'ai tenu à inclure ce spécimen qui est le plus gros que je connaisse en côte chalonnaise.

Enraciné dans le talus qui soutient la route conduisant de Charnaille à Russilly, il puise sa sève dans les sols qui produisent le pinot noir que vous fera déguster le viticulteur installé dans le hameau tout proche dominé par un curieux château à l'architecture pour le moins assez baroque.

Il fait partie de ces essences que tout bourguignon côtoie dans les côtes calcaires sèches où il ne dépasse souvent pas le stade de buisson.

Sa floraison odorante en avril et son abondante fructification ne passent pourtant pas inaperçues mais peu de promeneurs seraient capables de mettre un nom sur ce compagnon de leurs marches au-dessus des vignes.

A titre de comparaison, voici les dimensions des plus gros mahalebs de France cités par Lesourd et Le Graverend: dans le square Jeanne d'Arc à Bourges en 1930, 2,30 m de circonférence passé à 2,57 m en 1961 pour un âge estimé à 130-140 ans. En 1959, au Nord de la Turbie dans les Alpes Maritimes, un individu atteignait 2,70 m de tour.

La Truchère
Orme sp.

n°.........71 549/01

Arbre unique
Localisation :
références de la carte 1/25 000ème : 3027 Est Tournus
coordonnées géographiques : 800,05 x 2171,64
coordonnées GPS: 46°30'911 N x 4°56'628 E
lieu-dit : confluence Saône-Seille
topographie du site : talus dominant la rivière, extrémité nord de l'enrochement du pont - écluse
Taille :
hauteur totale : 20 m - fût : 3 m et deux fûts principaux au-dessus
diamètre :1,24 m
circonférence : 3,90 m en 1993 et en 2007
forme : plein vent
Situation foncière :
publique
Accessibilité :
oui, depuis le pied de l'enrochement protégeant le pont
visibilité d'un endroit public : oui, depuis le pont - écluse
Informations complémentaires :
Etat de santé : excellent
Faune-flore associée et environnement végétal :
Importance paysagère (sur une échelle de valeur de 1 à 5) : 4
Source d'information : Alain Desbrosse

L'orme de la Truchère fait partie de ces quelques ormes qui ont survécu à l'épidémie de graphiose qui a décimé tous les beaux sujets et les peuplements dans les années 70.

Celui-ci est accroché à la berge qui prolonge l'enrochement du barrage qui régule le cours de la Seille et la rend navigable.

Elle communique avec la Saône par une écluse au Sud du barrage. Le pied de cet orme implanté sur le domaine public fluvial nous dévoile l'intrication des racines mises au jour par l'érosion des berges lors des crues de la Saône.

Il est curieux de constater que, malgré une forme resplendissante, sa circonférence soit restée la même entre 1993 et 2007 alors que tous les autres arbres que nous avons pu contrôler montrent des accroissements significatifs.

Une fois au pied de cet orme, une visite s'impose dans le bois de Maillance juste au Sud. Il s'agit d'un superbe boisement de forêt alluviale, une rareté en Europe. Il présente l'originalité, Bourgogne oblige, d'être envahi par la vigne qui part à l'assaut des frênes et des chênes pédonculés.

Lessard-en-Bresse
Chêne pédonculé
n°........71 256/01

Arbre unique
Localisation :
références de la carte 1/25 000ème : 3126 Ouest Mervans-Montret
coordonnées géographiques : 810,34 x 2197,04
coordonnées GPS: 46°44'410 N x 5°05'386 E
lieu-dit : entre la Troche et l'entrée du bourg
topographie du site : plane, talweg
Taille :
hauteur totale : 15 m - fût : divisé en deux et cinq branches - diamètre : 2,27 m et 2,36 m principales
circonférence : 7,15 m en 1993 et 7,43 m en 2007
forme : plein vent
Situation foncière :
privée
Accessibilité :
oui, dans un pré
visibilité d'un endroit public : oui, au Sud de la N78 en venant de Chalon, entre la Troche et l'entrée du village
Etat de santé : bon, une partie sèche en 2007
Faune-flore associée et environnement végétal :
Importance paysagère (sur une échelle de valeur de 1 à 5) : 4
Source d'information : A. Desbrosse

Situé à l'entrée de Lessard quand on vient de Chalon, dans un pré souvent occupé par des chevaux de trait, ce chêne a la particularité d'être le plus gros connu dans le département. De 1993 à 2007, il a poursuivi sa croissance en circonférence avec une différence de 28 centimètres en 15 ans, soit 9 centimètres en diamètre!

Est-il pour autant le plus ancien de Saône-et-Loire? Ce n'est probablement pas le cas. Il présente une ramure qui n'a jamais été émondée, il a donc pu se développer à sa guise, dans un pré où il n'a qu'un seul concurrent à proximité immédiate. En Bresse où l'eau ne manque pas, les chênes ont en général une vitesse de croissance élevée qui n'est pas toujours compatible avec une grande longévité. Celui-ci montre d'ailleurs les premiers signes d'un début de dépérissement avec une branche sèche et la présence de polypores trahissant des entrailles en partie envahies par le mycélium de ces organismes lignivores.

Lors de la mise en place du zonage de l'urbanisme de sa commune, le Conseil municipal de Lessard a inclus ce chêne dans les Espaces Boisés Classés, témoignant ainsi de son importance aux yeux de ses habitants qui pourront encore l'admirer longtemps.

Profitez de votre visite à Lessard pour découvrir, au Sud du bourg, les haies de charme sur talus qui ont été également classées. Ce sont les dernières haies typiques du bocage bressan à avoir échappé aux pratiques d'intensification de l'agriculture dans les années 90 responsables de l'éradication complète de ce paysage séculaire sur des milliers d'hectares de cette région.

Mancey
Chêne sessile

n°.........71 274/01

Nom : le Gros Chêne
Arbre unique
Localisation :
références de la carte 1/25 000ème : 3027 Est Tournus
coordonnées géographiques : 793,05 x 2177,85
coordonnées GPS: 46°34'370 N x 4°51'327 E
lieu-dit : Bois du Tremblay, hameau de Dulphey
topographie du site : haut de versant
Taille :
hauteur totale : 8 m . fût : 2 m
diamètre : 1,30 m en 1993 et 1,35 m en 2007
circonférence : 4,10 m en 1993 et 4,25 m en 2007
forme : plein vent, port très étalé (20 mètres de diamètre)
Situation foncière :
publique - commune
Accessibilité :
oui, au bord de la route Tournus-Mancey
Informations complémentaires :
Etat de santé : bon, un trou de pic et foudroyage ancien cicatrisé côté route, branche principale longeant le fût coupée et creuse, quelques branches secondaires en voie de cicatrisation
Faune-flore associée et environnement végétal : pic
Importance paysagère (sur une échelle de valeur de 1 à 5) : 5
Source d'information : mairie et Diren, Atlas des Sites classés

Menacé par son propriétaire d'abattage, la commune décida de le racheter en 1930 et le fit classer au titre des Monuments Naturels le 23 avril 1932. Ce chêne sessile, manifestement mâtiné de pubescent si l'on en juge par ses feuilles duveteuses sur leur face inférieure, frappe immédiatement par sa taille imposante. Comme le chêne d'Agneux à Rully ou celui de Sassangy, il devait déjà s'imposer au regard il y a un siècle quand toutes ces steppes calcaires du Tournugeois, déboisées depuis longtemps, étaient rapées par la dent des troupeaux. Pour quelle raison exacte il fut initialement sauvegardé, hasard ou volonté précise, lui seul désormais pourrait nous le dire.

Sa situation parfaitement isolée lui a permis de s'étaler tout à son aise. A l'instar du chêne de Lacanche en Côte-d'Or, il occupe les trois dimensions de l'espace grâce à ses branches basses qui lancent à plus de 10 mètres de son fût râblé, leur feuillage estival.

Un panneau installé à son pied précise «Le Gros Chêne, arbre centenaire». Il fait par ailleurs l'objet d'un suivi phytosanitaire respectueux qui a conduit à haubaner deux grosses branches. Port très étalé sur 20 mètres de diamètre.

O CRUX AVE
EN MÉMOIRE
D'UN CHÊNE
DE 12 METRES
DE CIRCONFÉRENCE
QUI A SERVI
DE CORPS DE
GARDE EN 1793
ÉLEVÉ EN 1850
G BONNOT MAIRE
M. MARTINOT CURÉ

O CRUX AVE
EN MÉMOIRE
D'UN CHÊNE
DE 12 METRES
DE CIRCONFÉRENCE
QUI A SERVI
DE CORPS DE
GARDE EN 1793
ÉLEVÉ EN 1850
G BONNOT MAIRE
M. MARTINOT CURÉ

UNE CROIX DEDIEE A UN ARBRE.

Extrait de la revue «Pays de Bourgogne», voici un texte signé de R. Pensa que nous avait communiqué la mairie suite à l'inventaire de 1993:

«Une commerçante de St Gengoux-le-National nous fit dire, il y a quelques années, qu'à Messey-sur-Grosne existait une inscription «en mémoire du passage de Napoléon en ce lieu».

Chacun sait que l'Empereur emprunta à plusieurs reprises la vallée de la Saône au cours de ses nombreux déplacements. Mais qu'il soit passé par Messey nous sembla étrange.

Le maire de Messey, consulté, nous déclara le renseignement en partie inexact, ajoutant aimablement qu'il y a à Messey-le-Bois, un hameau de la commune, une inscription sur une croix: «En mémoire d'un chêne de 12 mètres de circonférence, qui servit de corps de garde en 1870».

L'emplacement indiqué, proche de l'intersection de la route de Chalon à St Gengoux-le-National et du chemin de la Toppe au Loup est bien d'accès facile et quantité de voitures passent chaque jour sans y prêter attention, car la croix de fer plantée sur un large socle ne présente aucun caractère digne de retenir l'intérêt.

On lit très distinctement, sur la face est l'inscription suivante gravée: «O CRUX AVE - En mémoire d'un chêne de 12 mètres de circonférence qui servit de corps de garde en 1783- élevée en 1850 - G. Bonnot, maire - M. Martinot, curé».

Ainsi deux confusions étaient réparées et cette inscription incite à quelques réflexions:

Pour avoir servi de «corps de garde», il fallait que le chêne fut creux et sa circonférence permet de dire que l'arbre était extrêmement vieux, son tronc réduit à l'épaisseur de l'écorce et du liber.

Nous avons vu à Aoste, sur la placette de l'église St Ours, un tilleul verdoyant qui, sans avoir un pareil tour de taille, était complètement creux.

Certains habitants âgés de Messey maintiennent encore une tradition, héritée de leurs anciens, disant qu'aux fêtes locales, il arrivait qu'en plaçant un guéridon à l'intérieur du chêne, une dizaine d'hommes pouvait trinquer.

L'arbre devait être planté très proche, sinon à l'emplacement même de la croix et les sans culottes qui l'utilisèrent étaient bien postés pour vérifier les passants peu enclins à se méfier de leur cachette.

De toute façon, le chêne mourut. De vétusté, peut être quelque peu hâté par l'usage qu'en firent les gardes en allumant un feu dans cette guérite, l'hiver, pour s'y réchauffer.

Une réflexion paraît digne d'être notée: certaines personnes éprouvent une sorte de malaise à apprendre qu'une croix a été élevée «à la mémoire d'un chêne».

Encore, s'il s'agissait d'hommes, même païens, comme on le fit abusivement au cimetière «burgonde» de Curtil-sous-Burnand, elles l'admettent, mais un arbre!

Nous pouvons penser qu'en 1850 de tels scrupules ne troublèrent par l'animisme de la population de Messey. L'érection de cette croix allia l'affection et le regret de la disparition d'un ancêtre cher à tous.»

Robert Bourdu dans « Légendes de France contées par les Arbres » cite au chapitre des arbres refuge (p 141), les cachettes auxquelles l'abbé Guillotin, recteur de la paroisse de Concoret et prêtre réfractaire en 1790 avait songé pour échapper aux foudres des révolutionnaires. Parmi celles-ci, le chêne du Pouldu est toujours existant. Il possède des dimensions qui rappellent celles du chêne de Messey:

«.... Le chêne du Pouldu lui assurerait dans son tronc de douze mètres de circonférence un repaire confortable: dans la cavité bien gardée de 1,50 m de diamètre au moins, plus de 10 personnes pouvaient tenir à l'aise.»

Une note infrapaginale précise que ce sont les dimensions actuelles probablement pas très différentes de ce qu'elles étaient il y a deux siècles. Ce serait dans un autre chêne creux moins en évidence que le chêne du Pouldu que le curé trouva finalement refuge et fut sauvé des sans-culottes par la Sainte Vierge qu'il avait tant prié sous la forme d'une araignée qui aurait tissé sa toile dans l'ouverture, prouvant à ses poursuivants que le chêne était inoccupé.

A Messey, républicains et catholiques se sont entendus pour laisser un témoignage en l'honneur de ce chêne dont seuls nos plus gros châtaigniers actuels rivalisent en taille. En Bourgogne, paganisme et religion font sans doute meilleur ménage qu'en Bretagne ou en Vendée. En témoigne dans un périmètre proche le menhir christianisé situé sous Brançion, ou, pour rester dans le domaine des arbres remarquables, feu le hêtre de la Fontaine des Croix à Cluny, au pied duquel, encore en 1993, des croix étaient déposées pour le succès des mariages.

Marmagne
Châtaignier
n°.........71 282/01

Arbre unique
Localisation :
références de la carte 1/25 000ème : 2925 Ouest Le Creusot
coordonnées géographiques : 755,13 x 2206,72
coordonnées GPS: 46°50'544 N x 4°22'240 E
lieu-dit : Les Milliens
topographie du site : mi versant au-dessus du talus dominant le chemin
Taille :
hauteur totale : 12 m + 3 m (route)
diamètre : 2,89 m en 1993 et 3,08 m en 2007
circonférence : 9,08 m en 1993 et 9,70 m en 2007
forme : plein vent
Situation foncière :
privée
Accessibilité :
oui, bord de chemin- visibilité d'un endroit public : oui
Informations complémentaires :
Etat de santé : branche principale verticale morte, nombreux rejets, foudroyé, beau jusqu'en 1951 d'après le voisin
Faune-flore associée et environnement végétal : pic, corvidé
Importance paysagère (sur une échelle de valeur de 1 à 5) : 4
Source d'information : Bernard Notteghem

Le châtaignier des Milliens à Marmagne fait partie de ces quelques gros monstres qui hantent les pentes de la vallée du Mesvrin et du massif d'Uchon tout proche. Situé comme le châtaignier des Crots à St-Eugène sur un talus très prononcé, fruit de l'érosion des versants labourés depuis le Moyen Age et sans doute la nuit des temps néolithiques, sa base épouse un décrochement de 3 mètres dominant le chemin d'accès à la ferme. Quand Bernard Notteghem me l'a fait découvrir en 1993, il possédait encore une cime desséchée disparue depuis, remplacée par l'envolée des rejets qui masquent son tronc de baobab dont la mesure s'avère assez acrobatique!... Son accroissement en circonférence de 62 centimètres est à l'image de sa vigueur toujours intacte malgré les assauts du temps.

Sur la commune voisine de St-Symphorien-de-Marmagne, faites le crochet jusqu'au châtaignier du Champ de la Naude au-dessus du bourg et celui de Martigny sur le versant exposé au Sud. Le premier, gringalet de 7,06 m de tour de taille, montre un étonnant bourrelet à la base des branches devant correspondre à un ancien étêtage radical, le second (9,69 m) est sénescent, ne survivant plus que par quelques branches.

Martailly-les-Brançion
Orme sp.

n°.........71 284/01

Localisation :
références de la carte 1/25 000ème : 3027 Ouest Lugny
coordonnées géographiques : 789,90 x 2172,60
coordonnées GPS: 46°31'603N x 4°48'640 E
lieu-dit : Mauchamp
topographie du site : plane
Taille :
hauteur totale : 12 m - fût : 2,50 m
diamètre : 1,22 m en 1993 et 1,40 m en 2007
circonférence : 3,85 m et 4,42 m en 2007
forme : plein vent
Situation foncière :
publique
visibilité d'un endroit public : chemin goudronné reliant la D14 à la D356 et longeant le lagunage au Sud de la D14 quand on vient de Tournus
Informations complémentaires :
Etat de santé : excellent
Faune-flore associée et environnement végétal : pie
Importance paysagère (sur une échelle de valeur de 1 à 5) : 5

Cet orme est un des rares dans le département à avoir échappé à l'épidémie de graphiose qui a touché nos diverses espèces d'ormes dans les années 70.

Les 57 centimètres que son tour de taille a pris en 15 ans sont là pour témoigner de sa bonne santé. Son houppier en dôme quasi parfait en fait un arbre, comme le chêne de Montcenis, «à mettre dans les livres».

Il a d'ailleurs été labellisé « Arbre remarquable de France » par l'association A.R.B.R.E.S., sa photographie publiée dans le numéro spécial (n°42) de la revue Hommes et Plantes de l'été 2002.

Il forme une belle arche au-dessus du petit chemin rural qui serpente dans le bocage de l'arrière-pays tournugeois, son ombre profite tout l'été aux troupeaux de charolais qui broutent l'herbe grasse des prés voisins.

Deux trous d'origine inconnue percés dans le fût côté chemin ont été colmatés au ciment par le viticulteur local soucieux de sa santé.

Mercurey
Erable de Montpellier

n°.........71 294/02

Arbre unique
Localisation :
références de la carte 1/25 000ème : 3025 Ouest Chagny
coordonnées géographiques : 780,37 x 2206,79
section cadastrale : ZC 38
lieu-dit : les Rochelles
topographie du site : bas de versant
Taille :
hauteur totale : 10 m - fût : 2 m double
diamètre :40 et 30 centimètres
circonférence : 150 et 127 cm, 2,44 m au total
forme : plein vent
Situation foncière :
publique
nom du propriétaire : commune, parcelle 4b soumise au régime forestier, enrésinée
Accessibilité :
oui, au bord du chemin d'accès aux vignes
visibilité d'un endroit public : oui, bord de sentier et visible depuis la D 978
Informations complémentaires :
Etat de santé : bon, branche coupée à la base du plus gros fut, cicatrice montrant l'intérieur en voie de creusement
Faune-flore associée et environnement végétal :
Importance paysagère (sur une échelle de valeur de 1 à 5) : 3
Source d'information : ONF, M. Fouratier, Alain Desbrosse (étude PLU)

Le nom de cet arbuste est très révélateur de son origine méditerranéenne. Sans être aussi strictement inféodée que le chêne vert sur le pourtour de la Méditerranée, cette essence qui craint les hivers rigoureux remonte jusqu'en Bourgogne et dans les Charentes.

L'érable de Montpellier est aisément reconnaissable à ses feuilles trilobées et fait partie, avec le merisier à grappes et le saule rampant, des trois espèces d'arbustes protégés dans notre région.

Sa limite la plus septentrionale chez nous serait la région de Beaune. On le trouve assez fréquemment dans la côte chalonnaise et dans le Mâconnais où il est associé à la chênaie à chêne pubescent, autant dire qu'il affectionne les endroits chauds et secs.

Cet érable fut localisé à l'occasion de l'étude de l'environnement de la commune de Mercurey dans le cadre de la réglementation de son urbanisation. Déjà protégé par la réglementation sur les espèces protégées, il fait maintenant partie des Espaces Boisés Classés dans le cadre du Plan Local d'Urbanisme (PLU).

C'est à notre connaissance, l'érable de Montpellier bourguignon le plus gros connu avec son fût double constitué de deux tiges de 30 et 40 centimètres de diamètre.

A-t-il été le témoin dans sa jeunesse de l'assassinat par les Allemands de Jean Bonneau âgé de 82 ans le 3 septembre 1944 dont une petite plaque commémorative nous rappelle ici le souvenir ?

Ce spécimen visible depuis la route d'Autun est très repérable au printemps quand la floraison précoce fait ressortir les érables sur les autres essences qui n'ont pas encore déployé leur feuillage et, en automne, où l'érable de Montpellier se pare de rouge flamboyant dans son feuillage et ses samares.

Lors de votre passage à Mercurey, profitez-en pour monter admirer à Touches le cèdre planté en 1855 dans la cour de la cure de l'église classée. La commune possède également quelques beaux spécimens d'amandiers et un chêne vert près de la vierge quand on monte à Touches.

Montcenis
Chêne pédonculé
n°.........71 309/01

Localisation :
références de la carte 1/25 000ème : 2926 Ouest Montceau-les-Mines
coordonnées géographiques : 756,66 x 2200,10
coordonnées GPS: 46°46'946 N x 4°23'320 E
lieu-dit : Les Minots
topographie du site : haut de versant
Taille :
hauteur totale : 15 m - fût : 3 m, dextrorse
diamètre :1,62 m en 1993 et 1,73 m en 2007
circonférence : 5,08 m en 1993 et 5,44 m en 2007
forme : plein vent 27 mètres d'envergure
Situation foncière :
publique - commune
Accessibilité :
oui, bord de chemin d'accès aux Minots par l'Ouest
visibilité d'un endroit public : oui, très bien placé au-dessus de la route Montcenis-Blanzy
Informations complémentaires :
Etat de santé : bon
Importance paysagère (sur une échelle de valeur de 1 à 5) : 5
Source d'information : M. Douhairet

Le chêne des Minots, c'est un arbre «à mettre dans les livres»! Idéalement situé au sommet de sa colline, il domine l'entrée sud de Montcenis, petit village très marqué par son passé médiéval, à la superbe église en grès rouge.

Ce chêne possède une forme arrondie d'une grande harmonie ; son tronc et le départ des branches principales sont très fortement dextrorsés. Son écorce, profondément crevassée, dessine tout un réseau de canyons du plus bel effet graphique.

Il est dommage que le mitage généralisé de nos campagnes bourguignonnes, par le développement sans frein de l'habitat pavillonnaire, l'ait affublé d'une construction nouvelle sans cachet à proximité immédiate. Ce monument végétal, digne de figurer en bonne place parmi les arbres classés au titre de la loi sur les paysages, mériterait pleinement de bénéficier d'un périmètre de protection. La municipalité, consciente de l'importance de cet arbre racheté, il y a quelques années, la parcelle sur laquelle il est implanté. Une initiative à saluer de la part d'une collectivité sensibilisée à la préservation de son patrimoine rural.

Ce chêne pédonculé, situé sur une butte, qui doit rapidement craindre la sécheresse, présente néanmoins une excellente vigueur avec un accroissement de 36 centimètres de circonférence, soit une croissance annuelle moyenne de 0,8 centimètre de diamètre depuis 14 ans!

Pourlans
Chêne pédonculé
n°.........71 357/01

Nom : Chêne Borgeot
Arbre unique
Localisation :
références de la carte 1/25 000ème : 3125 Est Pierre-de-Bresse
coordonnées géographiques : 821,01 x 2223,73
coordonnées GPS: 46°58'599 N x 5°14'528 E
lieu-dit : forêt domaniale de Pourlans
topographie du site : plane
Taille :hauteur totale : 38 m - fût : 16 m légèrement torse vers la gauche - diamètre :1,55 m - circonférence : 4,87m
forme : plein vent
Situation foncière :
publique
***Accessibilité :** oui*
Informations complémentaires :
Etat de santé : bon, première branche coupée
Faune-flore associée et environnement végétal : en lisière de parcelle de vieille futaie coupée à blanc tout autour
Importance paysagère (sur une échelle de valeur de 1 à 5) : 4
Source d'information : mairie et ONF

L'âge présumé de ce magnifique chêne de vieille futaie serait de 300 ans. Signalé sur la carte 1/25000ème, il est à notre avis le plus spectaculaire et le mieux mis en valeur des arbres classés par l'ONF en Saône-et-Loire. Baptisé Charles Borgeot (1876-1962), en l'honneur de l'ancien président du Conseil Général, maire de Clux, ce chêne appartient à la variété tardive dite « de juin » typique de la forêt de Pourlans. Il remplace le premier chêne Borgeot abattu en septembre 1999 et dont il est le jumeau. Le premier était situé tout près de la mare forestière que l'on longe pour venir voir celui là. Il n'en reste plus qu'une énorme souche avec la trace des contreforts tentaculaires du tronc. Il a dépéri subitement comme d'ailleurs nombre d'autres chênes pédonculés dans nos forêts de plaine et en particulier d'autres arbres nommés comme le Gros Chêne de la Malleroye en forêt des Etangs à Demigny. S'agit-il là des premiers signes du changement de climat qui fera disparaître les chênes de nos latitudes à l'horizon du siècle?

Situé en lisière de coupe à blanc de la parcelle de vieille futaie dans laquelle il se trouvait, souhaitons longue vie au Chêne Borgeot II et espérons qu'il ne finisse pas couché par un coup de vent comme l'énorme charme qui était son voisin immédiat jusqu'à l'été 2007. La forêt de Pourlans fait actuellement l'objet de coupes de régénération drastiques qui font disparaître les vieilles parcelles de futaie remplacées par des taillis impénétrables. Il est dommage de voir des massifs forestiers dignes des plus belles forêts d'Europe soumis à ces pratiques quand d'autres techniques sylvicoles, - taillis sous futaie traditionnel ou futaie irrégulière - permettraient de conserver une diversité intra parcellaire beaucoup plus intéressante du point de vue paysager et biologique.

Préty
Platane
n°.........71 359/01

Arbre unique
Localisation :
références de la carte 1/25 000ème : 3027 Est Tournus
coordonnées géographiques : 799,62 x 2174,73
coordonnées GPS: 46°32.575 Nord x 4°56.393 Est
lieu-dit : près de l'église
topographie du site : plane, sur un monticule
Taille :
hauteur totale : 33,50 m - fût : 3 m
diamètre :1,74 m en 1993 et 1,78 m en 2006
circonférence : 5,48 m en 1993 et 5,61 m en 2006
forme : plein vent, couvre une superficie de 11 ares
Situation foncière :
publique
Accessibilité :
oui, sur une place publique
Informations complémentaires :
Etat de santé : excellent
Faune-flore associée et environnement végétal :
Importance paysagère (sur une échelle de valeur de 1 à 5) : 5
Source d'information : mairie et Diren, Atlas des Sites classés

Classé au titre des Monuments Naturels, le 25 août 1909, cet imposant platane dit « du Concordat » fut planté en 1801 à la place d'un orme de justice. Il afficherait donc un âge de 207 ans, celui d'un gamin dans le monde des platanes.

Perchée sur un petit tertre, la masse colossale de son feuillage supporté par une ramure qui n'a jamais eu à souffrir d'aucun élagage, donne toute la majesté de cette essence hautement ornementale si on lui laisse la liberté de s'exprimer. Une de ses branches secondaire, au-dessus du fût, forme une greffe parfaite entre deux des charpentières principales, histoire de compliquer un peu la circulation de la sève!
Il forme un très bel ensemble avec l'église et serait tout à fait digne d'être labellisé Arbre Remarquable de France. Monument reconnu des habitants de Préty, la commune lui a dédié la Rue du Platane qui se prolonge vers la D 37 Lacrost-Ratenelle par la rue Sous Bois puis le chemin des Chênes!

Sur votre route pour continuer votre ballade arboricole vers l'orme de la Truchère et la jungle du Bois de Maillance au Sud de la confluence de la Seille avec la Saône, un arrêt à la boulangerie du Vieux Platane s'impose…

RUE
DU PLATANE

Rully
Chêne pubescent
n°........71 378/01

Localisation :
références de la carte 1/25 000ème : 3025 Ouest Chagny
coordonnées géographiques : 782 x 2210,80
coordonnées GPS : 46°52.335 Nord x 4°43.460 Est
lieu-dit : Ravine d'Agneux
topographie du site : rupture de pente entre le plateau et le ravin
Taille :
hauteur totale : 12 m - fût : 3 m, très légèrement dextrorse
circonférence : 2,50 m en 1993 et 2007
forme : plein vent
Situation foncière :
publique
Accessibilité :
oui, en lisière, en rive gauche de la digue du réservoir d'orage, tout près du tracé du GR 76
Informations complémentaires :
Etat de santé : excellent en 1993, une dizaine de branches sèches en 2007, à surveiller
Faune-flore associée et environnement végétal : 3 trous de pic frais en 2007 dont un occupé par les frelons, un nid de corvidé ou colombidé au sommet
Importance paysagère (sur une échelle de valeur de 1 à 5) : 5

Cet arbre, repéré lors de l'étude d'impact pour la création, en 1997, du bassin d'orage creusé à son pied, se trouve dans un des plus beaux sites de la Côte chalonnaise, en haut d'une gorge dominée par le Camp de César, un éperon barré du Néolithique classé Monument Historique qui fait face à la grotte de la Mère Grand.

Il y a quelque 30 000 ans, nos ancêtres paléolithiques y guettaient les troupeaux de chevaux, de rennes et de bisons dont les sabots faisaient trembler le Val de Saône sur lequel, depuis ce promontoire, on possède une vue magnifique.

Ses dimensions, sans être exceptionnelles, nous indiquent qu'il a été volontairement préservé, il y a plus d'un siècle, de la dent des troupeaux qui pâturaient toutes ces «steppes» aujourd'hui envahies par la chênaie pubescente à sous-bois de buis.

Il faut en effet imaginer, à l'époque où il n'était encore qu'un baliveau, toutes les crêtes qui le dominent entièrement pelées, couvertes de la végétation rase des pelouses calcaires dont ne subsistent que quelques arpents sur la Montagne de la Folie désormais intégrée au réseau européen Natura 2000. Son absence d'accroissement en circonférence depuis 1993 et de nombreuses branches desséchées sont probablement à attribuer au creusement du bassin d'orage à son pied qui l'a privé des maigres réserves hydriques dont il pouvait bénéficier auparavant.

Tout près du chêne de la ravine d'Agneux, au bord de la petite route, vous pourrez admirer de superbes cépées d'érable de Montpellier dans lesquelles stridulent les cigales tout l'été.

Dans la falaise du Camp de César, l'amélanchier accroche ses buissons en plein soleil. Agneux est le site par excellence pour comprendre combien la Bourgogne est un carrefour climatique où le Val de Saône constitue une grande artère par laquelle remontent les influences méditerranéennes.

Sagy
Tilleul hybride
n°.........71 379/01

Arbre unique
Localisation :
références de la carte 1/25 000ème : 3127 Est Cuiseaux
coordonnées géographiques : 827,60 x 2181,83
coordonnées GPS: 46°35'869 N x 5°18'478 E
lieu-dit : bourg
topographie du site : plane
Taille :
hauteur totale : 12 m - fût : 3 m
circonférence : 8,75 m au plus étroit et 11,40 m au sol en 1993 et 9,13m en 2007
forme : têtard
Situation foncière :
publique : place de l'église
Informations complémentaires :
Etat de santé : bon, entièrement creux, branches principales haubanées
Faune-flore associée et environnement végétal : gui, sureau
Importance paysagère (sur une échelle de valeur de 1 à 5) : 5
Source d'information : mairie et Diren, Atlas des Sites classés

Planté en 1551 selon M. Petit qui possède un plan le signalant comme ormeau. Une carte postale ancienne le montre avec des gens à l'intérieur. Il a servi d'Arbre de la Liberté en 1792; en 1881, 50 élèves se sont placés debout à l'intérieur

Il est cité dans : Le Tilleul de Guy Bontempelli, La Taillanderie, 1989, notice sur la commune de Sagy, PM Alix, Louhans, 1901, F. Boivin, Société des Amis de l'Instruction et de l'Agriculture de Sagy, réimpression en 1982. Formant un très bel ensemble paysager avec l'église en briques, il est aujourd'hui le plus gros tilleul connu en Bourgogne devant celui de Veilly en Côte-d'Or qui ne mesure «que» 8,48 m de tour au plus étroit. Moins ancien que la Tille d'Ivory dans le Jura (1477), près de Salins les Bains, il a légèrement moins d'embonpoint que ce tilleul considéré comme le plus gros en France avec ses 12,80 mètres de circonférence.

Le tronc entièrement creux de ces trois tilleuls géants illustre les capacités extraordinaires de survie chez ces vétérans de 4 siècles. Celui de Sagy, si sa date de plantation est exacte, affiche gaillardement 461 ans en 2012. Son houppier présente en 2007 une nette dissymétrie engendrée par la concurrence avec un épicéa planté à une dizaine de mètres.

Tout près de là, la commune de Sagy possède un tilleul à grandes feuilles, Arbre de la Fraternité, planté derrière la salle polyvalente en 2005 et offert par la commune de Sagy dans le Val d'Oise (95). Atteindra-t-il la taille de son vieux frère en 2461? Rendez-vous dans 12 ou 13 générations si la folie dévastatrice du développement non durable n'a transformé la Bresse en un Sahel brûlant d'ici là!....

Sennecey-le-Grand
Mûrier

n°.........71 512/01

Groupe d'arbres (3 groupes principaux: a, b, c)
Localisation :
références de la carte 1/25 000ème : 3026 Est Chalon/Saône SE - St-Germain-du-Plain
coordonnées géographiques : a: 796,86 x 2184,94 - b:793,76 x 2184,95 - c: 793,65 x 2184,68
coordonnées GPS: a: 46°38'181 N x 4°52'145 E - b: 46°38'191 N x 4°52'063 E - c: 46°38'046 N x 4°51'975 E
lieu-dit : la Tour - topographie du site : plane
Taille :
hauteur totale : 6 m - fût : 2 m - forme : têtards
Situation foncière :
privée
Accessibilité :
le long du chemin d'accès à la chambre d'hôtes
visibilité d'un endroit public : oui (N 6, rue de la République et D 182)
Informations complémentaires :
Etat de santé: bon
Faune-flore associée et environnement végétal: blaireau pour les arbres les plus près de la Nationale 6 (3 arbres non localisés ci-dessus mais les plus visibles depuis cet axe), inclus dans les prés pour les groupes a et c
Importance paysagère (sur une échelle de valeur de 1 à 5) : 3
Source d'information : Alain Desbrosse

La plantation des mûriers s'est développée en France sous l'impulsion d'Olivier de Serres mandaté par Henri IV en 1600 pour la production de la soie (Bourdu, 1999). Il en fit planter 15 à 20 000 dans Paris dès 1601. Cet arbre a continué à être planté pendant tout le XVIIème et le XVIIIème siècle. Les mûriers furent tardivement décimés par une épidémie. Les tilleuls de St-Martin-de-Laives, cette petite église romane qui domine l'autoroute à hauteur de Sennecey auraient été plantés là en remplacement des mûriers initiaux morts de maladie.

Les mûriers de Sennecey se trouvent immédiatement au Sud de l'église bâtie au XIXème siècle sur l'emplacement d'un ancien château féodal dont ne subsistent que les douves. L'esplanade qui l'entoure, plantée de tilleuls et de platanes est classée.

Ces mûriers avaient été plantés en allées convergeant vers le site de la Tour aujourd'hui transformé en chambres d'hôte. Par leur nombre, ils constituent les plus importants alignements de mûriers connus en Bourgogne. Soumis originellement à une émonde annuelle pour nourrir les vers à soie en feuillage, tous ces arbres ont une forme de têtard. Ils ne sont malheureusement plus exploités depuis au moins une vingtaine d'années, le poids des branches sur des fûts creux en fragilise désormais certains.
L'un d'entre eux situé à l'entrée de la Tour est mort mais, recouvert d'un lierre énorme. Il continue de former un belle touffe verte été comme hiver avec St-Martin-de-Laives en arrière plan.

Commune : Simandre
Genévrier commun
n°.........71 522/01

Arbre unique
Localisation :
références de la carte 1/25 000ème : 3026 Est Chalon-sur-Saône
coordonnées géographiques : 803,80 x 2184,94
coordonnées GPS: 46°38'006 N x 4°59'930 E
lieu-dit : Les Bruyères
topographie du site : plane
Taille :
hauteur totale : 4 m - fût : 0,40 m
diamètre : 0,20 m
forme : plein vent houppier de 4 mètres de diamètre
Situation foncière :
publique
nom du propriétaire : commune
Accessibilité :
difficile, au milieu d'une parcelle enfrichée
visibilité d'un endroit public : non mais très proche de l'antenne de téléphone mobile au Nord du site, sentier de découverte en projet
Informations complémentaires :
Etat de santé : excellent
Faune-flore associée et environnement végétal: rapace nocturne indéterminé lors de la découverte du site en 2000
Importance paysagère (sur une échelle de valeur de 1 à 5) : 1
Source d'information : Alain Desbrosse (étude d'environnement pour le PLU)

Ce genévrier est le représentant probablement le plus spectaculaire de son espèce pour notre région.

Le docteur Gillot, dans une publication de 1876 signale sur la commune de La Grande Verrière près d'Autun, *«un genévrier dont le tronc avait la grosseur du bras d'un homme et une hauteur de près de 5 mètres».*

Le nôtre a l'originalité de se trouver au cœur du site des Bruyères, une lande à callune sur sable, habitat naturel dont la préservation est classée d'intérêt prioritaire en Europe.

Celle-ci a bien failli disparaître dans un projet malencontreux d'urbanisation de cette propriété communale à la suite de la mise en place d'un Plan d'Occupation des Sols qui destinait cet espace au lotissement alors que le seul équivalent connu dans le département est classé Réserve Naturelle à la Truchère-Ratenelle, quelques kilomètres plus au Sud, à hauteur de Tournus et de la confluence Saône-Seille.

Depuis, suite à notre intervention dans la révision du POS en Plan Local d'Urbanisme (PLU) et avec la compréhension du conseil municipal, un projet de sentier de découverte de ce milieu parsemé de mares déjà figurées au cadastre napoléonien de 1835, verra le jour dans le courant de l'année 2008.

Seul représentant de son espèce sur ces 10 hectares de lande, le genévrier commun est notre unique conifère indigène en Bourgogne.

Plus souvent associé aux pelouses calcaires sèches, vous verrez une de nos plus belles junipéraies sur la grande pelouse de Nuits-Saint-Georges en Côte-d'Or.

Seul arbrisseau à résister à la dent des moutons, sa présence témoigne des pratiques du pâturage extensif qui se sont longtemps maintenues sur les terres pauvres dont il s'accommode.

La Flore Forestière Française nous indique que cet arbuste pouvant atteindre 10 mètres de haut possède une longévité élevée.

Celui-ci a certainement connu l'époque où les Simandrais venaient faire paître leurs troupeaux sur ces sables fins accumulés aux périodes froides du Quaternaire tout le long de la rive gauche de la Saône.

Lors de sa découverte, il servait de refuge à une chouette ou à un hibou.

Ses pelotes de réjection nous ont livré les restes de ses festins pour lesquels pas moins de 6 espèces différentes de micromammifères ont fait les frais!

Saint-Eugène
Châtaignier
n°.........71 411/01

Nom: Christophe Colomb
Localisation :
références de la carte 1/25 000ème : 2826 Est Toulon-sur-Arroux
coordonnées géographiques : 746,90 x 2197,86
coordonnées GPS: 46°45'873 N x 4°15'598 E
lieu-dit : Château des Crots
topographie du site : versant, talus de 3 mètres surplombant la route
Taille :
hauteur totale : 12 m - fût : rejets dès la base sur dénivelé de 3 mètres
circonférence : 9,40 m en 1993 et 10,10 m en 2007, 8,70m contre le fût à 4 mètres de haut côté route
forme : plein vent
Situation foncière :
privée
nom du propriétaire : M. Michel de Contenson
Accessibilité :
oui, bord de chemin entre la route d'Uchon et le Chazelot
visibilité d'un endroit public : oui, chemin revêtu
Informations complémentaires :
Etat de santé : bon, très nombreux rejets à la base, creux au cœur sur un diamètre de 50 cm à 6 mètres de haut
Faune-flore associée et environnement végétal : chouette hulotte
Importance paysagère (sur une échelle de valeur de 1 à 5) : 4,5
Source d'information : Alain Desbrosse

Depuis 2005, date de la chute du châtaignier de Montaugey au pied du Beuvray, c'est désormais le second plus gros châtaignier de Saône-et-Loire et de Bourgogne derrière celui de Cuzy (11 mètres).

Très bien situé, le long d'un chemin rural après le petit étang des Crots, il mérite d'être mis en valeur et entretenu autrement qu'à grands coups de broyeur ou de lamier à scie comme cela est pratiqué régulièrement à son pied.

L'auteur de ces lignes se plaisant à imaginer que la châtaigne à l'origine de ce géant, ait pu germer à la fin du Moyen Age, l'a baptisé «Christophe Colomb».

Depuis 1492, cela lui ferait 520 ans en 2012, un âge peut-être excessif si on le compare au calcul que l'on peut faire à partir de son accroissement annuel moyen en 14 ans de 7,5 millimètres et qui donne 213 ans.

Cette dernière estimation est manifestement trop faible pour ce châtaignier qui occupe la totalité du talus de 3 mètres dominant le chemin et dont la cime originelle est aujourd'hui remplacée par la foule des rejets qui se pressent sur son fût et sont prêts à lui assurer un long avenir.

Personnellement, c'est également l'arbre qui fut à l'origine de l'idée d'un inventaire des arbres remarquables en Bourgogne.

Depuis les années 60 où il alimentait les abeilles de mon grand père paternel, il fait partie de mon univers arboricole familial.

Les prés alentour recèlent plusieurs autres gros châtaigniers de plus de 7 mètres de circonférence dont l'un d'eux avec mare aménagée au pied et loupe énorme à la base, situé à l'Ouest «d'Hollywood», le bosquet de houx visible depuis l'étang des Crots.

Un autre au milieu du pré, au Nord des houx, bien visible en arrivant par la route d'Uchon est couché en un amoncellement titanesque tandis que celui situé sous le chemin menant à la ferme des Segauds ouvre un amphithéâtre dans son pied éléphantesque creux.

DEXTROSE OU SENESTROSE ? LES MYSTERES DE LA CROISSANCE EN HELICE.

«Tu vois bien que c'est une grosse corde, le tronc d'un arbre, il y a même des nœuds dedans quelquefois. Les torons de la corde se desserrent à chaque bout pour s'accrocher au ciel et à la terre, on les appelle des branches en haut et des racines en bas.»

Pierre Jakez-Héliaz, Le cheval d'orgueil.

Il arrive assez fréquemment que les arbres, et pas seulement les arbres remarquables, présentent un fût torse, dont l'écorce est orientée soit vers la gauche, soit vers la droite.

Les dictionnaires nous éclairent sur les termes employés pour décrire cette particularité:
«Zoologie : coquille sénestre, se dit d'une coquille de mollusque qui s'enroule dans le sens inverse de celui des aiguilles d'une montre.
Senestrogyre, en chimie, synonyme peu usité de levogyre.
Botanique et zoologie : senestrorsum ou sénestrorsum, qui tourne de droite à gauche, dans le sens inverse des aiguilles d'une montre. Enroulement senestrorsum d'une coquille, d'une vrille végétale.» (Le Robert en 6 volumes, 1974).

«Le mot dextrorsum désigne l'un des deux sens d'enroulement en spirale, en parlant des plantes volubiles, des bobines d'induction, des solénoïdes, des pas de vis, etc. C'est le sens tel qu'un observateur placé suivant l'axe de la spirale voit les brins ascendants sur la moitié de la spirale tournée vers lui, s'enrouler de gauche à droite. Lorsqu'on regarde par un bout, une bobine dextrorsum, un mobile qui suivrait le fil à partir de cette extrémité serait vu marchant dans le sens des aiguilles d'une montre (le sens contraire est dit senestrorsum).
Sénestre ou senestre : en zoologie, qui est enroulé de droite à gauche en parlant d'une coquille, synonyme, sinistrorsum.
Dextrogyre, en physique, qui dévie à droite le plan de polarisation : cristal dextrogyre.» (Le Larousse du XXème siècle, 1931).

M. Maurice Petot, propriétaire du cornouiller géant de Chaume-lès-Baigneux, arboriculteur membre des Croqueurs de Pommes utilise un joli terme imagé parfaitement adapté: il parle d'arbres «vissés» pour les vieux pruniers de son verger riche de nombreuses variétés anciennes.

Parmi les plus de 500 arbres remarquables déjà inventoriés en Bourgogne en 2008, on en compte un certain nombre présentant la caractéristique d'être torses.
Un des plus beaux exemples est sans conteste l'érable à feuilles d'obier du Bois de Plottes au Sud de Tournus.
Son tronc vrillé dextrorse l'a sauvé de la tronçonneuse lors des coupes du taillis organisées par l'Office National des Forêts en charge de la gestion de cette forêt communale.
Les spécialistes n'ont pas d'explication certaine sur l'origine de ce phénomène qui dévalorise ces spécimens aux yeux des forestiers amateurs de beaux fûts aux fibres bien droites.
Patrimoine génétique ou influences telluriques, rotation de la Terre, influence de la Lune, la controverse sur l'origine de cette particularité reste ouverte.

Dans son ouvrage «Plaidoyer pour l'Arbre», Francis Hallé cite la collection d'amandiers torses conservés à la Maison de l'Amandier à St-Rémy-de-Provence.
Avec le mélèze chez les conifères, c'est l'une des quelques espèces qui possèdent une forte propension à ce mode de croissance.
On la trouve également chez certains feuillus: chêne, frêne, cerisier. Le bulletin Les Croqueurs de Pommes (n°114, décembre 2005) aimablement communiqué par M. Petot, présente la photographie dans l'Aube d'un prunier sénestrorse «vissé» d'une manière très serrée.
Dans le numéro 115 du même bulletin, l'ouvrage de l'abbé Alexandre Perraud («Des mégalithes aux clochers tors de l'Anjou») affirme que ces arbres auraient poussé ou auraient été plantés sur un point de rayonnement correspondant au regroupement de trois cours d'eau souterrains et d'un courant tellurique.

Francis Hallé cite deux hypothèses d'explication à cette curiosité.
Pour Matteck (Trees: the mechanical design, 1991), il s'agirait de l'influence du vent qui prendrait appui sur les branches.
Cette hypothèse semble assez peu plausible, l'influence du vent se traduisant plutôt par un port en drapeau en montagne ou penché pour les arbres soumis au mistral de la vallée du Rhône.

Pour Kübler (Function of spiral grain in trees, 1991), il s'agirait d'une réponse permettant à des arbres vieillissant de continuer à assurer une distribution équitable des fluides entre les branches et les racines.
Dans le cas des saules têtards dont l'émonde est abandonnée depuis des années, le poids des branches implantées sur un fût, creux depuis longtemps, amène l'écorce à vriller sur elle-même et lui fait retrouver une résistance aux coups de vents qui agitent un houppier disproportionné par rapport à son support.
Pour les forestiers de Bialowieza (Pologne), il s'agit - dans le cas du pin sylvestre - d'un acquis génétique.
Pour ne pas conclure sur ce sujet, laissons le dernier mot à Francis Hallé (2005):
«En définitive, il est sans doute sage de reconnaître que nous n'avons aucune certitude concernant la croissance en hélice des «feuillus». Dans ce domaine comme dans beaucoup d'autres, les arbres conservent une part de mystère.»

Saint-Léger-sous-Beuvray
Hêtre

n°.........71 440/03

Groupe d'arbres : plusieurs dizaines
Localisation :
références de la carte 1/25 000ème : 2825 Ouest St-Léger-sous-Beuvray
coordonnées géographiques : 729,80 x 2215,92 (Porte du Rebout)
coordonnées GPS: 46°55'832 N x 04°02'480 E (Porte du Rebout)
lieu-dit : Mont Beuvray
topographie du site : sommet
Taille :
forme : plessée ou plein vent au sommet
Situation foncière :
publique
privée
Accessibilité : le long des routes et des sentiers
Informations complémentaires :
Etat de santé : bon
Faune-flore associée et environnement végétal : hêtraie et plantations de douglas
Importance paysagère (sur une échelle de valeur de 1 à 5) : 5
Source d'information : mairie

Sous un grand soleil ou dans la brume, par temps de neige ou de givre, dans la bise hivernale ou les giboulées printanières, la visite des hêtres du Beuvray vous entraînera, pour un véritable périple initiatique, dans ce décor «fantasmagorique» hanté par les fées et les druides.

Les «queules» des hêtres du Beuvray sont une des curiosités arboricoles les plus extraordinaires de Bourgogne. Elles ont récemment reçu le label Arbre Remarquable de France.

Dans mon patois du bassin minier voisin, la queule désigne la souche, par opposition à la queuche au sommet de l'arbre.

Les queules du Beuvray sont le résultat d'anciens plessages, technique traditionnelle d'entretien des bouchures qui fermaient les prés et les champs occupant au siècle dernier les pentes du Beuvray.

Les haies sèches furent historiquement remplacées par des haies vives qui devaient, en l'absence de barbelés, faire l'objet d'une véritable vannerie, le plessage, pour empêcher la divagation des troupeaux.

Depuis, la déprise agricole a laissé la hêtraie reconquérir les pentes du Beuvray, remplacée dans les années 70 par d'immenses champs de douglas.

Les bouchures ont périclité, seuls les hêtres abandonnés à leur sort et repartis à la verticale à partir des tiges initiales couchées par le plessage sont encore là pour témoigner de ce passé agricole.

Ils doivent néanmoins lutter pour garder un peu de lumière, en lisière de la marée noire des douglas.

Tout au sommet du site, au-delà des fouilles qui mettent au jour les fondations de la ville celte de Bibracte, de vieux hêtres moussus non déformés par la serpe mais intensément façonnés par les frimas morvandiaux prolongent ce parcours de haute esthétique depuis la Porte du Rebout.

Saint-Léger-sous-Beuvray
Cèdre de l'Atlas
n°.........71 440/04

Arbre unique
Localisation :
références de la carte 1/25 000ème : 2825 Ouest St -Léger-sous-Beuvray
coordonnées géographiques : 736,26 x 2214,94
coordonnées GPS: 46°55'227 N x 04°07'551 E
section cadastrale : AH 120
lieu-dit : château de Montaugé
topographie du site : bas de versant
Taille :
hauteur totale : 38 m - fût : 2 m
diamètre :2,50 m
circonférence : non mesurable (protection de l'écorce contre les chevaux),
8,80 m selon Bourgogne Nature
forme : plein vent avec de très nombreuses branches
Situation foncière :
privée
Accessibilité :
dans une parcelle, à proximité d'un chemin rural
visibilité d'un endroit public : oui, chemin rural
Informations complémentaires :
Etat de santé : très bon
Faune-flore associée et environnement végétal :
Importance paysagère (sur une échelle de valeur de 1 à 5) : 4
Source d'information : mairie d'Autun et régisseur de la propriété

Voici un arbre dans lequel on pourrait installer un village entier de cabanes perchées!...

C'est un massif forestier à lui tout seul. Il est sans conteste le plus gros cèdre de Saône-et-Loire et le second en taille pour la Bourgogne après celui de Poil dans la Nièvre (9,50m mais dépérissant).

Planté à l'origine pour constituer le parc du château de Montaugé, il se trouve aujourd'hui au milieu des prés, distribuant généreusement son ombre aux troupeaux de chevaux qui viennent profiter de son houppier exceptionnel ancré sur un fût très court. Il est protégé de la dent des quadrupèdes par une armure de piquets qui empêchent de mesurer sa circonférence avec précision mais sont indispensables à sa survie, les chevaux ayant une prédilection destructrice pour les écorces à portée de leur incisives.

Son voisin immédiat était, jusqu'en 2005, un châtaignier lui aussi le plus gros du département mais que les ans ont fini par terrasser. En subsistait encore en 2007 la moitié de sa gigantesque carcasse allongée sur le pré.

Saint-Léger-sous-Beuvray
Châtaignier
n°.........71 440/06

Arbre unique
Localisation :
références de la carte 1/25 000ème : 2825 Ouest St-Léger-sous-Beuvray
coordonnées géographiques : 733,04 x 2214,19
coordonnées GPS: 46°54'862 N x 4°05'004 E
lieu-dit : Lavaux
topographie du site : plane
Taille :
hauteur totale : 12 m - fût : 2,50 m
circonférence : 8 m
forme : têtard
Situation foncière :
privée
Accessibilité :
le long du chemin rural d'accès à Lavaux
visibilité d'un endroit public : oui
Informations complémentaires :
Etat de santé : bon
Faune-flore associée et environnement végétal :
Importance paysagère (sur une échelle de valeur de 1 à 5) : 4
Source d'information : Bourgogne Nature et Alain Desbrosse

St-Léger-sous-Beuvray est l'une des trois communes les plus riches en arbres remarquables du département avec pas moins de 7 arbres ou groupes d'arbres identifiés.

Ce vénérable châtaignier de Lavaux est intéressant à plus d'un titre. Il ne reste en fait plus qu'une miette d'un arbre qu'on peut imaginer énorme, occupant la route qui passe à son pied si l'on reconstitue par l'imagination la circonférence originelle à partir du pan subsistant, de 4 mètres de large et parallèle à celle-ci.

Fendu, étêté, incendié, il a résisté à toutes ces avanies. Sa partie centrale est morte, mais les deux extrémités montrent une vigueur toute juvénile qui lui a permis de reconstituer un houppier. Il présente ainsi un contraste saisissant: les tissus vivants encadrent le bois mort et vont même jusqu'à s'en nourrir. Des racines adventices alimentent les branches en puisant dans l'humus perché, bel exemple de cette capacité à la «réitération» qu'ont certains vieux châtaigniers ou tilleuls. Une photographie prise lors de la découverte du châtaignier au début des années 90 permet de constater le fort accroissement en diamètre des branches qui rejettent sur les deux extrémités vivantes et qui, à terme, reconstitueront deux arbres séparés.

Saint-Point
Chêne sessile
n°.........71 470/01

Nom : Chêne à Jocelyn
Arbre unique
Localisation :
références de la carte 1/25 000ème : 2928 Est Cluny
coordonnées géographiques : 775,20 x 2152,51
coordonnées GPS: 46°20'993 N x 4°36'793 E
lieu-dit : Bois de la Roche
topographie du site : bas de versant, dans un bois
Taille :
hauteur totale : 20 m - fût : 4 m
diamètre : 1,38 m en 1993 et 1,43 m en 2008
circonférence : 4,35 m en 1993 et 4,51 m en 2008
forme : plein vent
Situation foncière :
privée
Accessibilité :
à 50 mètres en contrebas du chemin forestier
visibilité d'un endroit public : non
Informations complémentaires :
Etat de santé : bon, la première grosse branche horizontale morte + 5 grosses branches mortes dans la ramure
Faune-flore associée et environnement végétal : écureuil, grand-duc
Importance paysagère (sur une échelle de valeur de 1 à 5) : 3,5
Source d'information : mairie et carte postale ancienne

Le Chêne à Jocelyn est bien connu localement. Le chemin qui relie St-Point au Bois de la Roche porte son nom. Il est par ailleurs localisé sur la carte topographique.

Pour le trouver, il faut vous avancer sur ce chemin signalisé comme parcours VTT jusqu'à hauteur de la source captée, en limite avec les résineux.

Depuis là part un petit sentier sur la gauche, on aperçoit le chêne en contrebas à une centaine de mètres.

En Saône-et-Loire, c'est le seul arbre encore en place pour lequel nous possédions une carte postale du début du siècle dernier. La branche basse horizontale aujourd'hui morte est bien reconnaissable. En revanche, il se trouve à l'époque dans une clairière entièrement reboisée depuis. La différence de circonférence que l'on peut apprécier grâce au jardinier en tablier, canotier et parapluie donnant l'échelle est parfaitement évidente.

Lamartine (1790-1869) y serait venu chercher l'inspiration. Un banc en pierre est toujours là pour accueillir nos méditations au pied de ce chêne dont le fût incurvé semble lui aussi perdu dans ses pensées.

A l'époque de la publication du recueil poétique Jocelyn, en 1836, il n'était manifestement qu'un jeune chêne. A-t-il été planté par l'auteur, alors âgé de 46 ans? C'est une hypothèse qui serait vérifiable en prélevant un carottage des cernes permettant de connaître son âge exact. L'arbre de la carte postale dont la photographie serait de 1902, si l'on en croit L'inscription manuscrite en miroir, est manifestement déjà centenaire.

Le calcul sur la base de son accroissement annuel moyen en diamètre de 0,33 cm en 15 ans, appliqué à un diamètre de 1,48 m donne un âge de 433 ans qui est manifestement beaucoup trop élevé pour ce chêne n'ayant fait l'objet d'aucun élagage et ayant poussé sans concurrence dans ses premières années.

Tournus
Erable à feuilles d'obier

Arbre unique
Localisation :
références de la carte 1/25 000ème : 3027 Est Tournus
coordonnées géographiques : 797,47 x 2174,14
coordonnées GPS: 46°32'291 N x 4°54'689 E
lieu-dit : bois de Plottes, au Sud de la carrière du Mont Tabac
topographie du site : rebord de côte calcaire
Taille :
hauteur totale : 15 m - fût : 6 m torse dextre
diamètre :0,90 m en 1993 et 0,96 m en 2007
circonférence : 2,85 m en 1993 et 3,02 en 2007
forme : plein vent
Situation foncière :
publique - commune
Accessibilité :
dans une parcelle boisée, chemin forestier depuis la Grange du Bois (indiqué voie sans issue), arbre après panneau parcelle 14
visibilité d'un endroit public : depuis l'autoroute A6 et Nationale 6
Informations complémentaires :
Etat de santé : excellent
Faune-flore associée et environnement végétal :
Importance paysagère (sur une échelle de valeur de 1 à 5) : 5
Source d'information : mairie et ONF, Denis Oriol

Cet érable est remarquable à trois titres: botanique, morphologique et paysager. Erable à feuilles d'obier (Acer opalus), il appartient à l'une de nos 5 espèces d'érables, cantonné en Bourgogne aux côtes et arrière côtes pour la Côte-d'Or et présent en Mâconnais et côte chalonnaise pour la Saône-et-Loire. En France, il n'est présent que dans le Sud-Est, Alpes, Pyrénées et Corse principalement.

C'est actuellement le plus gros spécimen connu dans notre région. Son fût présente une déformation dextre prononcée qui lui fait accomplir un tour complet sur 6 mètres de haut. Son houppier sphérique aux innombrables branches tortueuses évoque quelque divinité hindoue. Comme le sycomore, il acquièrt en vieillissant une écorce écailleuse. Installé sur le rebord du chaînon calcaire du Mont Tabac, sur des sols squelettiques, cet érable, qui dût connaître souvent la soif, compte probablement plus de 200 printemps sur son parterre de pervenches. Réservé lors de la dernière coupe du taillis effectuée en 1991, la masse de son feuillage domine le reste du boisement et nous surveille, fourmis motorisées sur l'autoroute et la nationale au Sud de Tournus. A votre prochain départ en vacances vers le Sud, donnez-lui le bonjour depuis votre habitacle climatisé avant de prendre le temps, une fois suivante, d'aller lui rendre hommage de plus près! Profitez-en pour jeter un œil au chêne à deux troncs sur la commune du Villars et à son peuplier noir le long de la Nationale 6.

Tournus
Aubépine monogyne
n°.........71 543/02

Arbre unique
Localisation :
références de la carte 1/25 000ème : 3027 Est Tournus
coordonnées géographiques : 796,64 x 2178,75
coordonnées GPS: 46°34'792 N x 4°54'154
lieu-dit : Montplaisir, au-dessous de la gare de péage de l'autoroute
topographie du site : plane
Taille :
hauteur totale : 7 m - fût : pas de fût, base en deux parties avec 4 branches principales
circonférence : 1,95 m
forme : plein vent
Situation foncière :
publique - commune
Accessibilité :
dans une parcelle de pré
visibilité d'un endroit public : depuis la N6 et le chemin longeant le pré Montplaisir - Baraban
Informations complémentaires :
Etat de santé : excellent
Faune-flore associée et environnement végétal : gui
Importance paysagère (sur une échelle de valeur de 1 à 5) : 3
Source d'information : Alain Desbrosse

Nous possédons en France deux espèces d'aubépines, la monogyne qui se distingue par ses fruits à un seul noyau de l'épineuse qui en possède deux. Chacune de ces «poires à Bon Dieu» dans le bassin minier ou «pians blancs» en Morvan possède une date de floraison en mai légèrement différente l'une de l'autre qui permet de les repérer facilement dans le paysage.

Cette aubépine est actuellement l'une des deux plus grosses connues en Bourgogne, derrière celle d'Alligny-en-Morvan d'une circonférence de 2,30 m. Roidot-Deleage et Gillot (1877) citent un spécimen à la ferme de la Croix Vallot sur la commune de Couches-les-Mines, lieu-dit Champ de l'Aubépin, qui mesurait 2,50 mètres de circonférence à 60 centimètres du sol, 8 mètres de haut pour une surface couverte au sol de 36 mètres carrés.

Découverte à l'occasion de l'étude d'impact pour le projet sans suites de « Village de marques » : notre aubépine reste directement menacée par l'extension de l'urbanisation à l'entrée nord de Tournus.

Copieusement envahie par le gui, elle offre son ombrage au bétail qui continue de paître dans cette parcelle située en contrebas du péage autoroutier.

Connue pour être une espèce longévive, la doyenne des aubépines de France est celle de Bouquetot dans l'Eure. Elle aurait 700 ans. Celle de St-Mars-sur-la-Futaie dans la Mayenne, qui remonterait au 3ème siècle, en aurait 1700!

Celle-ci n'est sans doute pas d'un âge canonique: une aubépine récupérée à Fontaines après la tempête de décembre 1999 n'a qu'une quarantaine d'année pour 30 centimètres de diamètre.

L'aubépine de Tournus, pour un diamètre à peu près équivalent de chacune de ses deux tiges principales, a probablement un âge voisin qui reste néanmoins extraordinaire pour cet arbuste prompt à être transformé en bois de chauffage ou passé directement au feu pendant les travaux hivernaux d'entretien du bocage.

Villeneuve-en-Montagne
Séquoia géant
n°.........71 579/01

Groupe d'arbres : 31 à l'Est et 32 à l'Ouest
Localisation :
références de la carte 1/25 000ème : 2926 Est Ecuisses
coordonnées géographiques : 771,62 x 2196,07
coordonnées GPS: 46°44'553 N x 4°34'967 E
lieu-dit : la Chapelle de Villard
topographie du site : haut de versant
Taille :
hauteur totale : 15 à 20 m. diamètre :80 cm à 1 m
circonférence : le plus bas à l'Ouest: 4,73 m en 2007
forme : plein vent
Situation foncière :
publique
Accessibilité :
oui, bordent le chemin d'accès à la chapelle de Villard
visibilité d'un endroit public : oui, route express et D 69
Informations complémentaires :
Etat de santé : bon, un mort côté ouest en 2007, nombreux rameaux terminaux desséchés, deux cimes desséchées
Faune-flore associée et environnement végétal :
Importance paysagère (sur une échelle de valeur de 1 à 5) : 5
Source d'information : mairie

Cette allée très visible depuis la route express quand on circule du Creusot vers Chalon est la seule de notre inventaire pour la Saône-et-Loire.

Elle est signalée sur la carte topographique. Plantée il y a probablement un peu plus d'un siècle, à l'époque où cette essence jouissait d'un engouement, il est indispensable de l'emprunter pour apprécier la perspective impressionnante que procure cet alignement sur 200 mètres de piliers végétaux qui enserrent le chemin conduisant à la Chapelle de Villard et son gisant très visité pour ses vertus secrètes. Les écorces d'une étonnante épaisseur conçue pour résister aux pires incendies gardent l'empreinte des premières branches aujourd'hui disparues depuis des décennies.

Vues de profil, les cimes forment une ligne horizontale presque parfaite, les arbres rattrapant progressivement les 15 mètres de dénivelé du versant sur lequel ils sont plantés. L'explication tient probablement à un meilleur approvisionnement en eau des arbres les plus bas. En 2007, ces séquoias montrent des signes manifestes de dépérissement : l'un d'entre eux est mort et deux autres ont la cime desséchée, probable conséquence de la canicule de 2003 pour ces arbres bien loin de leurs Rocheuses natales arrosées par les abondantes pluies du Pacifique.

Non loin de là, au lieu dit Le Pèlerin, au-dessus de la ferme de la Vesvre, deux séquoias isolés sur la lisière forestière sont probablement contemporains de cet alignement. L'un des deux présente également la cime desséchée en 2007.

N
Arbre
remarquable
décrit dans ce livre.
Environ
20 km
40 km
YONNE
(89)
Pont-sur-Yonne
Yonne
Sens
Joigny
Migennes
Saint-Florentin
Tonnerre
Charny
AUXERRE
Rogny-les-
Sept-Ecluses
St-Fargeau
Taingy
Cravant
Noyers-sur-
Serein
Arcy-sur-
Cure
Treigny
Vézelay
Avallon

YONNE

Cézy
Platane
n°.........89 067/01

Nom : Les Six Frères ou Les Trois Jumeaux
Localisation :
références de la carte 1/25 000ème : 2619 Ouest Joigny
coordonnées géographiques : 675,08 x 2333,06
coordonnées GPS: 47°59'549 N x 3°20'546 E
lieu-dit : au bourg, 22, rue du Moulin d'en Bas
topographie du site : plane, lit majeur de l'Yonne
Taille :
hauteur totale : 45 m - fût : 6 fûts soudés à la base
diamètre : 3,32 m - circonférence : 10,45 m
forme : plein vent, n'a jamais été élagué
Situation foncière :
privée
nom du propriétaire : M. et Mme Le Greves, 22 rue du Moulin d'en Bas, 89410 Cézy
Accessibilité :
propriété privée close, visite organisée par les propriétaires lors des Journées du Patrimoine en septembre
visibilité d'un endroit public : oui, rue Jacques Cœur et environs du village qu'il signale de loin
Informations complémentaires :
Etat de santé : excellent, a parfaitement résisté à la tempête de 1999 qui fit d'importants dégâts dans l'Yonne et dans cet ancien parc de château
Faune-flore associée et environnement végétal: divers oiseaux et écureuils, arbre de parc
Importance paysagère (sur une échelle de valeur de 1 à 5) : 5 (élancement des 6 fûts très spectaculaire vu de l'intérieur de l'arbre)

C'est le plus gros platane de Bourgogne (celui classé au titre de la loi de 1930 à Préty, Saône-et-Loire, mesurait 5,61 m de circonférence en 2006) et l'un des plus gros de France (Lamanon, 9 m, Barjols, 13 m d'après Bourdu, 1988). Son exceptionnelle vitalité s'explique par les bonnes conditions stationnelles qui lui ont permis de profiter du sol riche enrichi par les crues de l'Yonne et de sa nappe phréatique pendant les sécheresses estivales. Il serait âgé d'environ 300 ans selon ses propriétaires. Il faisait partie à l'origine du parc du château Jacques Cœur. Cet arbre atteint la dimension des platanes les plus gros connus dans l'aire d'origine de l'espèce, de la Dalmatie à l'Asie Mineure (Lieutaghi, 1969). L'avenir de ce platane d'intérêt national (Labellisé «Arbre de France» en mai 2007) est, au moment de l'écriture de ces lignes, suspendu à une décision de justice sur la nuisance constituée pour le voisin par la perte automnale des feuilles! Toute forme d'élagage qui pourrait en être la conséquence endommagerait gravement ce monument végétal. Elle créerait des plaies sur un individu en pleine force de l'âge et déclencherait inévitablement un processus d'invasion par des champignons lignivores qui, à terme, fragiliseront l'ensemble des 6 fûts soudés par leur base commune.

Celle-ci forme une plateforme à 2 mètres de haut qui sert de cabane perchée aux enfants de la propriété.

Une visite annuelle est organisée par les propriétaires à l'occasion des Journées du Patrimoine en septembre.

Chailley
Tilleul hybride
n°.........89 069/01

Localisation :
références de la carte 1/25 000ème : 2718 Ouest Aix-en-Othe
coordonnées géographiques : 699,64 x 2343,76
coordonnées GPS: 48°05'124 N x 3°40'430 E
lieu-dit : le Vaudevanne
topographie du site : plane, fond de vallon, sur un petit tertre
Taille :
hauteur totale : 20 m - fût : 2 mètres, 3 branches principales -circonférence : 4,03 m
forme : plein vent
Situation foncière :
publique
commune
Accessibilité :
oui, carrefour en limite du bâti
visibilité d'un endroit public : oui
Informations complémentaires :
Etat de santé: bon, une des branches principales fendue en deux avec cerclage métallique éclaté suite à l'augmentation du diamètre
Faune-flore associée et environnement végétal: soldats (Pyrrhocoris apterus)
Importance paysagère (sur une échelle de valeur de 1 à 5) : 4
Source d'information : Alain Desbrosse

Ce tilleul qui trône au fond du Vaudevanne est un probable arbre de la Liberté si l'on s'en tient à son gabarit.

On le découvre en descendant d'Arces Dilo, magnifiquement implanté en limite des dernières maisons.

Un banc métallique installé à son pied en fait un lieu propice au pique-nique ou à la méditation avec une vue sur les noyers qui parsèment encore le haut du vallon entièrement labouré.

Le cerclage maintenant largement ouvert qui maintenait l'une des branches principales fendue par un coup de vent illustre la puissance de ces êtres, immobiles en apparence. En automne, les myriades de soldats, ces punaises rouges sans ailes marbrent de rouge les moindres interstices de son écorce profonde.

Dans ce même hameau de Chailley, on peut également contempler un chêne et un marronnier qui participent à la qualité architecturale de ce petit pays du Nord de l'Yonne.

Ne manquez pas non plus la visite aux 6 Frères de la forêt de Courbépine toute proche.

Champcevrais
Chêne pédonculé
n°.........89 072/01

Arbre unique
Localisation :
références de la carte 1/25 000ème : 2520 Ouest Bléneau
coordonnées géographiques : 646,03 x 2305,87
coordonnées GPS: 47°45'041 N x 2°57'021 E
lieu-dit : Maison de retraite de Château Bouron
topographie du site : plane
Taille :
hauteur totale : 20 m - fût : 2 m
circonférence : 6,32 m (6,20 m en 1955)
forme : plein vent
Situation foncière :
publique
Accessibilité :
en limite entre les jardins et les labours, à l'extérieur de la cour
visibilité d'un endroit public : oui
Informations complémentaires :
Etat de santé : mort aux trois quarts
Faune-flore associée et environnement végétal : frelon, un gros nid extérieur, glycine grimpante tuteurée sur la base du tronc
Importance paysagère (sur une échelle de valeur de 1 à 5) : 5
Source d'information : Office du Tourisme de Toucy

Ce très gros chêne visible de loin profite aux pensionnaires de la maison de retraite de Champcevrais installée dans la belle propriété du Château Bouron à laquelle on accède par une longue allée de marronniers.

Sa circonférence de 6,32 mètres le place second pour le département de l'Yonne derrière le chêne de Merry la Vallée (6,98 m). Il trône à l'extrémité des jardins qui prolongent la cour principale du château. Il n'a probablement pas un grand avenir devant lui compte tenu de la quantité de bois mort qui le dispute aux rameaux encore verts.

Il présente l'aspect typique des chênes sénescents avec une «descente de cime» très avancée, seuls des rameaux courts sur la partie basse sont encore feuillés alors que l'ensemble des branches principales sont desséchées.

Il est, d'une certaine manière, très symbolique du lieu, partagé entre la vie et la mort.

Les futures canicules qui accompagneront le réchauffement climatique dans le siècle à venir et dont 2003 ne fut qu'une préfiguration lui seront probablement fatales.

L'été 2007 fut l'occasion pour un essaim de frelons de construire un superbe nid de cellulose en cloche d'une taille tout à fait respectable sous une des branches principales.

Dans l'ouvrage de Lesourd et Le Graverend, « Les plus gros arbres de France » publié en 1955, on peut lire en pages 97 et 98 de la réédition de 1995:

«Courrier des lecteurs. M. Viault, I.H., a observé au cours de travaux à effectuer sur le domaine de Bouron, aujourd'hui hospice de Chamcevrais, canton de Charny (Yonne), un bel exemplaire de chêne pédonculé.

Il nous en a adressé les dimensions: circonférence à un mètre du sol 6,20 m, diamètre de la frondaison vingt-huit mètres, hauteur évaluée à environ 30 mètres.

Cet arbre avait été enterré de 1,50 m de remblais voici quarante à cinquante ans. M. le Maire du village et M. le Directeur de l'Etablissement seraient heureux de faire classer ce remarquable sujet.

Pour appuyer cette demande de classement, nous ne pouvons mieux faire que de leur signaler le classement définitif de 7ème de France de ce sujet dans notre étude.»

Ce texte nous éclaire sur un détail topographique du lieu qui montre nettement la surface où se trouve le chêne, rehaussée par rapport aux cultures voisines.

Cette information indique donc que le chêne a survécu à l'enfouissement de son collet sur environ un mètre pendant quasiment un siècle!

A l'époque de la publication de l'ouvrage, le premier chêne en circonférence était le toujours célèbre chêne de la chapelle d'Allouville-Bellefosse dans la Seine-Maritime qui affichait une circonférence de 10 mètres.

Courson-les-Carrières Charme et Erable champêtre

Arbres uniques (1 + 1)
Localisation :
références de la carte 1/25 000ème : 2621 Est Courson-les-Carrières
coordonnées géographiques : 689,33 x 2287,63 (charme)
et 689,35 x 2287,61 (érable)
coordonnées GPS: 47°34'931 N x 3°31'447 E (charme)
et 47°34'919 N x 3°31'458 E (érable)
lieu-dit : Bois des Rochottes
topographie du site : plane, fond de vallon sec
Taille :
hauteur totale : 25 m (charme) et 20 m (érable)
fût : 8 m et 5 m
diamètre : 0,65 m et 0,57 m
circonférence : 2,05 m (charme) et 1,79 m (érable)
forme : plein vent de futaie
Situation foncière :
publique
nom du propriétaire : commune
Accessibilité :
à l'extrémité d'un layon forestier
Informations complémentaires :
Etat de santé : bon
Faune-flore associée et environnement végétal: forêt feuillue traitée en taillis sous futaie
Importance paysagère (sur une échelle de valeur de 1 à 5) : 2
Source d'information : Alain Desbrosse, étude d'impact pour un projet d'ouverture de carrière

Ce charme et cet érable sont d'une circonférence et d'une hauteur peu banales, installés dans les sols fertiles du fond d'un vallon fossile au pied du récif corallien.

Le charme a une écorce lisse qui contraste avec celle rugueuse faite de petites plaquettes rectangulaires de l'érable. L'autre originalité de ce charme est son fût très régulier qui n'est pas marqué, comme très souvent chez cette essence, par de profondes cannelures. C'est probablement un signe de la grande vigueur et de la rapidité de la croissance de cet individu.

L'ensemble du peuplement forestier aux alentours de ces deux arbres est magnifique avec, entre autres, un très beau chêne «Trois Frères». Le charme possède également, à quelques mètres, un frère d'un calibre équivalent. Cette vallée sèche contraste avec le peuplement plus rachitique qui s'accroche sur le rebord du plateau constitué par ces calcaires récifaux du Jurassique où l'on voit encore les gerbes de polypiers en position de vie datant d'une époque où cette région de l'Yonne était l'équivalent de l'actuelle Grande Barrière de Corail au large de l'Australie.

Ces deux arbres qui appartiennent à des essences très communes en Bourgogne illustrent parfaitement l'influence des conditions stationnelles sur la vigueur des individus.

La profondeur des sols accumulés dans ce fond de vallon où circule probablement une nappe phréatique en profondeur permet aux deux essences d'atteindre des tailles que l'on observe rarement chez des arbres qui ne font en général jamais partie des arbres préservés à l'occasion de la coupe du taillis.

On pourra admirer à proximité un très beau site de terriers de blaireau creusés dans de magnifiques sables jaunes, à l'Est du layon forestier. Les terrassements des innombrables générations du plus gros de nos mustélidés ont complètement modifié la topographie du site au fil des siècles.

Les deux arbres sont assez faciles à trouver avec la carte topographique en suivant le layon qui part du point côté 218 mètres et tangente le «h» de Rochottes. Le charme se trouve à une cinquantaine de mètres à l'Ouest de l'extrémité du layon, en limite du fond de vallon enrésiné.

L'érable champêtre localisé à l'extrémité du layon forestier pourra vous servir de point de repère pour localiser le charme.

En allant les visiter, cherchez à repérer les beaux cornouillers mâles sur le sommet du Bois des Rochottes et les quelques cormiers dispersés dans la chênaie sèche.

Dicy
Orme lisse

n°.........89 138/01

Nom : l'Ormès
Arbre unique
Localisation :
références de la carte 1/25 000ème : 2719 Est Courtenay
coordonnées géographiques : 656,59 x 2326,42
coordonnées GPS: 47°56'080 N x 3°05'634 E
lieu-dit : l'Ormès ou l'Ormesse (carte 1/25 000ème)
topographie du site : bas de versant
Taille :
hauteur totale : 8 m - fût : 2 m
circonférence : 6,66 m au pied
forme : têtard
Situation foncière :
publique : ? (à vérifier)
***Accessibilité :** carrefour*
visibilité d'un endroit public : au bord de la départementale 943
Etat de santé: bon, très nombreux rejets, une seule branche d'un diamètre de 20 cm, deux grosses branches coupées de 40 cm de diamètre
Faune-flore associée et environnement végétal: nid de corvidé et de merle
Importance paysagère (sur une échelle de valeur de 1 à 5) : 2,5
Source d'information : Feuille d'ARBRES, n°49 juin 2007 et n°45

Il s'agit d'un orme manifestement très vieux qui a perdu son houppier d'origine au cours des siècles. La tempête de décembre 1999 qui fit de nombreux dégâts sur le patrimoine arboré de l'Yonne aurait fini de le mutiler. Les grosses branches ont alors été tronçonnées au sommet du fût entièrement creux. Seule l'une d'entre elles, probablement conservée pour servir de «tire sève» subsiste de cette ramure antérieure à la tempête.

Depuis, de nombreux rejets sont en train de lui reconstituer une ramure prouvant que ce patriarche est encore plein de sève. Pour l'instant, ils forment un véritable buisson qui cache l'énorme tronc creux qu'il faut aller visiter par derrière, côté champ pour admirer les circonvolutions du bois où viennent au printemps nicher les merles.

Un panneau apposé sur le tronc précise: «L'Ormès - Orme tricentenaire». Il est curieux de constater que l'orthographe indiquée sur la carte topographique - l'Ormesse - féminise cet arbre, de la même manière que le châtaignier de Couloutre dans la Nièvre («la Grosse Châtaigniée»).

La feuille d'A.R.B.R.E.S. précise que cette espèce était surnommée «l'orme du pauvre», fournissant ses branches pour les fagots sur un rythme bisannuel. Sa date de plantation pourrait remonter à l'an 1600 d'après M. Gois, informateur local, ce qui reste tout à fait plausible compte tenu des dimensions respectables de cet orme.

L'Ormès est un orme lisse, aux belles feuilles ovales, très dissymétriques à la base, une espèce pour laquelle la Flore Forestière Française nous dit qu'elle est rare et dispersée dans l'Est, le Centre et le Nord, absente ailleurs. L'Yonne se trouve en limite de son aire de répartition. A l'état spontané, c'est une espèce des forêts alluviales bordant les grands fleuves. Elle a ensuite servi dans les plantations d'alignement ce qui explique qu'on puisse le trouver en dehors de son habitat naturel, comme ici, en bas d'un coteau.

Espèce sensible à la graphiose, la survie de cet arbre est-elle due à une résistance génétique ou à son isolement qui l'aurait tenu éloigné de la dent des scolytes responsables de la propagation de cette maladie liée à un champignon pathogène ?

Dans son article intitulé Ormes et ormaies remarquables (Feuille d'A.R.B.R.E.S. n°45 de juin 2006), Eric Collin nous apprend qu'en fait, cette espèce d'orme est peu prisée des scolytes grignoteurs d'écorce, ce qui la tiendrait à l'abri de la salive empoisonnée de ces petits coléoptères.

Druyes-les-Belles-Fontaines
Tilleul hybride

n°.........89 148/01

Arbre unique
Localisation :
références de la carte 1/25 000ème : 2621 Est Courson-les-Carrières
coordonnées géographiques : 681,57 x 2283,65
coordonnées GPS: 47°32'844 N x 3°25'211 E
lieu-dit : église, rue du Bon Dieu Jaune
topographie du site : plane
Taille :
hauteur totale : 15 m - fût : 5 m
circonférence : 4,43 m
forme : plein vent élagué
Situation foncière :
publique
Accessibilité :
oui, le long de l'église, côté est
visibilité d'un endroit public : oui
Informations complémentaires :
Etat de santé : bon
Faune-flore associée et environnement végétal: environnement urbain
Importance paysagère (sur une échelle de valeur de 1 à 5) : 4
Source d'information : Diren de Bourgogne, Atlas des Sites classés

Cassé par le vent, il ne faisait, en 1935 au moment de son classement, plus que 9 ou 10 mètres de haut. L'intérieur creux qui avait subi un début d'incendie fut bétonné. Son âge exact nous est inconnu mais il pourrait dater de l'époque de Sully ou tout au moins être bicentenaire. Il est aujourd'hui dans une forme assez resplendissante pour un arbre ayant subi de telles avanies. Le sommet du fût creux reste équipé d'une tôle qui empêche les eaux de pluie de le pénétrer.

Il s'harmonise désormais parfaitement, dans le village bas de Druyes, avec l'église St Romain du XIIème siècle à l'angle de laquelle il se trouve, sur une rue au nom bien étrange, la rue du Bon Dieu Jaune!

Un petit panneau explicatif apposé sur le fût rappelle l'intérêt de ce tilleul et son écorce sert de support à des marquages de peinture jaune pour le balisage de sentiers de randonnée.

Après avoir admiré les sculptures du porche de l'église romane ou les chapiteaux de la nef dont celui aux deux guerriers affrontés au pied d'un palmier, n'oubliez pas de visiter, à une centaine de mètres, les sources qui alimentent un plan d'eau et font de Druyes le pays des «Belles Fontaines».

Fontenay-sous-Fouronnes
Marronnier
n°.........89 177/01

Arbre unique
Localisation :
références de la carte 1/25 000ème : 2721 Ouest Vermenton (et 2621 Est Courson-les-Carrières)
coordonnées géographiques : 694,74 x 2291,50
coordonnées GPS: 47°36'973 N x 3°35'812 E
lieu-dit : place du village
topographie du site : plane
Taille :
hauteur totale : 20 m - fût : 3 m
diamètre : 1,64 m - circonférence : 5,18 m
forme : plein vent
Situation foncière :
*publique : **
Accessibilité :
oui, au bord de la route à un carrefour
Informations complémentaires :
Etat de santé : bon branches haubanées entre elles, plaies des grosses branches coupées badigeonnées avec un produit, gros bourrelet de cicatrisation indiquant une bonne vitalité du sujet
Faune-flore associée et environnement végétal : urbain
Importance paysagère (sur une échelle de valeur de 1 à 5) : 5
Source d'information : Alain Desbrosse

Il s'agit d'un des deux plus gros marronniers connus en Bourgogne avec celui de Chagny en Saône-et-Loire qui mesurait 5,20 m en 1993.

Il est admirablement bien situé au carrefour des routes, en plein cœur du village de Fontenay-sous-Fouronnes.

Il a fait l'objet d'un entretien adapté avec la coupe de deux grosses branches basses et le haubanage de celles qui constituent la couronne principale.

L'importance du bourrelet de cicatrisation qui tente de refermer la blessure montre que cet arbre possède une vitalité très élevée.

Ce marronnier est en pleine force de l'âge, on peut supposer qu'il fait partie des Arbres de la Liberté plantés à la Révolution.

Il est d'ailleurs voisin de la mairie et non de l'église et domine un lavoir à impluvium immédiatement en contrebas qui doit lui assurer un bon approvisionnement en eau pendant les périodes chaudes de l'été.

Un banc judicieusement installé à son pied incite à venir prendre le temps d'écouter le bruissement du vent dans son immense feuillage.

FOURONNES
COURSON

La Postolle
Tilleul à grandes feuilles
n°.........89 310/01

Localisation :
références de la carte 1/25 000ème : 2617 Est Traînel
coordonnées géographiques : 682,17 x 2365,35
coordonnées GPS: 48°16'921 N x 3°26'608 E
lieu-dit : église
topographie du site : plane surélevée d'1,50 m par rapport à la route
Taille :
hauteur totale : 15 m - fût : 3 m creux
circonférence : 6,18 m (10 m indiqués sur le panneau)
forme : plein vent fortement étêté et haubané, deux branches étayées par des piliers en bois
Situation foncière :
publique
nom du propriétaire : commune
Accessibilité :
angle de l'église fermé par deux palissades en bois
visibilité d'un endroit public : oui
Informations complémentaires :
Etat de santé : bon
Faune-flore associée et environnement végétal: chélidoine, camerisier à balais
Importance paysagère (sur une échelle de valeur de 1 à 5) : 5

Labellisé par l'association nationale A.R.B.R.E.S. le 24 mars 2007, il fait partie des tilleuls de Sully ou Rosny. Son âge, indiqué sur le panneau apposé par le Conseil Général et la commune serait de 409 ans.

L'accès à son pied est interdit par deux barrières en bois qui évitent tout piétinement de ses racines superficielles et tout danger de chute inopinée de ses grosses branches presque horizontales. Son fût, creux, très tortueux, couvert de mousse en fait un vieillard qui a beaucoup de «gueule» et forme un ensemble d'une grande harmonie avec l'église médiévale contre laquelle il semble s'appuyer. Dominant le carrefour principal du village, sa silhouette de vieillard chenu mais toujours vert participe fondamentalement à l'originalité du lieu.

Il a fait l'objet de travaux d'entretien parfaitement respectueux du monument naturel qu'il est devenu avec les siècles: haubanage des branches principales les unes entre elles, installation de deux mâts de soutien de celles qui partent en direction de l'église. Son houppier parfaitement équilibré vis-à-vis de la capacité de résistance de ses branches principales reliées à un fût parfaitement creux devrait lui assurer encore de nombreuses floraisons odorantes.

TILLEUL ROSNY,
dit aussi SULLY
Planté en 1598, célébrant :
L'Edit de Nantes entre les catholiques
et protestants.
Arbre remarquable - Arbre de mémoire.
Le Conseil Général de l'Yonne a contribué
à la conservation de ce monument historique :
nom français : TILLEUL
nom latin : TILIA
espèce : PLATYPHYLLOS
ARBRE REMARQUABLE
DE FRANCE
LABEL DU 24 MARS 2007
409 ANS H 15 M CIRC 10 M

Magny
Charme
n°.........89 235/01

Groupe d'arbres (48 dont un mort)
Localisation :
références de la carte 1/25 000ème : 2822 Ouest Quarré les Tombes
coordonnées géographiques : 723,57 x 2277,16
coordonnées GPS: 47°28'952 N x 3°58'579 E
lieu-dit : mairie (ancien presbytère)
topographie du site : plane
Taille :
hauteur totale : 6 m - fût : 2 m
diamètre : 0,30 m en moyenne
circonférence :
forme : topiaires avec houppier hémisphérique
Situation foncière :
publique
nom du propriétaire : commune
Accessibilité :
oui, cour de la mairie
visibilité d'un endroit public : oui
Informations complémentaires :
Etat de santé : bon, un seul mort, plusieurs creux
Importance paysagère (sur une échelle de valeur de 1 à 5) : 3

Découverte fortuitement lors de la réunion du Conseil d'Administration du Conservatoire des Sites Naturels Bourguignons accueillie par la commune, cette charmille forme une allée double parfaitement entretenue, dans la plus pure tradition de l'art topiaire. Une vierge toujours installée à l'extrémité de cette allée nous rappelle que nous sommes dans l'enceinte d'un ancien presbytère occupé aujourd'hui par la mairie. Cet alignement de charmes au houppier hémisphérique forme un ensemble original dominé par le clocher de l'église de Magny en arrière plan.
Il serait intéressant de lancer une recherche sur la date de plantation de ces charmes probablement centenaires qu'une taille régulière a contraint à former ce qui s'apparente à un bonzaï géant. La plantation d'origine était probablement beaucoup plus dense comme en témoigne l'écartement de certains pieds. La disparition d'une partie d'entre eux avec le temps a été compensée au niveau des branches qui s'enchevêtrent pour former une ombre continue de l'ancien presbytère jusqu'à la vierge. Sa longueur de 50 mètres est bien loin de rivaliser avec la charmille dite «Le Berceau» sur la commune de La Reid, dans la région de Theux en Belgique. Propriété de la province de Liège, elle compte 4700 charmes en grande partie centenaires sur 573 mètres de long!

Mailly-le-Château
Tilleul hybride

n°.........89 238/01

Nom: Vieux Tilleul de la Grande Place
Arbre unique
Localisation :
références de la carte 1/25 000ème : 2721 Ouest Vermenton
coordonnées géographiques : 697,84 x 2289,33
coordonnées GPS: 47°35'777 N x 03°38'255 E
lieu-dit : place de l'église
topographie du site : plane
Taille :
hauteur totale : 8 m - fût : 2 m
circonférence : 4,15 m
forme : plein vent étêté
Situation foncière :
publique
***Accessibilité :** oui*
visibilité d'un endroit public : oui
Informations complémentaires :
Etat de santé : bon, creux avec grillage de protection sur les ouvertures
Faune-flore associée et environnement végétal: urbain
Importance paysagère (sur une échelle de valeur de 1 à 5) : 3
Source d'information : Diren de Bourgogne, Atlas des Sites classés

L'atlas des «Sites classés» édité par la Direction Régionale de l'Environnement de Bourgogne nous apprend que ce tilleul monumental aurait été planté sur les ordres de Sully et couvre la place de l'église St Adrien de ses 300 mètres carrés d'ombre. La forme de son tronc creux et noueux est particulièrement remarquable. Le haut et le bas ouverts à tous les vents ont été grillagés, sans doute pour empêcher les choucas d'aller y accumuler des montagnes de brindilles dont ils font leur nid. Les branches principales taillées en hauteur ont réduit son ombre portée au bénéfice de sa résistance au vent. Classé le 14 mars 1938, l'atlas lui attribue une circonférence de 4,50 m. Notre décamètre de terrain ne nous a donné que 4,15 m à 1,30 m du sol. Cela n'enlève rien à l'intérêt de ce tilleul dont les fleurs embaument l'air printanier de Mailly-le-Château depuis 400 ans.

Merry-la-Vallée
Chêne sessile
n°.........89 251/01

Arbre unique
Localisation :
références de la carte 1/25 000ème : 2620 Ouest Toucy
coordonnées géographiques : 673,25 x 2308,19
coordonnées GPS: 47°46'146 N x 3°18'827 E
lieu-dit : Château d'Arthé
topographie du site : plane
Taille :
hauteur totale : 25 m - fût : 5 m creux
diamètre : 2,22 m
circonférence : 6,98 m à 1,30 m, entre 8 et 9 mètres à 2 mètres
forme : plein vent
Situation foncière :
privée
Accessibilité :
dans le parc du château
visibilité d'un endroit public : oui, depuis la route reliant Parly à la D 955
Informations complémentaires :
Etat de santé: branches basses élaguées, houppier vigoureux
Faune-flore associée et environnement végétal: chouette effraie (seul site naturel connu avec l'abri sous roche de la Colombière dans l'Ain)
Importance paysagère (sur une échelle de valeur de 1 à 5) : 5
Source d'information : Office du Tourisme d'Aillant-sur-Tholon

Il nous a été signalé sous l'appellation de «Chêne millénaire». C'est effectivement le plus gros chêne connu en Bourgogne après celui de Lessard-en-Bresse (Saône-et-Loire). De toute évidence, c'est sans doute un des plus âgés. De là à le qualifier de millénaire, c'est probablement plus du domaine de la légende. Une estimation plus prudente lui attribuerait plutôt un âge déjà très respectable de 4 à 5 siècles. Son tronc gigantesque ventru à 2 mètres de hauteur est en grande partie creux. Il a été maçonné à la base.

L'autre grande originalité de ce chêne, en plus de son intérêt esthétique indéniable, est sa contribution à la biodiversité bourguignonne. Il est en effet habité par une chouette effraie dont on trouve en abondance les pelotes de réjection au pied de l'arbre. Celle que l'on surnomme la «dame blanche» ou «effraie des clochers» est aujourd'hui tellement inféodée aux constructions humaines, églises, greniers ou granges qu'il est rarissime de la trouver dans des sites naturels. Au cours de toutes mes explorations naturalistes, c'est le deuxième site de cette sorte que je découvre après l'abri sous roche de la Colombière dans l'Ain.

Merry-la-Vallée
Cormier

n°.........89 251/02

Arbre unique
Localisation :
références de la carte 1/25 000ème : 2620 Ouest Toucy
coordonnées géographiques : 672,85 x 2308,20
coordonnées GPS: 47°46'150 N x 3°18'505 E
lieu-dit : entre Maurepas et le Château d'Arthé
topographie du site : plane
Taille :
hauteur totale : 15 m - fût : 3 m
diamètre : 0,80 m - circonférence : 2,50 m
forme : plein vent
Situation foncière *:*
privée
Accessibilité :
bord de route
visibilité d'un endroit public : oui, depuis la route reliant Parly à la D 955
Informations complémentaires :
Etat de santé: bon, quelques blessures sur le fût
Faune-flore associée et environnement végétal: talus routier et labour
Importance paysagère (sur une échelle de valeur de 1 à 5) : 5
Source d'information : Alain Desbrosse

Découvert sur la route conduisant au Chêne millénaire, il trône au bord du chemin entre Maurepas et le château d'Arthé, bien en vue dans le talus qui sépare la route de la terre labourée. Ce magnifique cormier connu aussi sous le nom de sorbier domestique, sans être le plus gros spécimen connu (1 mètre de diamètre pour celui de Romenay en Saône-et-Loire) est tout de même d'une taille tout à fait respectable et bien parti pour la postérité, si une tempête ou une tronçonneuse mal intentionnée, ne viennent anéantir ce qu'un siècle a lentement bâti.

Connu pour être une essence spontanée dans le Bois de Rochottes à Courson-les-Carrières, il était également planté autrefois pour ses fruits, les cormes, dont on tirait une boisson fermentée ou de la confiture une fois les fruits attendris par le gel, à l'instar des nèfles. Pour l'instant, le seul usage connu du cormier de Merry est de servir de support au balisage en jaune d'un sentier de randonnée communal. On peut tout de même déplorer qu'on ait cru bon de lui infliger une blessure jusqu'à l'aubier pour mettre ce trait de peinture.... Il a subi d'autres blessures dans le passé dont le tronc conserve les stigmates plus ou moins cicatrisés et qui sont autant de points d'entrée pour les champignons à l'affût de la destruction d'un bois de cœur qui fait partie, pour les ébénistes, des essences dites à bois précieux.

Perceneige
Tilleul à grandes feuilles
n°.........89 469/01

Arbre unique
Localisation :
références de la carte 1/25 000ème : 2617 Ouest Bray-sur-Seine, Sergines
coordonnées géographiques : 675,89 x 2374,00
coordonnées GPS: 48°21'632 N x 3°21'624 E
lieu-dit : Plessis-du-Mée, la Prieurée
topographie du site : plane sur un plateau labouré
Taille :
hauteur totale : 12 m - fût : 4 m
circonférence : 5,86 m
forme : plein vent étêté
Situation foncière :
*publique : **
nom du propriétaire : commune
Accessibilité :
oui, chemin depuis la route Plessis-du-Mée/Vertilly
Informations complémentaires :
Etat de santé : bon
Faune-flore associée et environnement végétal: terrier de lapin au pied
Importance paysagère (sur une échelle de valeur de 1 à 5) : 4
Source d'information : Feuilles d'ARBRES n°49

Ce tilleul de Sully serait contemporain de celui de La Postolle mais son fût « à lui » est resté plein, tout au moins en apparence. Ses racines proches du collet ont été mises en partie à nue par des travaux de terrassement, espérons que cela ne lui sera pas trop préjudiciable. Des travaux d'élagage de l'extrémité de ses branches ont permis de réduire sa couronne mieux adaptée à un tronc affaibli par les ans. Contrairement au tilleul de La Postolle qui se trouve au cœur du village, celui-ci, bien qu'également associé à une église, se dresse en rase campagne, dans les paysages de grande culture des plateaux crayeux de l'Yonne. Un paysage ouvert, bien loin de l'étymologie de Plessis-du-Mée (Perceneige correspond au regroupement de plusieurs communes). Le mée ou plus couramment meix provient du latin mansus désignant une exploitation confiée à un paysan, avec l'autorisation de Construire. (Taverdet, Microtoponymie de la Bourgogne, tome 6, 1991). Plessis désigne la technique du plessage bien connue des pays de bocage et qui nous a laissé les queules du Beuvray. Aujourd'hui, le tilleul reste le tout dernier refuge pour les lapins qui viennent y creuser leur terrier à son pied. Un petit panneau indique qu'il fait partie des Arbres remarquables de France, labellisé par l'association A.R.B.R.E.S. le 3 février 2006.

Pourrain
Châtaignier
n°.........89 311/01

Groupe d'arbres (3)
Localisation :
références de la carte 1/25 000ème : 2620 Ouest Toucy
coordonnées géographiques : 677,93 x 2305,96
coordonnées GPS: 47°44'911 N x 3°22'547 E
lieu-dit : Les Bruyères de Pourrain
topographie du site : plane
Taille :
hauteur totale : 20 m - fût : 3 m dont deux dextres
circonférence : 6,42 m pour le plus proche de la route, 4,30 m et 6,60 m/4,30 m au sol pour le troisième le plus éloigné, visible depuis le deuxième
forme : plein vent
Situation foncière :
privée ?
Accessibilité :
par un sentier forestier au départ de la D 965 Pourrain-sur-Toucy
visibilité d'un endroit public : non
Informations complémentaires :
Etat de santé : bon, nombreuses branches sèches et rejets typiques des vieux châtaigniers
Faune-flore associée et environnement végétal: boisement très riche en châtaigniers
Importance paysagère (sur une échelle de valeur de 1 à 5) : 3
Source d'information : Office du Tourisme de Toucy et M. Gérard Savéan pour la localisation exacte.

Ces trois châtaigniers à quelques centaines de mètres de la D 965 font partie d'un assez vaste massif forestier traité en taillis sous futaie où domine le chêne sessile, en mélange avec le châtaignier, abondant dans toute cette zone où les arbres poussent sur des sables acides qui conviennent parfaitement à cette espèce calcifuge. D'autres châtaigniers d'une taille équivalente à ces trois là restent très probablement à découvrir dans les massifs environnants. Compte tenu de leur gabarit peu banal, particulièrement en forêt où les arbres de réserve sont coupés après un ou deux siècles d'existence, ils remontent à une époque lointaine où ils constituaient vraisemblablement une châtaigneraie exploitée pour ses fruits, comme celles que l'on peut encore observer sur les pentes méridionales du Morvan ou sur le Revermont.

Outre leur intérêt esthétique fort, ces vieux châtaigniers sont toujours impressionnants par leur capacité à donner des rejets vigoureux. Un des détails qui permet de leur attribuer un âge canonique est l'importance de la production de verrues sur l'écorce, l'équivalent pour nous des tavelures et autres «fleurs de cimetière» qui parsèment les mains des personnes âgées. A signaler les fûts torses dextres d'au moins deux d'entre eux qui impriment à leur écorce, véritable résille protectrice, un mouvement prononcé de la gauche vers la droite.

St-Léger-Vauban
Chêne pédonculé

n°.........89 349/01

Nom : Chêne Vauban
Arbre unique
Localisation :
références de la carte 1/25 000ème : 2822 Ouest Quarré-les-Tombes
coordonnées géographiques : 728,32 x 2266,14
coordonnées GPS: 47°22'950 N x 4°02'164 E
lieu-dit : les Prêles
topographie du site : mi-versant
Taille :
hauteur totale : 32 m - fût : 5 m puis divisé en 2 fûts
diamètre : 1,87 m
circonférence : 5,90 m (6 m dans Bourgogne Nature)
forme : plein vent
Situation foncière :
privée
Accessibilité :
oui, bord de route
visibilité d'un endroit public : oui, route de St-Léger à Moulin Colas
Informations complémentaires :
Etat de santé : bon, deux grosses branches arrachées par le vent en 2007
Faune-flore associée et environnement végétal: dans une haie séparant la route d'un pré
Importance paysagère (sur une échelle de valeur de 1 à 5) : 5
Source d'information : Bourgogne Nature, Feuilles d'ARBRES

Voici un de ces impressionnants chênes de plein vent qui ont miraculeusement échappé à l'écornage qui caractérisait jusque dans les années 70 la gestion des arbres de haute tige de nos bocages bourguignons.

A cette époque lointaine où le développement durable, on n'en parlait pas parce qu'on le pratiquait, le fait que le Chêne Vauban n'ait jamais été émondé laisse à penser qu'il fait partie de ces arbres remarquables que l'on a préservés de longue date.

On pense en effet qu'il aurait 350 ans et serait contemporain de Vauban né il y a 375 ans (1633 - 1707) et qui passait sous son ombre quand il chevauchait vers son château de Bazoches.

Plus récemment, en 1995, il fit partie des 100 premiers arbres labellisés par l'association A.R.B.R.E.S.

Il est globalement dans une forme resplendissante malgré deux grosses branches arrachées par un coup de vent en 2007. Dans le pré voisin, les restes d'un autre géant sont là pour nous rappeler l'impermanence de toute chose en ce bas monde…..

St-Moré
Chêne sessile

n°.........89 362/01

Nom : le Vieux Chêne, ou le Gros Chêne de la Malpierre
Arbre unique
Localisation :
références de la carte 1/25 000ème : 2721 Ouest Vermenton
coordonnées géographiques : 708,04 x 2288,48
coordonnées GPS: 47°35'222 N x 03°46'381 E
lieu-dit : Côte de Char - Grottes de St-Moré
topographie du site : plane, rebord de falaise
Taille :
hauteur totale : 8 m - fût : 2 m, creux
circonférence : 2,65 m - forme : plein vent
Situation foncière :
*publique : **
nom du propriétaire : Conservatoire des Sites Naturels Bourguignons
Accessibilité :
oui, sentier de découverte du site
visibilité d'un endroit public : oui, parking le long de la N 6 au pied de la Côte de Char
Informations complémentaires :
Etat de santé : bon, creux
Faune-flore associée et environnement végétal: chênaie sèche
Importance paysagère (sur une échelle de valeur de 1 à 5) : 5
Source d'information : Alain Desbrosse et Michel Girard pour la bibliographie

Il y a quelques années, le Conservatoire des Sites Naturels Bourguignons a mobilisé des financements publics de l'Europe, de l'Etat et de la Région pour acquérir la pelouse calcaire à orchidées de la Côte de Char à St-Moré. Au sommet de la falaise qui domine ce méandre fossile de la Cure, trône un vieux chêne qui fait désormais partie du patrimoine commun de tous les Bourguignons.

Un panneau est installé à son pied: «Sur son promontoire, prêtez l'oreille au vent «qui ne sait ni d'où il vient ni où il va» et le vieil arbre murmurera peut-être une de ses légendes».

La légende associée à ce chêne nous est relatée par Madeleine Jaminet (JAMINET Madeleine 2004 : Flore d'Arcy-sur-Cure, Saint-Moré, Voutenay, La Jarrie, Lac Sauvin et Précy-le-Sec. BSSHNY tome 136, p. 225-270).

Voici ce qu'elle en dit page 236:

« Le Gros chêne de la Malpierre ne mérite guère son qualificatif qu'en égard au sol ingrat où il a bien voulu se développer. Il est depuis fort longtemps un but de promenade et il a sa légende : peut être parce que sa présence surprend en plein rocher. Il aurait dû de ne pas mourir jeune à l'arrosage quotidien par une belle pécheresse qui expiait ainsi sa faute en allant chaque fois puiser de l'eau en bas dans la Cure, et la remontait le long de la pente; rude effort en effet, mais sans doute plus vraisemblable que l'arrosage par d'hypothétiques larmes de remords.»

Sentier de découverte des
N°1
GROTTES DE SAINT-MORE
LE CHENE DE SAINT-MORE
LES PELOUSES CALCAIRES

Tanlay
Tilleul sp.

n°.........89 407/01

Nom : allée Marguerite de la Chauvinière
Groupe d'arbres (plus de 700) sur 1400 m en deux alignements doubles
Localisation :
références de la carte 1/25 000ème : 2820 Ouest Tonnerre
coordonnées géographiques : 730,83 x 2317,92 (extrémité nord côté château)
coordonnées GPS: 47°50'855 N x 4°05'074 E
lieu-dit : bourg de Tanlay, D118 en intersection avec la D965
topographie du site : plane
Taille :
hauteur totale : 25 m - diamètre : 0,60 m en moyenne dans la partie centrale - forme : plein vent
Situation foncière :
*publique : **
Accessibilité :
visibilité d'un endroit public : oui
Informations complémentaires :
Etat de santé : bon
Faune-flore associée et environnement végétal: pique prune (Magali Miaille) et cavernicoles divers
Importance paysagère (sur une échelle de valeur de 1 à 5) : 5
Source d'information : Diren, Atlas des Sites classés et Magali Miaille

Disposés en une allée double de part et d'autre de la départementale dans l'axe du château, cet alignement de tilleuls lancé sur 1400 mètres, est le plus long de Bourgogne, devant la Promenade des Halles de Decize dans la Nièvre. Leur plantation date du XVIIème siècle, elle fut conçue par Pierre Muet, architecte du Val de Grâce à Paris. Les arbres furent abattus en 1789 à la suite d'un hiver rigoureux. Les plantations actuelles dateraient de 1797, elles furent classées le 16 avril 1934.

Un diagnostic phytosanitaire fut établi en 1992 qui conduisit à remplacer 93 tilleuls en 1994. On note désormais trois époques de plantation: la partie centrale abrite les arbres les plus gros, d'un diamètre de 60 centimètres environ, la partie proche du château montre des arbres moins développés tandis que l'extrémité sud est constituée des jeunes arbres de 1994. La partie centrale est une immense HLM pour toutes les espèces cavernicoles, mésanges, pics, chauves-souris. Elle abriterait même le célèbre pique-prune (Osmoderma eremita), ce gros coléoptère dont la rareté lui a valu d'être classé parmi les espèces dont la conservation est prioritaire à l'échelle de l'Europe. Certains tilleuls sont copieusement guités, pour le plus grand régal de la grive draine, friande de ses baies gélatineuses en hiver.

Vénizy
Chêne sessile
n°.........89 436/01

Nom : Les Six Frères
Arbre unique
Localisation :
références de la carte 1/25 000ème : 2718 Ouest Aix-en-Othe
coordonnées géographiques : 698,51 x 2344,08
coordonnées GPS: 48°05'310 N x 3°39'522 E
lieu-dit : forêt communale de Vénizy, parcelle n° 2
topographie du site : haut de versant
Taille :
hauteur totale : 30 m - fût : 5 fût soudés à partir de 1,50 m dont un coupé en 2007
circonférence : 5,62 m
forme : plein vent de futaie, premières branches à 10 m de haut
Situation foncière :
publique
nom du propriétaire : commune de Vénizy
Accessibilité :
par sentier forestier balisé depuis la D 112
Informations complémentaires :
Etat de santé: bon pour les cinq tiges conservées
Faune-flore associée et environnement végétal: forestier, pics
Importance paysagère (sur une échelle de valeur de 1 à 5) : 3
Source d'information : ONF

Cet arbre signalé sur la carte topographique est facile à localiser grâce au panneau installé sur la D 112 avec stationnement et sentier balisé qui vous conduira jusqu'à la parcelle forestière où s'élance ce bouquet géant. Une petite barrière et un «tumulus» de rognons de silex protégent sa base.

Des plots disposés autour des Six Frères indiquent les quatre points cardinaux. Depuis l'été 2007, ils ne sont plus en réalité que cinq. Les champignons et les pics avaient transformé l'une des tiges en véritable habitation troglodyte, la rendant dangereuse pour le public. Le reste du houppier est solidement haubané par des chaînes qui rendent l'ensemble solidaire pendant les coups de vent.

Une table de pique-nique et un panneau explicatif sur la forêt près de l'arbre incitent à prendre le temps de rester sous son ombrage et d'observer les allées et venues des oiseaux dans ses frondaisons.

Vergigny
Chêne sessile
n°.........89 439/01

Nom : Chêne de la Liberté
Arbre unique
Localisation :
références de la carte 1/25 000ème : 2719 Ouest St-Florentin
coordonnées géographiques : 701,02 x 2327,36
coordonnées GPS: 47°56'263 N x 3°41'311 E
lieu-dit : forêt domaniale de Pontigny, proche du croisement D 78/route forestière des troncs.
topographie du site : plane
Taille :
hauteur totale : 32 m - fût : 10 m
diamètre : 1,29 m
circonférence : 3,90 m en 1995 et 4,06 en 2007
forme : plein vent de futaie
Situation foncière :
publique
Accessibilité :
sentier depuis le parking de la Liberté
Informations complémentaires :
Etat de santé: bon mais houppier très élagué et extrémités continuant à sécher, une partie des branches coupées totalement ou en voie de cicatrisation
Faune-flore associée et environnement végétal: forestier
Importance paysagère (sur une échelle de valeur de 1 à 5) : 2,5
Source d'information : ONF, Office du Tourisme de St-Florentin, Maison de la Nature

Baptisé Chêne de la Liberté en 1989, ce chêne est probablement né d'un gland germé il y a effectivement deux siècles si l'on considère sa taille imposante.

Il possède toutes les caractéristiques d'un beau chêne de futaie avec les premières branches perchées à 10 mètres de haut, au sommet d'une magnifique grume sous l'écorce de laquelle dorment quelques mètres cubes d'un bois d'œuvre de premier choix, aux fibres, au vu de l'écorce, parfaitement rectilignes.

Malheureusement, il semble donner des signes de sénescence, la quantité de branches élaguées et celles qui continuent de sécher ne prédisent rien de bon.

Faut-il y voir les signes du réchauffement climatique qui fera inexorablement disparaître nos chênaies à l'horizon du siècle? L'avenir nous le dira....

Un panneau explicatif installé à son pied nous rappelle ses caractéristiques.

Un platelage circulaire avec balustrade a été posé pour limiter les impacts du piétinement.

TABLEAUX RECAPITULATIFS DES ARBRES EN BOURGOGNE

INVENTAIRE	LISTE DES ARBRES A PROSPECTER	LISTE DES ARBRES ET ARBUSTES

Les couleurs en fond de page correspondent aux chapitres ci-dessus.

ID-Arbre	commune	Lieu-dit	Essence	Environnement	Type-Arbre	Circonférence	Propriété	Accessibilité	Paysage	Niveau-interet	Infos	CoordX	CoordY	Fiche	Type
014/01	Autun		Chêne pédonculé	UR	G	5,6	publique	oui	oui	D		748550	2218200		Feuillus
014/02	Autun		Chêne pédonculé	UR	U	4,35	publique	oui	oui	D	N	750650	2219650		Feuillus
015/01	Auxy		Tilleul sp.	UR	U	6,2	publique	oui	oui	R	C/N	757180	2218650	F	Feuillus
015/02	Auxy		Chêne sessile	RU	U	2,9	publique	oui	oui	D	N	756700	2219490		Feuillus
015/03	Auxy		Hêtre	F	U	2,95	publique	oui	oui	D	D	759750	2217350		Feuillus
016/01	Azé		Cèdre	UR	U	3,9	publique	oui	oui	R	C/D	786330	2161920	F	Résineux
016/02	Azé		Buis	UR	G		publique	oui	oui	D		0	0		Feuillus
021/01	Baron		Chêne sessile	UR	U	4,9	publique	oui	oui	D	L/D	748900	2167650	F	Feuillus
021/02	Baron		Châtaignier	RU	U	4,85	privée	oui	oui	D		749250	2168520		Feuillus
026/01	Beaumont/Grosne		Orme champêtre	UR	U	4,1	publique	oui	oui	D	D	793050	2188200	F	Feuillus
040/01	Blanzy		Orme lisse	UR	U	3,05	publique	oui	oui	D		757250	2189750		Feuillus
040/02	Blanzy		Chêne pédonculé	RU	G		privée	oui	oui	D	D	757150	2188150		Feuillus
042/01	Bonnay		Aubépine monogyne	RU	U	1,63	privée	non	oui	D		777330	2174960		Feuillus
042/02	Bonnay		Chêne pédonculé	RU	U	6	privée	non	non	D		776200	2173790		Feuillus
044/01	Bosjean		Chêne pédonculé	RU	U	4,55	privée	oui	oui	D		829700	2202030		Feuillus
047/01	Bourbon-Lancy		Platane	UR	G	2,4	publique	oui	oui	D		0	0		Feuillus
060:01	Briant		Alisier torminal	RU	U	1,33	privée	non	non	D		739810	2146950		Feuillus
060/02	Briant		Cormier	RU	U	2,45	privée	non	oui	D		739880	2146620		Feuillus
060/03	Briant		Chêne péd/sessile	RU	U	5,5	privée	non	oui	D		737200	2145970		Feuillus
060/04	Briant		Frêne élevé	RU	G	2,6	privée	oui	oui	D		737700	2145350		Feuillus
060/05	Briant		Frêne élevé	RU	U	7,1	privée	non	oui	R/N		740060	2145080		Feuillus
062/01	Brion		Tilleul à petites feuilles	F	G	10,5	privée	oui	oui	R/N	D	746250	2216550	F	Feuillus
068/01	Burzy		Chêne pédonculé	RU	U	6	publique	oui	oui	D		772150	2179340		Feuillus
073/01	Chagny	Jardin d'Arlequin	Marronnier	UR	U	5,2	publique	oui	oui	D	D	784155	2215134	F	Feuillus
073/02	Chagny		Houx	UR	U	0,8	publique	oui	oui	D		0	0		Feuillus
076/01	Chalon-sur-Saône		Robinier	UR	U		privée	oui	oui	D		0	0		Feuillus
079/01	Champagnat		Châtaignier	RU	G	2,76	privée	oui	oui	D		833550	2167900		Feuillus
079/02	Champagnat		Tilleul sp.	RU	G	4	privée	oui	oui	D		835400	2169500		Feuillus
082/01	Champlecy		Charme	RU	U	4	privée	non	non	D		745550	2166900		Feuillus
103/01	Charmoy		Chêne pédonculé	RU	U	4,45	privée	non	oui	D		749550	2200500		Feuillus
103/02	Charmoy		Châtaignier	RU	U	7,82	privée	oui	oui	D		749010	2200520		Feuillus
103/03	Charmoy		Châtaignier	RU	U	7,65	privée	oui	oui	R		750200	2201080	F	Feuillus
103/04	Charmoy		Châtaignier	RU	U	7,65	privée	oui	oui	D		749920	2201500		Feuillus
103/05	Charmoy		Châtaignier	RU	U	7,25	privée	non	non	D		749450	2195450		Feuillus

ID-Arbre	commune	Lieu-dit	Essence	Environnement	Type-Arbre	Circonférence	Propriété	Accessibilité	Paysage	Niveau-interet	Infos	CoordX	CoordY	Fiche	Type
103/06	Charmoy		Châtaignier	RU	U	7,6	privée	non	oui	D		751020	2198920		Feuillus
106/01	Charolles		Chêne sessile	F	U	4,27	publique	oui	oui	R	C/N	746950	2162640	F	Feuillus
107/01	Charrecey		Chêne sessile	F	U	3,55	publique	oui	oui	D	D	777150	2205970		Feuillus
107/02	Charrecey		Chêne sessile	F	G	4,2	publique	oui	non	D	D	778900	2206400		Feuillus
108/01	Chasselas		Châtaignier	F	U	5,35	privée	oui	oui	D		783030	2144870		Feuillus
113/01	Chateauneuf		Platane	UR	U	4,3	publique	oui	oui	R	L	748000	2136700	F	Feuillus
130/01	Chissey-les-Mâcon		If	UR	U	2,8	publique	oui	oui	D	D	785200	2172600		Résineux
130/02	Chissey-les-Mâcon		Erable sycomore	F	U	1,1	publique	oui	oui	D		784860	2174600		Feuillus
130/03	Chissey-les-Mâcon		Chêne pédonculé	F	U	6,22	publique	oui	non	R	N	786950	2172050		Feuillus
134/01	Clermain		Tilleul à petites feuilles	UR	U	3,15	publique	oui	oui	R	D	773500	2154150	F	Feuillus
137/01	Cluny		Hêtre	F	U	3,2	publique	oui	oui	R	D	781200	2159530		Feuillus
147/01	Cortevaix		Chêne sessile	F	U	2,77	publique	non	oui	R	D	778900	2173500		Feuillus
155/01	Cronat		Châtaignier	RU	U	16,9	publique	oui	oui	R	N	710000	2192080	F	Feuillus
155/02	Cronat		Châtaignier	RU	U	7	publique	oui	oui	D	D	710570	2190000		Feuillus
156/01	Cruzille		Charme	RU	U	3,33	privée	oui	oui	D		786320	2170780	F	Feuillus
157/01	Cuiseaux		Chêne sessile	F	U	3,77	publique	oui	oui	D	N	830950	2172700		Feuillus
158/01	Cuisery		Cèdre	UR	U	6,65	publique	oui	oui	R	C	0	0		Résineux
169/01	Davayé		Chêne pédonculé	UR	U	3,8	publique	oui	oui	D		785980	2147570		Feuillus
169/02	Davayé		Mûrier	RU	U	2,05	privée	oui	oui	D		784450	2148640		Feuillus
170/01	Demigny		Chêne sessile	F	U	4,3	publique	oui	oui	D	C/N	793600	2214780		Feuillus
170/02	Demigny		Chêne sessile	F	U	3,2	publique	oui	oui	D		793370	2215180		Feuillus
180/01	Donzy-le-National		Chêne pédonculé	RU	U	4,9	privée	non	oui	D		770600	2164030		Feuillus
186/01	Ecuelles		Orme champêtre	F	U	1,67	publique	non	non	D		808850	2219150		Feuillus
209/01	Frontenaud		Chêne pédonculé	RU	U	3,4	privée	oui	oui	D		826200	2176600		Feuillus
209/02	Frontenaud		Tilleul	UR	G	5,5	publique	oui	oui	D		826700	2176650		Feuillus
217/01	Germolles/Grosne		Châtaignier	RU	U	5,42	privée	non	oui	D		772350	2144810		Feuillus
218/01	Gibles		Douglas	F	U	3,84	privée	oui	oui	R	D	758400	2149750	F	Résineux
218/02	Gibles		Châtaignier	RU	U	7,2	privée	non	oui	D		756270	2149360		Feuillus
221/01	Givry		Peuplier noir	UR	U	5,07	publique	oui	oui	D	L	785000	2200500	F	Feuillus
222/01	Gourdon		Houx	RU	U	1,4	privée	non	non	D		759890	2184680		Feuillus
222/02	Gourdon		Châtaignier	RU	U	6,8	privée	oui	oui	D		760430	2183330	F	Feuillus
223/01	La Grande-Verrière		Chêne pédonculé	RU	U	5,08	privée	oui	oui	D	C	737360	2220210		Feuillus

ID-Arbre	commune	Lieu-dit	Essence	Environnement	Type-Arbre	Circonférence	Propriété	Accessibilité	Paysage	Niveau-interet	Infos	CoordX	CoordY	Fiche	Type
249/01	Laives		Tilleul sp.	RU	G	2,8	publique	oui	oui	D	D	792700	2185200		Feuillus
256/01	Lessard-en-Bresse		Chêne pédonculé	RU	U	7,15	privée	non	oui	R		810230	2197030	F	Feuillus
266/01	Lucenay-l'Evêque		Tilleul sp.	UR	U	4,25	publique	oui	oui	D		744850	2232850		Feuillus
266/02	Lucenay-l'Evêque		Chêne pédonculé	RU	U	5,83	privée	non	oui	D/R		745280	2232450		Feuillus
273/01	Maltat		Chêne sessile	F	U	3,38	privée	oui	oui	D	N	712510	2190110		Feuillus
274/01	Mancey		Chêne sessile	RU	U	4,1	publique	oui	oui	R	C	792300	2177800	F	Feuillus
278/01	Marigny		Châtaignier	UR	U	6,9	privée	oui	non	D		762270	2187950		Feuillus
282/01	Marmagne		Châtaignier	RU	U	9,08	privée	oui	oui	R		755150	2206700		Feuillus
282/02	Marmagne		Châtaignier	RU	U	7,05	privée	non	oui	D		753450	2204300		Feuillus
282/03	Marmagne		Chêne pédonculé	RU	U	5,2	privée	non	oui	D		756120	2203500		Feuillus
282/04	Marmagne	Pont d'Ajoux	Hêtre	F	G		publique	oui	oui	D/R		0	0		Feuillus
284/01	Martailly-les-Brancion	789,90 x 2172,60	Orme sp.	RU	U	3,85	privée	oui	oui	R/N	C	789900	2172600	F	Feuillus
285/01	Martigny-le-Comte		Cormier	RU	U	1,75	privée	non	oui	D		754750	2176050		Feuillus
289/01	Matour		Douglas	F	G	3,1	privée	oui	oui	D		762330	2148130		Résineux
292/01	Mellecey		Chêne sessile	F	U		publique	oui	oui	R	N	785780	2204550		Feuillus
294/01	Mercurey		Cèdre	UR	U	3,75	publique	oui	oui	R	D	781450	2206000	F	Résineux
294/02	Mercurey		Erable de Montpellier	RU	U	1,26	publique	oui	oui	R	D	780370	2206790	F	Feuillus
309/01	Montcenis		Chêne pédonculé	RU	U	5,08	publique	oui	oui	R	D	756660	2200100	F	Feuillus
311/01	Montcony		Platane	UR	G	4,55	privée	oui	oui	D		825930	2193130		Feuillus
312/01	Montcoy		Cormier	RU	U	2,54	publique	oui	oui	D		802000	2204050		Feuillus
315/01	Mont-les-Seurre		Platane	RU	U	3,37	publique	oui	oui	D		812070	2220430		Feuillus
336/01	Ouroux/Saône		Platane	UR	U	4,7	privée	oui	oui	D		800400	2193500		Feuillus
342/01	Paray-le-Monial		Platane	UR	G	4,5	publique	oui	oui	D		737370	2162780		Feuillus
346/01	Perrecy-les-Forges		Frêne élevé	UR	U	2,55	publique	oui	oui	D		743830	2180900		Feuillus
348/01	Perrigny/Loire		Chêne sessile	RU	U	2,57	privée	oui	oui	D	N	716500	2171820		Feuillus
349/01	La Petite-Verrière		Chêne sp.	RU	U	6,15	privée	non	oui	D	mort	738580	2228370		Feuillus
357/01	Pourlans		Chêne pédonculé	F	U	5	publique	oui	oui	R	N/C	821300	2223600	F	Feuillus
359/01	Préty		Platane	UR	U	5,48	publique	oui	oui	R	C	799620	2174730	F	Feuillus
373/01	Romenay		Cormier	RU	U	2,26	privée	oui	oui	D		812640	2172750		Feuillus
373/02	Romenay		Erable champêtre	RU	U	1,45	privée	non	non	D		815800	2171820		Feuillus
373/03	Romenay		Poirier	RU	U	2,6	privée	oui	oui	R	D	809630	2172570		Feuillus
373/04	Romenay		Noisetier	RU	U	1,46	privée	non	oui	R		814530	2171920		Feuillus
373/05	Romenay		Chêne pédonculé	RU	U	4,54	privée	oui	oui	D		812990	2174250		Feuillus

ID-Arbre	commune	Lieu-dit	Essence	Environnement	Type-Arbre	Circonférence	Propriété	Accessibilité	Paysage	Niveau-interet	Infos	CoordX	CoordY	Fiche	Type
373/06	Romenay		Saule blanc	RU	U	5	privée	non	non	D		815600	2172700		Feuillus
373/07	Romenay		Cormier	RU	U	2,6	privée	oui	oui	R		815550	2173270	F	Feuillus
376/01	Roussillon-en-Morvan		Châtaignier	RU	U	8,1	publique	oui	oui	R	N	735550	2225950		Feuillus
378/01	Rully		Chêne pubescent	RU	U	2,5	publique	oui	oui	R	D	782000	2210800	F	Feuillus
379/01	Sagy		Tilleul sp.	UR	U	8,75	publique	oui	oui	R/N	C	827600	2181830	F	Feuillus
380/01	Saillenard		Chêne sp.	UR	G	4,2	publique	oui	oui	D		832300	2192170		Feuillus
384/01	St-Ambreuil		Orme sp.	UR	U	3,05	publique	oui	oui	D		792870	2190930		Feuillus
388/01	St-Aubin-en-Charollais		Tilleul sp.	UR	U	4,15	publique	oui	oui	D		743980	2168110		Feuillus
389/01	St-Aubin/Loire	place église	Mûrier	UR	G	2,6	publique	oui	oui	D		0	0		Feuillus
409/01	St-Emiland		Chêne sessile	F	U	3,85	privée	non	non	D	N	763300	2211900		Feuillus
409/02	St-Emiland		Chêne pédonculé	F	U	3,15	privée	oui	oui	D	N	761900	2211500		Feuillus
411/01	St-Eugène		Châtaignier	RU	U	9,4	privée	oui	oui	R	D	746900	2197860	F	Feuillus
411/02	St-Eugène		Houx	RU	G	1,2	privée	non	oui	D		747050	2198150		Feuillus
413/01	St-Firmin		Chêne pédonculé	RU	U	5,02	privée	non	oui	D		764420	2204680		Feuillus
416/01	St-Gengoux-de-Scissé		Alisier torminal	RU	U	1,9	privée	oui	oui	D		788420	2165290		Feuillus
416/02	St-Gengoux-de-Scissé		Chêne pédonculé	RU	U	5,2	privée	non	oui	D		785630	2164260		Feuillus
416/03	St-Gengoux-de-Scissé		Châtaignier	RU	G		privée	oui	oui	D		788200	2165300		Feuillus
417/01	St-Gengoux-le-National		Marronnier	UR	U	3,55	publique	oui	oui	R	L	778290	2181990	F	Feuillus
437/01	St-Laurent-en-Brionnais		Chêne pédonculé	RU	U	4,95	privée	non	oui	D		748230	2143150		Feuillus
437/02	St-Laurent-en-Brionnais		Platane	UR	G	3,5	publique	oui	oui	D	L	748150	2143350		Feuillus
440/01	St-Léger s/s Beuvray		Châtaignier	RU	U	10,9	privée	non	oui	R	D	736300	2214950		Feuillus
440/02	St-Léger s/s Beuvray		Houx	F	U	1,95	privée	oui	oui	R		736270	2215270		Feuillus
440/03	St-Léger s/s Beuvray	Beuvray	Hêtre	F	G		publique	oui	oui	R	D	0	0		Feuillus
443/01	St-Loup-de-la-Salle		Chêne pédonculé	F	U	5,3	publique	oui	oui	R	C	792740	2218730		Feuillus
453/01	St-Martin-du-Lac		Marronnier	RU	U	3,6	publique	oui	oui	D	L	737950	2140270		Feuillus
456/01	St-Martin-en-Bresse		Merisier	F	U	2,41	publique	oui	oui	D		805000	2205550		Feuillus
456/02	St-Martin-en-Bresse		Chêne pédonculé	RU	U	3,66	privée	oui	oui	D		807530	2205930		Feuillus
456/03	St-Martin-en-Bresse	bois du Fouis	Hêtre	F	U	4,55	privée	oui	oui	R	D	0	0		Feuillus

ID-Arbre	commune	Lieu-dit	Essence	Environnement	Type-Arbre	Circonférence	Propriété	Accessibilité	Paysage	Niveau-interet	Infos	CoordX	CoordY	Fiche	Type
460/01	St-Maurice-de-Satonnay		Châtaignier	RU	U	6,25	privée	oui	oui	D	C	788650	2157760		Feuillus
460/02	St-Maurice-de-Satonnay		Erable plane	RU	U	3,7	privée	non	oui	D		788670	2157800		Feuillus
463/01	St-Maurice-les-Chateauneuf		Chêne pédonculé	RU	U	5,25	privée	oui	oui	R	C	747350	2137450	F	Feuillus
463/02	St-Maurice-les-Chateauneuf		Cormier	RU	U	2,1	privée	non	oui	D		747250	2139830		Feuillus
470/01	St-Point		Chêne sessile	F	U	4,35	privée	non	non	R	N	775200	2152550	F	Feuillus
478/01	St-Romain-s/s-Versigny		Chêne sessile	F	U	3,15	privée	oui	oui	D		741100	2188630		Feuillus
479/01	St-Sernin-du-Bois		Houx	UR	U	1,55	publique	oui	oui	D		759830	2206700		Feuillus
482/01	St-Symphorien-de-Marmagne		Châtaignier	RU	U	6,33	privée	non	oui	D		752300	2205970		Feuillus
482/02	St-Symphorien-de-Marmagne		Châtaignier	RU	U	9,65	privée	oui	oui	D		752770	2208120		Feuillus
485/01	St-Vallerin		Erable de Montpellier	RU	U	0,97	publique	oui	oui	D		778030	2190030		Feuillus
486/01	St-Vallier		Chêne pédonculé	RU	U	4,37	privée	non	oui	D		752800	2184250		Feuillus
487/01	St-Vincent-Bragny		Chêne sp.	F	U	3,55	publique	oui	oui	N/D		735800	2172210		Feuillus
492/01	St-Ythaire		Chêne sessile	F	U	2,28	publique	oui	oui	N		773450	2178170		Feuillus
495/01	Salornay/Guye		Chêne sessile	F	U	3	publique	oui	oui	D	N	772600	2172000		Feuillus
495/02	Salornay/Guye		Chêne sp.	F	U	3,02	publique	oui	oui	D	N	772330	2170350		Feuillus
495/03	Salornay/Guye		Chêne pédonculé	RU	U	3,43	privée	oui	oui	C		773100	2170550		Feuillus
499/01	Sanvignes		Châtaignier	UR	U	4,12	privée	oui	oui	C		749980	2187060		Feuillus
499/02	Sanvignes		Alisier torminal	UR	U	1,27	privée	oui	oui	D		750050	2187050		Feuillus
501/01	Sassangy		Chêne sessile	F	U	4	privée	oui	oui	D		776630	2192750		Feuillus
508/01	Savigny/Seille		Chêne pédonculé	RU	U	4,15	privée	oui	oui	D	L	812700	2187280		Feuillus
508/02	Savigny/Seille		Chêne pédonculé	RU	U	5,4	privée	oui	oui	D	L/D	809350	2184490		Feuillus
510/01	Semur-en-Brionnais		Châtaignier	RU	U	5,4	privée	non	oui	D	D	735620	2144200		Feuillus
512/01	Sennecey-le-Grand		Mûrier	UR	G		privée	non	oui	D		793900	2184800		Feuillus
521/01	Sigy		Chêne sessile	RU	U	2,62	publique	oui	oui	D	N	769980	2174160		Feuillus
524/01	Sivignon		Cormier	RU	U	1,92	privée	non	oui	D		766500	2160180		Feuillus
524/02	Sivignon		Frêne élevé	RU	U	3,05	privée	oui	oui	C		766600	2160500		Feuillus
524/03	Sivignon		Alisier torminal	RU	U	1,85	privée	non	oui	D		766630	2160600		Feuillus
524/04	Sivignon		Cormier	RU	U	1,92	privée	oui	oui	D		765100	2161150		Feuillus
524/05	Sivignon		Chêne pédonculé	RU	U	3,75	privée	non	non	C		766650	2163180		Feuillus
524/06	Sivignon		Châtaignier	RU	U	5,85	privée	non	non	D		766280	2162900		Feuillus

ID-Arbre	commune	Lieu-dit	Essence	Environnement	Type-Arbre	Circonférence	Propriété	Accessibilité	Paysage	Niveau-interet	Infos	CoordX	CoordY	Fiche	Type
530/01	Sully		Hêtre	F	U	3,9	publique	oui	oui	R	D	760000	2221450	F	Feuillus
533/01	Tancon		Séquoia	UR	U	7,1	privée	non	oui	D		748650	2135350		Résineux
540/01	Torcy		Chêne pédonculé	UR	U	5,35	privée	oui	oui	D		761820	2198720		Feuillus
540/02	Torcy	château	Chêne pédonculé	RU	G	4,57	privée	non	oui	D		0	0		Feuillus
543/01	Tournus		Erable à feuilles d'obier	F	U	2,85	publique	non	oui	R	D	797420	2174000	F	Feuillus
549/01	La Truchère		Orme champêtre	RU	U	3,9	publique	oui	oui	D		800050	2171640		Feuillus
551/01	Uchon		Chêne sessile	F	U	3,71	privée	oui	oui	D	N	748900	2201980		Feuillus
551.02	Uchon		Hêtre	F	U	3,85	privée	oui	oui	C		748450	2201870		Feuillus
551/03	Uchon		Hêtre	F	U	2,92	privée	oui	oui	C		747470	2202450		Feuillus
551/04	Uchon		Châtaignier	f	U	6,8	privée	non	non	D		745950	2203000		Feuillus
551/05	Uchon		Hêtre	RU	G	plessage	privée	oui	oui	R		746550	2201890		Feuillus
553/01	Vareilles		Marronnier	UR	U	3,4	publique	oui	oui	D	L?	748180	2146020		Feuillus
555/01	Varennes-le-Grand		Chêne pédonculé	F	U	3,9	publique	oui	oui	D	N	789570	2191990		Feuillus
565/01	Vendenesse/Ar-roux		Chêne pédonculé	UR	U	5,6	privée	non	oui	D		733500	2182180		Feuillus
565/02	Vendenesse/Ar-roux		Chêne pédonculé	UR	U	4,33	publique	oui	oui	D		732600	2182100		Feuillus
572/01	Vers		Cormier	F	G	1,85	publique	oui	oui	D		792450	2179900		Feuillus
572/02	Vers		Buis	RU	G	0,47	publique	oui	oui	D		792890	2178850		Feuillus
574/01	Verzé		Chêne sp.	F	U	3,7	privée	oui	oui	D	N	786550	2153550		Feuillus
574/02	Verzé		Chêne sessile	F	G	3,05	publique	oui	oui	D	N/D	786120	2155600		Feuillus
574/03	Verzé		Chêne sessile	F	U	1,68	privée	oui	oui	D	N	787230	2154560		Feuillus
574/04	Verzé		Sureau noir	RU	U	1,4	privée	oui	oui	D		785250	2156450		Feuillus
576/01	Le Villars		Chêne pédonculé	F	U	4,15	publique	oui	oui	D		797630	2173260		Feuillus
579/01	Villeneuve-en-Montagne		Séquoia	RU	G	3,14	privée	oui	oui	R	D	771600	2196100	F	Résineux

LISTE DES ARBRES À PROSPECTER EN BOURGOGNE

en vert: visites - **en gras: à prospecter** - en rouge: morts

Département	commune	essence	lieu dit	intérêt	source	contact/observations
21	Antheuil	tilleul	bourg, calvaire	oui	AD	photos faites le 15 septembre
21	Antigny-le-Château	chêne	CD 14	oui	CK	photos faites le 15 septembre
21	Antigny-la-Ville	6 chênes pédonculés	bourg dans un pré à droite	oui	Régis Dupuis Chalon	03 85 48 69 38 (photo)
21	Antigny-la-Ville	chêne 6,30 m	pré en face des 6, derrière monument martyrs	oui	Régis Dupuis Chalon	
21	Arnay-le-Duc	tilleul	place près de l'église	oui	AD	
21	**Argilly**	**chêne**	**forêt domaniale de Citeaux**	**oui**	**ONF/SBAA**	**layon 31/32, 5,50 de tour**
21	Aubigny-la-Ronce	cormier		oui	AD	photos faites
21	Auxonne	chêne	hameau de La Cour	oui	OT Auxonne	Chêne Napoléon
21	Auxonne	platanes	entrée nord de la ville (N5)	oui	SBAA	226 platanes
21	Bagnot	chêne	Bois Lapierre, section 283 C	(oui)	SBAA	chêne à 4 troncs, 4,70 m de tour
21	Baigneux-les-Juif	?	bourg		PV	
21	**Beaune**	**platanes**	**boulevard Maréchal Joffre**	**oui (classés)**	**Diren sites classés**	
21	**Beaune**	**platanes**	**rempart de l'Hôtel Dieu**	**oui (classés)**	**Diren sites classés**	
21	Beire-le-Chatel	marronnier	village	oui	Bernard Lavoignat	associé à un calvaire de 1857, arbre menacé d'abattage
21	Beneuvre	orme-frêne	carrefour pour le Mont Aigu	oui	Olivier Thiébaut	à 1 km du village, sur la route de Poinçon
21	Bèze	platanes et saules pleureurs	source de la Bèze	(oui)	Diren sites classés	
21	Binges	peuplier noir	Ferme Mazeroy, dans un pré	oui	SBAA	6,60 m de tour, étêté
21	Blaizy (?)	tilleul	bourg	oui	AD (dias arbres Côte d'Or)	
21	Bon-le-Régulier	tilleul	maison bourgeoise	?	amis Sandrine	
21	Bouilland	sureau noir	route amont bourg	oui	AD	photos faites au printemps 2007
21	**Bouix**	**tilleul**	**entrée sud du village**	**oui**	**Feuille d'ARBRES n° 38/SBAA**	
21	Brazey-en-Plaine	divers	Parc Magnin	??	OT St Jean de Losne/SBAA	
21	Brazey-en-Plaine	frêne	Les Gravières, en lisière	(oui)	SBAA	6troncs
21	**Bure-les-Templiers**	**chêne**	**Ronpry, près d'une mare**	**oui**	**SBAA**	**planté en 1750, 4,50 m de tour**
21	Bure-les-Templiers	hêtre tortillard	Chemin des Champs, 2 km du village	oui	SBAA	3 m de tour
21	Bussy-le-Grand	tilleul	entrée du château	oui	SBAA	pied magnifique d'après photo SBAA
21	Buxerolles	le Gros Chêne	forêt de la Rotière (carte topo)	oui	Marie Lecontre	carte postale, mairie: 03 80 81 05 63
21	**Censerey**	**chêne pédonculé**	**ferme de Nailly**	**oui**	**SBAA**	**6,30 m de circonférence**

LISTE DES ARBRES À PROSPECTER EN BOURGOGNE

en vert: visités - **en gras: à prospecter** - en rouge: morts

21	Cessey-sur-Tille	chêne	forêt communale parcelle 22	oui lauréat jeu concours	SBAA/ONF	Chêne aux 6 filles, cépée
21	**Chambolles-Musigny ?**	**buis**	**Combe de Chambolle**	**(oui)**	**Sciences et Vie n° 915 décembre 1993**	**pp 76-77**
21	Chambolles-Musigny	tilleul	village	oui	CK	photos faites au printemps 2007
21	**Champagne-sur-Vingeanne**	**chênes**	**300 m de la lisière forêt Le Bouquet**	**oui**	**OT Mirebeau**	**Yves Trapet ONF 03 80 47 81 82**
21	Champeau-en-Morvan	charme	lac de Chamboux	(oui)	Bourgogne Nature	
21	Champeau-en-Morvan	noyer	Eschamps, cour de Mme Puech	oui	APN n° 129	planté par son grand-père
21	**Channay**	**frêne**	**église**	**oui**	**SBAA**	**arbre de la Liberté 1848**
21	Charigny	marronnier	entrée du village	oui	Diren sites classés/SBAA	
21	Châteauneuf-en-Auxois	arbres creux	parking château	oui	CK	photos faites le 15 septembre
21	Châteauneuf-en-Auxois	chêne sessile	forêt communale	oui	Christophe Gerbet	photos faites le 15 septembre
21	Chaume-les-Baigneux	cornouiller mâle	verger privé village	(oui)	SBAA	1,42 m de tour
21	Cheuge	tilleul	?	?	Hervé Reniaud, architecte	
21	Collonges-les-Bevy	chêne	forêt communale	oui	AD	photos faites au printemps 2007
21	Collonges-les-Bevy	tilleul	village	oui	AD	photos faites au printemps 2007
21	Combertault	aubépine	isolée sur la D 111	oui	SBAA	0,80 m de circonférence
21	Corcelles-les-Monts	alisier de Fontainebleau	forêt de Plombières	oui diamètre 60	ONF	
21	Couchey	tilleul	anciens fossés du château	(oui)	SBAA	planté en 1870, 4,30 m de circonférence
21	**Cussey-les-Forges**	**tilleul**	**église**	**oui**	**SBAA**	**tilleul de Sully, 4,90 m de circonférence**
21	Détain	sapins tortillards	forêt domaniale	oui	AD/ONF	photos faites au printemps 2007
21	**Dijon**	**?**	**Cours du Parc**	**oui (classés)**	**Diren sites classés**	**baptisée la plus belle allée du royaume par Louis XIV**
21	**Dijon**	**platane**	**hôpital général**	**oui**	**SBAA**	**arbre de la Liberté 1798, 3,42 m de tour**
21	**Dijon**	**saule**	**jardin de l'Arquebuse**	**oui**	**R. Bourdu, 1999, p 189**	**saule de Ste Hélène**
21	Etaules	aubépine	Val Suzon	oui	ONF	diamètre 35
21	**Fauverney**	**platanes**	**pont sur l'Ouche**	**(oui)**	**SBAA**	**5,10 et 4,20 m de circonférence**
21	**Flavigny-sur-Ozerain**	**cormier**	**Champs Rapelin, 130 m de la Croix Ste Anne**	**(oui)**	**SBAA**	**1,48 m de tour**
21	Flavigny-sur-Ozerain	frêne monophylle	Les Grandes Raies, Le Bas St Martin	(oui)	SBAA	cépée 6 brins dans une haie
21	**Flavigny-sur-Ozerain**	**mûrier blanc**	**ruelle du Moulin**	**(oui)**	**S**	**2,70 m de tour**
21	Grancey-le-Château	tilleuls		oui	SBAA	allée de 500 mètres
21	Grancey-sur-Ource	chêne	parcelle 63 de l'AFS	oui	ONF	5,20 m de circonférence
21	Ivry-en-Montagne	2 chênes	le long de la N6	oui	A Desbrosse	un plein vent et un têtard «diabolo»

LISTE DES ARBRES À PROSPECTER EN BOURGOGNE

en vert: visités - **en gras: à prospecter** - en rouge: morts

21	Lacanche	chêne	pré le long de la N6	oui	AD	
21	Lacanche	chêne		(oui)	Olivier Thiébaut	
21	**Ladoix-Serrigny**	**chêne**		**oui**	**ONF**	**Chêne Buffon**
21	Lignerolles	chêne	parcelle 34 de l'AFS	oui	ONF	Le Gros Chêne, 3,48 m de circonférence
21	**Longchamp**	**chênes**		**oui**	**ONF**	**Berceau du Roi de Rome**
21	Longchamp	chêne Les 5 filles	Bois le Coupis	oui	SBAA	localisé sur carte inventaire SBAA
21	Lucenay-le-Duc	tilleuls	allée au Pâtis de Nan	oui	SBAA	plantés en 1860
21	Marcilly-les-Vitteaux	tilleul	Dracy	oui	AD	non trouvé par CK
21	**Magny-les-Aubigny**	**tilleul de Sully**	**carrefour D34**	**oui**	**Diren sites classés/SBAA**	
21	**Magny-Montarlot**	**chêne**	**La Liguette**	**oui**	**SBAA**	**Les Cinq Filles 5 x 2 m de tour**
21	Marey/Tille	tilleul	?	?	?	dias AD
21	Maxilly-sur-Saône	chêne	route de Pontailler	oui	SBAA	arbre de la Liberté
21	**Meilly-sur-Rouvres**	**poirier**	**bas de Meilly, ancienne allée château**	**oui**	**SBAA**	**2,10 m de circonférence**
21	Ménessaire	châtaignier	château, prairie attenante	oui	Bourgogne Nature	bourrelet de greffe et torse
21	Ménessaire	tilleul	bois entre Gien, Cussy et Ménessaire	oui	APN n° 129	orme du Haut-Dû
21	Meursault	tilleul	parcelle 6 de l'AFS	oui	ONF	Le Tilleul (même individu que SBAA?)
21	Meursault	tilleul	Creux de Narvaux	?	SBAA	sur un tumulus celte
21	Mirebeau-sur-Bèze	platane	parc du château	(oui)	SBAA	
21	Molphey	charme	Pré du Charme	oui	AD	
21	Molphey	houx	Champs Bonneveau	oui	AD/SBAA	
21	Montagny-les-Seurre	chêne pédonculé	CR la Borde Baillarde	oui	SBAA	5,15 m de circonférence
21	Montbard	hêtre	sentier botanique de l'Hermitage	oui	ONF	diamètre 130
21	**Montoillot**	**hêtre**	**forêt à 1,7 km de la nationale**	**(oui)**	**SBAA**	**9 troncs 5,60 m de tour**
21	**Montoillot**	**tilleul**	**église**	**oui**	**SBAA**	**planté en 1680, 3,70 m de circonférence**
21	**Mont-St-Jean**	**tilleuls**	**château**	**oui**	**CK**	**33 +13**
21	La-Roche-en-Brénil	chêne	?	?	?	
21	**Oigny**	**chêne**	**GR**	**oui**	**SBAA**	**Chêne St Louis, 4,07 m de tour**
21	**Planay**	**tilleul de Sully**	**place du village**	**oui**	**Diren sites classés**	**5,45 m de circonférence**
21	Poncey-sur-l'Ignon	chêne sessile		oui	ONF	histoire prussiens
21	**Pouillenay**	**chêne pédonculé**	**haie au-dessus du village**	**oui**	**SBAA**	**Chêne Napoléon, 6,20 m de tour**

LISTE DES ARBRES À PROSPECTER EN BOURGOGNE

en vert: visités - **en gras: à prospecter** - en rouge: morts

21	Pouillenay	saule	Les Prés Hauts	?	SBAA	3,80 m de tour
21	**Précy-sous-Thil**	**tilleuls**	**?**	**(oui)**	**courrier G Feterman**	**projet de guide arbres remarquables de France**
21	**Premières**	**chênes**	**Bois de Bouchet**	**oui**	**ONF/SBAA**	**Berceau du Roi de Rome, plantée en 1811**
21	Recey-sur-Ource	chêne	parcelle 63 de l'AFS	oui	ONF	Le Hêtre enjambeur
21	Rouvray	chêne pédonculé	route St Andeux/ Rouvray	oui	Bourgogne Nature	
21	Rouvray	frêne	les Coteaux	oui	Bourgogne Nature	
21	Saulieu	ginkgo	centre ville	non	Bourgogne Nature	non visible
21	Saulieu	tilleuls	Promenade Jean Macé	oui	Diren sites classés/SBAA	50 plantés en 1735
21	Saulx-le-Duc	alisier de Fontainebleau		oui	ONF	photos faites au printemps 2007
21	Savigny-les-Beaune	tilleuls	avenue accès au château	(oui)	Diren sites classés	replantés en 1980 en remplacement des marronniers
21	Savigny-les-Beaune	épicéas		oui	ONF	épicéas du Rendez-vous
21	Semur-en-Auxois	frêne	près de Lantilly	?	AD	
21	St-Andeux	chêne pédonculé	les Grandes et les Petites Bordes	oui	Bourgogne Nature	«Chêne printanier»
21	**St-Anthot**	**?**	**bourg?**	**arbre de 700 ans**	**Isabelle de St Anthost/CK**	**tilleul (dias AD)**
21	St-Germain-le-Rocheux	hêtre	moulin marais tuffeux	oui?	PV	Didier Nouyrigat: 03 80 93 29 70
21	St-Léger-Triey	chêne pédonculé	forêt domaniale parcelle 40	oui	SBAA/ONF	Le Gros Chêne 4,75 m de circonférence
21	**St-Nicolas-les-Citeaux**	**Tulipier de Virginie**	**parc de l'abbaye**	**non (non ouvert au public**	**Monique Housse/père Placide**	**boutique 03 80 61 34 28 p Placide: 61 11 53**
21	St-Nicolas-les-Citeaux	hêtre	La Grange Neuve f domaniale	oui	SBAA	6 troncs 7m circonférence
21	St-Romain	tilleul	Fort Champagne	oui	SBAA	carte postale ancienne
21	St-Thibaut	platane		?	CK	niveau d'intérêt à vérifier
21	vallée-de-la-Vingeanne	orme	?	oui	Alain Chiffaut	
21	Veilly	tilleul	église	oui	Françoise/SBAA	photos faites le 15 septembre
21	**Veuxhaulles-sur-Aube**	**chêne**	**lisière forêt**	**oui**	**SBAA**	**Le Gros Chêne, 5,30 m de tour**
21	Vic-sous-Thil	tilleuls	allée entre château et collégiale	(oui)	SBAA	plantée en 1340
21	Viévy	houx, chênes, tilleul, charmes		oui	CK	photos faites le 15 septembre
21	**Villargoix**	**chênes pédonculés**	**Le Fourneau**	**oui**	**Bourgogne Nature**	**«Chênes jumeaux» sur carte topo**
21	Villers-Rotin	tilleul de Sully	place de l'église	oui	Diren sites classés/SBAA	planté en 1610, passage de Napoléon

LISTE DES ARBRES À PROSPECTER EN BOURGOGNE

en vert: visités - **en gras: à prospecter** - en rouge: morts

Département	commune	essence	lieu dit	intérêt	source	contact/observations
58	Anthien	chêne	près du château de Villemolin	oui	APN n°129	6,30 m
58	Alligny-en-Morvan	aubépine monogyne	carrefour D521/tacot	oui	Bourgogne Nature	
58	Alligny-en-Morvan	chêne pédonculé	Gr Pays du Morvan	oui	Bourgogne Nature	
58	Alligny-en-Morvan	tilleul hybride	N6 Pierre Ecrite	oui	Bourgogne Nature	associé à une croix
58	Arcy	chênes (3)	forêt domaniale	oui	ONF	Chêne Baudin, du Roi Bry, La Grosse Fouël
58	Bazoches-en-Morvan	chêne	bois de Bazoches, carrefour	oui	APN n°129	Chêne des Poû
58	Bazoches-en-Morvan	chênes	autour du château	oui	APN n°129	plusieurs de + ou - 6 mètres de tour
58	Bazoches-en-Morvan	hêtre pourpre	parc de Vauban	oui	APN n°129	
58	**Bertranges**	**chênes (3)**	**forêt domaniale**	**oui**	**ONF**	**Chêne Badaud bis, du Ginardeau, de la Vache**
58	**Biches**	**chêne**		**oui**	**ONF**	**Chêne des Fouines ou du Camp Romain**
58	**Bona**	**tilleul**	**église**	**oui**	**Diren sites classés**	**mort récemment (Laurence Chaber)**
58	Brassy	bouleau verruqueux	prairie de Montour	(oui)	Bourgogne Nature	
58	**Brassy**	**chêne pédonculé**	**Brassiot**	**oui**	**Bourgogne Nature**	**«un des plus vieux du Morvan»**
58	**Brassy**	**houx (3)**	**la Montée**	**oui**	**Bourgogne Nature**	
58	Chassy	chêne pédonculé	entre le village et le château	oui	Bourgogne Nature	
58	Château-Chinon	châtaignier	ancienne gare	oui	APN n°129	7,20 m de tour
58	Corancy	tilleul	chapelle de Faubouloin	oui	APN n°129	
58	**Coulanges-les-Nevers**	**platane**	**?**	**oui**	**courrier G Ferterman**	**projet de guide arbres remarquables de France**
58	**Couloutre**	**châtaignier**		**la Grosse Châtaigniée**	**OT Donzy**	**OT: 03 86 39 45 29**
58	**Decize**	**platanes et tilleuls**	**promenade des Halles**	**oui**	**Diren sites classés**	**date du XVIIIème**
58	**Donzy**	**tilleul**	**hameau de la Grande Brosse**	**oui**	**courrier G Ferterman**	**projet de guide arbres remarquables de France**
58	Dornecy	tilleul	bourg	oui	APN n°129	
58	**Dun-les-Places**	**hêtre**		**oui**	**ONF**	**Foyard de l'Amadou diamètre 165**
58	**Dun-les-Places**	**frêne**	**bourg**	**oui**	**AD/Bourgogne Nature**	
58	Dun-les-Places	hêtre	Pré de Lavault	oui	APN n°129	3,30 m de circonférence
58	Dun-les-Places	chêne	Vermot	oui	APN n°129	4,75 m de circonférence

LISTE DES ARBRES À PROSPECTER EN BOURGOGNE

en vert: visités - **en gras: à prospecter** - en rouge: morts

58	Dun-sur-Grandry	houx (2)	Montagne de Vaussegré	oui	Bourgogne Nature	
58	Empury	chêne à gui	limite avec St André en Morvan	oui	APN n°129	entre Athée et Breugny
58	Gâcogne	châtaignier	parc du château de Raffigny	oui	APN n°129	
58	**Giry**	**Chêne de Plaine**	**plateau dominant le château**	**oui**	**OT Prémery**	**OT:03 86 37 99 07**
58	Glux-en-Glenne	chêne pédonculé	bourg	oui	Bourgogne Nature	les photos sont faites!
58	Glux-en-Glenne	pommiers	les Beaux	(oui)	Bourgogne Nature	
58	Glux-en-Glenne	merisier	Anvers	oui	Bourgogne Nature	
58	Gouloux	chêne pédonculé	le Breuil, étang Brocard	oui	Bourgogne Nature	
58	**Gouloux**	**hêtre**	**Pont de la Racine**	**oui**	**Bourgogne Nature**	
58	**Gouloux**	**orme «jumelle»**	**D 292/GR 13 au Sud du bourg**	**oui**	**AD**	**deux fûts d'un mètre de diamètre environ**
58	**Guérigny**	**chêne**	**forêt domaniale des Bertranges**	**oui**	**ONF**	**loalisé sur carte 2524 Est Nevers**
58	**Guérigny**	**tilleuls**	**promenades des allées**	**oui**	**Diren sites classés**	**sur un kilomètre, XVIIIème**
58	**Jailly**	**tilleul**	**église**	**oui**	**Diren sites classés**	**tilleul Sully**
58	Larochemillay	aubépine monogyne	Plantelune	(oui)	Bourgogne Nature	
58	Larochemillay	poirier	Plantelune	(oui)	Bourgogne Nature	cour d'une propriété
58	Larochemillay	hêtre	chez Davaux	oui (4,75 m)	Bourgogne Nature	«visite interdite»
58	**Larochemillay**	**hêtre**	**Fou du Loup**	**oui**	**Bourgogne Nature**	
58	Larochemillay	houx	la Forêt	oui	Bourgogne Nature	«visite interdite»
58	Larochemillay	cèdre	château	(oui)	APN n°129	8,25 m de circonférence
58	Larochemillay	merisier	le Chalet	oui	Bourgogne Nature	
58	Marcy	tilleul	? Encore existant?	oui	P. Lieutaghi/BN	carte postale de 1909 «Le Gros Tilleul», 14 m de circonférence
58	Marigny-la-Ville	tilleuls	entrée du bourg	oui	Bourgogne Nature	associés à une croix
58	Marigny-l'Eglise	chêne pédonculé	la Chaume	oui	Bourgogne Nature	
58	Marigny-l'Eglise	hêtre	Bois de la Revenue	oui	Bourgogne Nature	
58	Marigny-l'Eglise	tilleuls	le long de la route	oui	Bourgogne Nature	associés à une croix
58	Millay	charme	Le Breux	(oui)	Bourgogne Nature	
58	Millay	frêne à fleurs	les Hérards	(oui)	Bourgogne Nature	
58	**Montambert**	**chêne**		**oui**	**ONF**	**Chêne du Tiers**
58	Montreuillon	aulne glutineux	pont D126/Yonne	(oui)	Bourgogne Nature	
58	Nevers	platanes	parc Salengro	oui	Diren sites classés	XVIIIème partie basse
58	Nevers	platanes	parc Préfecture	oui	Diren sites classés	plus de 30 mètres de haut

LISTE DES ARBRES À PROSPECTER EN BOURGOGNE						
en vert: visités - **en gras: à prospecter** - en rouge: morts						
58	Nuars	tilleul	Bonneçon, église	oui	APN n°129	probable Sully si toujours vivant
58	Oulon	tilleul	église	oui	APN n°129	
58	**Ouroux-en-Morvan**	**châtaignier**	**Les Poutières**	**oui**	**Bourgogne Nature**	**lauréat du jeu concours**
58	**Ouroux-en-Morvan**	**merisier**	**le Couezon**	**oui**	**Bourgogne Nature**	
58	Planchez	pins sylvestres	entrée du bourg	oui	Bourgogne Nature	associés à une croix
58	Planchez	tilleul	cour d'une maison	(oui)	APN n°129	
58	Poil	châtaignier	Ettevaux	oui	Bourgogne Nature	
58	Poil	charmes (2)	Les Serrats, Ettevaux	(oui)	Bourgogne Nature	
58	Pouques-Lormes	chêne	chemin de Vassy à Vauban	oui	APN n°129	5,80 m de tour, empiète sur le chemin
58	**Raveau**	**chênes (3)**	**forêt domaniale des Bertranges**	**oui**	**ONF**	**localisés sur la carte 2523 Est Suilly la Tour**
58	St-Amand-en-Puisaye	charmes	chemin de la Passerelle	oui trognes	OT Puisaye nivernaise	de Vinck page 47
58	St-Aubin-les-Forges	chêne	forêt domaniale des Bertranges	(oui)	2524 Est Nevers	Chêne des Rondelles
58	**St-Brisson**	**frêne**	**Maison du Parc du Morvan**	**oui**	**AD/Bourgogne Nature**	
58	**Ste-Colombe-des-Bois**	**tilleul**		**oui Sully**	**OT Donzy**	**OT: 03 86 39 45 29**
58	St-Hilaire-Fontaine	chêne	Sud route Decize	oui	AD	
58	St-Hilaire-en-Morvan	châtaignier	Champcheur	oui	APN n°129	dans un talus, souche énorme
58	St-Léger-Fougeret	chêne pédonculé	camping	oui	Bourgogne Nature	
58	St-Léger-sous-Beuvray	hêtres	Beuvray	oui	Diren sites classés	«queules»
58	**St-Malo-en-Donziois**	**chêne**		**oui**	**ONF**	**Chêne de St Malo**
58	St-Martin-du-Puy	hêtres	forêt des Usages de St Martin	oui	Bourgogne Nature	associés à une croix
58	St-Martin-du-Puy	tilleuls et frênes	château de Vésigneux	oui	Bourgogne Nature	double allée de 288 arbres
58	**Varzy**	**chêne**		**oui**	**ONF**	**Chêne Marchand**
58	**Vauclaix**	**charme**	**CR Huis Pataud/étang Vauclaix**	**oui**	**Bourgogne Nature**	
58	Villapourçon	érable sycomore	les Régevaux	(oui)	Bourgogne Nature	
58	Villapourçon	érable sycomore	le Foudon	oui	Bourgogne Nature	
58	Villapourçon	merisier	les Régevaux	oui	Bourgogne Nature	
58	Villapourçon	cèdre	les Moynes	(oui)	APN n°129	8,05 m de tour

LISTE DES ARBRES À PROSPECTER EN BOURGOGNE

en vert: visités - **en gras: à prospecter** - en rouge: morts

Département	commune	essence	lieu dit	intérêt	source	contact/observations
71	Anost	frêne	Vaumignon	oui	Bourgogne Nature	lierre
71	Anost	tilleul	Montcimet	oui	APN n° 129	
71	Autun	gingko	centre ville	non	Bourgogne Nature	non visible
71	Azé	buis	parc de Rizerolles	oui	Diren sites classés	auraient plus de 250 ans
71	Baron	chêne sessile	église de St Nizier	oui	AD	mairie: 03 85 24 21 67
71	Cormatin	chêne	château	oui	courrier G Feterman	projet de guide arbres remarquables de France
71	Glux-en-Glenne	chêne	Anverse	(oui)	APN n° 129	connu dans les environs
71	Joncy	platane	château	oui	Philippe Denis, Coulanges lès N	contacter Philippe de Chérisey, propriétaire
71	La-Celle-en-Morvan	chêne pédonculé	bourg	oui	Bourgogne Nature	«visite interdite»
71	La-Celle-en-Morvan	chêne	pré en bord de Canche	oui	APN n° 129	6,50 m de circonférence
71	La-Celle-en-Morvan	chêne pédonculé	le Mont	oui	Bourgogne Nature	trois troncs emmêlés
71	**La-Celle-en-Morvan**	**hêtre**	**Buisson du Fou**	**oui**	**Bourgogne Nature**	**toponymie**
71	La-Chapelle-au-Mans	châtaignier	?	(oui)	courrier G Feterman	projet de guide arbres remarquables de France
71	La-Grande-Verrière	?	Champeroux	?	amis Sandrine	
71	Lucenay-l'Evêque	chêne pédonculé	Pré Caillet	oui	AD/Bourgogne Nature	«visite interdite»
71	Roussillon-en-Morvan	hêtre	Glenne	oui	Bourgogne Nature	
71	Roussillon-en-Morvan	châtaignier	haie entrée d'un champ	oui	APN n° 129	Châtaignier Rond, 8 m de tour
71	St-Didier-sur-Arroux	charme	La Gagère	(oui)	Bourgogne Nature	
71	St-Léger-sous-Beuvray	charme	La Bise à l'Ane	oui	Bourgogne Nature	
71	St-Léger-sous-Beuvray	châtaignier	Lavaux	oui	AD/Bourgogne Nature	
^71	St-Léger-sous-Beuvray	pin sylvestre	Montaugé	oui	AD/Bourgogne Nature	
71	Sennecey-le-Grand	tilleuls	esplanade du château	oui	Diren sites classés	et aussi les mûriers derrière le château
71	Sommant	chêne pédonculé	château	oui (7,40 m)	Bourgogne Nature	«visite interdite»
71	Uchon	châtaignier	La Bremme	oui	Bourgogne Nature	

LISTE DES ARBRES À PROSPECTER EN BOURGOGNE

en vert: visités - **en gras: à prospecter** - en rouge: morts

Département	commune	essence	lieu dit	intérêt	source	contact/observations
89	**Auxerre**	**frêne**	**parc de l'Arbre Sec**	**oui**	**Diren sites classés**	**sculpté en 1988**
89	Asquins	chêne pédonculé	les Crots Bouillats	oui	Bourgogne Nature	
89	Bagneaux	alisier de Fontainebleau	parcelle 23	oui	ONF	diamètre 90
89	Bellechaume	charme		oui	ONF	diamètre 90
89	Bléneau	chêne aplati	étang des Blondeaux	oui?	OT Toucy	mairie: 03 86 74 91 61
89	Chailley	tilleul	bourg	oui	AD	arbre de la Liberté?
89	Chassignelles	mûrier blanc	?	oui	Feuilles d'ARBRES n°31	12 m de haut, 3,65 m de tour
89	Cézy	platane	?	oui	Feuille d'ARBRES n°50	labelisé Arbre de France en mai 07
89	Champcevrais	chêne pédonculé	maison de retraite	oui 600 ans	OT Toucy	mairie: 03 86 74 93 31
89	Chastellux-sur-Cure	chêne	D444 entre les Cabanes et Montmardelin	oui	APN n°129	Chêne Beau, en limite forêt communale/privée
89	Courgenay	chêne de la Liberté	village	oui	G. Feterman	livre arbres remarquables de France
89	Courson-les-Carrières	charme	Bois des Rochottes	oui	AD	
89	Courson-les-Carrières	érable champêtre	Bois des Rochottes	oui	AD	
89	Crain	séquoia	parc du château de Misery (golf?)	oui?	Robert Baeli	40 mètres de haut
89	Dicy	orme lisse	l'Ormée	oui	Feuille d'ARBRES	n°49 juin 2007 «Orme du pauvre»
89	Druyes-les-Belles-Fontaines	tilleul	église	oui	Diren sites classés	s'est reconstitué depuis le classement
89	Fontenay-sous-Fouronnes	marronnier	bourg	oui	AD	
89	Givry	pin sylvestre	RD 71 près d'une croix	?	correspondante ARBRES	16 m de haut et 3,10 m de circonférence
89	Island	chênes pédonculés	pré entre église et château	?	Régis Dupuis, Chalon/Saône	03 85 48 69 38 (photo)
89	Lapostolle	tilleul de Sully	église	oui	Feuille d'ARBRES n°49	voir poème en son honneur
89	**L'Ilsle-sur-Serein**	**?**	**parc communal**	**?**	**Gérard Savéan**	
89	**L'Ilsle-sur-Serein**	**?**	**en venant d'Avallon avant la rivière**	**?**	**Gérard Savéan**	
89	Mailly-le-Château	tilleul	Grand Place	oui	Diren sites classés	Sully, le Vieux Tilleul, 4,50 m
89	Magny	charmes	mairie (ancien presbytère)	oui	AD	allée double de 48 arbres
89	Menades	chêne	friche	oui	APN n°129	Grous Châgne, 5,20 m
89	Merry-la-Vallée	chêne (6,50 m)	château d'Arthé	oui "Chêne millénaire"	OT Aillant sur Tholon	OT: 03 86 63 54 17
89	Merry-la-Vallée	cormier	château d'Arthé	oui	AD	découvert lors de la visite au chêne
89	Moutiers	chêne de la Liberté	place publique?	oui	OT Toucy	mairie: 03 86 45 54 76
89	Nitry	cormier		(oui)	ONF	diamètre 55
89	Parly (Pourrain)	châtaigniers	sur la commune	oui	OT Toucy	Guy Even: 03 86 44 19 81

LISTE DES ARBRES À PROSPECTER EN BOURGOGNE

en vert: visités - **en gras: à prospecter** - en rouge: morts

Département	commune	essence	lieu dit	intérêt	source	contact/observations
89	Perceneige	tilleul	église	oui	Feuille d'ARBRES	n°49 juin 2007 labellisé en janvier 06
89	Pontigny	pins sylvestres		?	ONF	
89	Puisaye	trognes		oui	OT Toucy	Alice de Vinck: 03 86 74 77 74
89	Quarré les Tombes	2 chênes	Forêt au Duc	oui	APN n°129	près de la maison forestière du Gué des Etangs
89	St Fargeau	chêne	parc du château	oui	G. Feterman	Chêne de la Grande Demoiselle
89	**St Léger Vauban**	**chêne**	**Moulin Colas**	**oui**	**Feuille d'ARBRES n°24/BN**	**labelisé Arbre de France**
89	St Moré	chêne	Côte de Char	oui	AD	propriété du Conservatoire
89	St Moré	tilleul à grandes f	place	oui	Madeleine Jaminet, 1983	abattu (Eric Auclair)
89	**Ste Colombe**	**orme**	**?**	**oui**	**Pierre Maillard**	**rabattu après la tempête de 1999**
89	Sougères en Puisaye	tilleul Sully	hameau de Pesselières	oui (daté de1598)	OT Toucy	mairie: 03 86 45 23 53
89	Sougères en Puisaye	3 cèdres	La Lavière	?	OT Toucy	Régis Choux: 03 86 45 23 41
89	**Tanlay**	**tilleuls**	**avenue du château**	**oui**	**Diren sites classés**	**site à piqueprune (Magali Miaille)**
89	Toucy	chêne	château d'Arthé	?	OT Toucy	Serge Breuillé: 03 86 44 00 73
89	Toucy	chêne	Les Bailly	oui? Point géodésique	OT Toucy	Serge Breuillé: 03 86 44 00 73
89	Treigny	tilleul	place du hameau de Perreuse	?	Gérard Savéan	"tilleul classé"
89	Venizy	chêne sessile		oui	ONF	Les Six Frères
89	Vergigny	chêne	forêt de Pontigny	arbre de la Liberté	OT St Florentin	Maison de la Nature: 03 86 80 44 62

ARBRES ET ARBUSTES DE BOURGOGNE, D'APRÈS BUGNON, 1993

93 espèces dont 24 naturalisées ou échappées des parcs et jardins - **en gras: espèces protégées**

	nom commun	nom scientifique	répartition	arbres remarquables
Gymnospermes				
Pinacées	Sapin blanc	Abies alba	introduit dans les massifs siliceux et les parties élevées des plateaux calcaires	*
	Epicea	Picea abies	plantations forestières	*
	Douglas	Pseudotsuga menziesii	plantations forestières	*
	Mélèze d'Europe	Larix decidua	plantations forestières	
	Cèdre de l'Atlas	Cedrus atlantica	introduit sur les côtes calcaires	*
	Pin noir d'Autriche	Pinus nigra	introduit sur les côtes calcaires	*
	Pin sylvestre	Pinus sylvestris	introduit sur silice comme sur calcaire	*
Cupressacées	Genévrier commun	Juniperus communis	notre seul conifère spontané en zone calcaire ou forêts claires sur silice, périphérie des marais alcalins ou des tourbières acides	*
Taxacées	If	Taxus baccata	parcs et jardins	*
Angiospermes				
Salicacées	Saule blanc	Salix alba	zones humides, forêts inondables	*
	Saule roux	Salix atrocinerea	saulaies humides en stations acidophiles à mésotrophes de Bourgogne occidentale	
	Saule à oreillettes	Salix aurita	fourrés humides et zones tourbeuses sur sols mésotrophes à oligotrophes	
	Saule marsault	Salix caprea	sur substrats variés en conditions mésophiles à hygrophiles en toutes régions	
	Saule cendré	Salix cinerea	stations hygrophiles à inondées en permanence sur substrats variés en toutes régions	
	Saule drapé	Salix eleagnos	saulaies basses des vallées alluviales	
	Saule fragile	Salix fragilis	bords des eaux et haies des zones humides eutrophes à mésotrophes, forêts inondables	
	Saule à cinq étamines	Salix pentandra	haies des zones humides ou tourbeuses du Morvan Nord	
	Saule pourpre	Salix purpurea	saulaies basses des vallées alluviales, des bords de ruisseaux et marais	
protégé	**Saule rampant**	**Salix repens**	**marais alcalins, zones tourbeuses alcalines ou acides**	
	Osier brun	Salix triandra	élément fondamental des saulaies riveraines des rivières et des étangs	
	Osier blanc	Salix viminalis	élément fondamental des saulaies riveraines des rivières et des étangs	
	Peuplier blanc	Populus alba	introduit et naturalisé sur sols frais à inondables	
	Peuplier blanchâtre	Populus canescens	introduit et naturalisé sur sols frais à inondables	
	Peuplier noir	Populus nigra	bords des rivières, bois marécageux	*
	Tremble	Populus tremula	bois frais sur calcaires marneux et marnes, bois humides à marécageux	
Juglandacées	Noyer	Juglans regia	planté et disséminé par les oiseaux sur plateaux calcaires, forêts inondables des grandes vallées	

ARBRES ET ARBUSTES DE BOURGOGNE, D'APRÈS BUGNON, 1993

93 espèces dont 24 naturalisées ou échappées des parcs et jardins - **en gras: espèces protégées**

	nom commun	nom scientifique	répartition	arbres remarquables
Betulacées	Bouleau blanc	Betula pendula	forêts, taillis et landes sur sols siliceux ou limons acides, pionnier sur marnes, craie, voire calcaire compact	*
	Bouleau pubescent	Betula pubescens	forêts et taillis humides, abondant sur sols acides	
	Aulne glutineux	Alnus glutinosa	forêts marécageuses, bords des ruisseaux et rivières	*
Corylacées	Charme	Carpinus betulus	forêts calcicoles à acidophiles, mésoxérophiles à hygrophiles	*
	Noisetier	Corylus avellana	forêts, taillis, haies et fourrés en conditions calcicoles à acidophiles	*
Fagacées	Hêtre	Fagus sylvatica	forêts calcicoles à acidophiles, xérophiles à mésophiles et mésohygrophiles	*
	Châtaignier	Castanea sativa	constituant des chênaies-hêtraies acidophiles	*
	Chêne sessile	Quercus petraea	chênaies calcicoles à acidophiles, xérophiles à mésophiles	
	Chêne pubescent	Quercus pubescens	adrets thermophiles sur versants des reliefs calcaires	*
	Chêne pédonculé	Quercus robur	forêts calcicoles à mésotrophes, sur sols profonds, frais ou inondables	
	Chêne rouge	Quercus rubra	introduit dans les plantations forestières	
Ulmacées	Orme des montagnes	Ulmus glabra	vallons et reliefs calcaires élevés, versants frais et mésotrophes en massifs siliceux	
	Orme lisse	Ulmus laevis	grandes valléez alluviales en stations mésotrophes à eutrophes	*
	Orme champêtre	Ulmus minor	chênaies pédonculées-frênaiese en plaine, érablières collinéennes, stations nitratophiles en milieu rural	*
	Orme à feuilles de charme	Ulmus carpinifolia	bords de la Loire et de l'Allier	
Moracées	Mûrier blanc	Morus alba	autrefois planté	
	Mûrier noir	Morus nigra	autrefois planté	*
				*
Rosacées	Poirier à feuilles en cœur	Pyrus cordata	haies, taillis et bois de Puisaye et Gâtinais	
	Poirier commun	Pyrus pyraster	haies et bois en stations non acides	*
	Pommier sauvage	Malus sylvestris	haies, bois neutrophiles à mésotrophes ou acidoclines	
	Alisier blanc	Sorbus aria	taillis et bois clairs mésoxérophiles à xérophiles sur calcaire, plus rarement sur silice	
	Sorbier des oiseleurs	Sorbus aucuparia	forêts acidoclines à acidophiles	
	Cormier	Sorbus domestica	forêts neutrophiles à eutrophes et mésotrophes	*
protégé	**Alisier de Fontainebleau**	**Sorbus latifolia**	**bois en stations thermophiles sur calcaire**	*
	Alisier torminal	Sorbus torminalis	bois clairs, haies, sur substrats acides ou calcaires	*
	Amélanchier	Amelanchier ovalis	versants rocailleux ou éboulis fixés, rochers et corniches sur calcaire	

ARBRES ET ARBUSTES DE BOURGOGNE, D'APRÈS BUGNON, 1993

93 espèces dont 24 naturalisées ou échappées des parcs et jardins - **en gras: espèces protégées**

	nom commun	nom scientifique	répartition	arbres remarquables
	Néflier	Mespilus germanica	naturalisé dans la chênaie-hêtraie acidophile	*
	Aubépine épineuse	Crataegus laevigata	haies et sous-bois mésophiles	
	Aubépine monogyne	Crataegus monogyna	haies et sous-bois mésophiles	*
	Merisier	Prunus avium	bois sur substrat argileux, limons non calcaires	*
	Griottier	Prunus cerasus	subspontané près des anciens vergers	
	Prunier	Prunus domestica	subspontané près des anciens vergers	
	Prunier à greffer	Prunus domestica x insititia	naturalisé	
	Prunier arborescent	Prunus fruticans	vallées de la Loire et de l'Allier, Pays de Fours, Yonne	
	Cerisier de Ste Lucie	Prunus mahaleb	rocailles, éboulis fixés, coteaux, sur substrat calcaire	*
protégé	**Merisier à grappes**	**Prunus padus**	**haies fraîches, lisières, sur substrats siliceux et alluvions**	*
	Prunellier	Prunus spinosa	haies, friches, sous-bois, forêts alluviales	
Fabacées	Cytise	Laburnum anagyroides	buissons et taillis clairs sur reliefs calcaires, marneux ou crayeux	
	Robinier faux acacia	Robinia pseudacacia	naturalisé	*
Simaroubacées	Ailanthe	Ailanthus altissima	introduit, naturalisé	
Aceracées	Erable champêtre	Acer campestre	haies, taillis et forêts sur substrats variés	*
protégé	**Erable de Montpellier**	**Acer monspessulanum**	**taillis et forêts claires sur calcaire en station thermophile**	*
	Erable negundo	Acer negundo	naturalisé sur les grands cours d'eau	
	Erable à feuilles d'obier	Acer opalus	bois sur les reliefs calcaires	*
	Erable plane	Acer platanoides	forêts mésophiles sur calcaire	*
	Erable sycomore	Acer pseudoplatanus	forêts mésophiles sur calcaire et silice	
Aquifoliacées	Houx	Ilex aquifolium	haies et bois sur substrats variés	*
Celastracées	Fusain	Euonymus europaeus	haies et bois sur substrats variés	
Buxacées	Buis	Buxus sempervirens	friches sur pelouses rocailleuses, corniches rocheuses, sous-bois des forêts sur calcaire	*
Rhamnacées	Nerprun des Alpes	Rhamnus alpinus	hauts de versants et corniches rocheuses des combes calcaires, éboulis en ubac	
	Nerprun purgatif	Rhamnus catharticus	lisières et sous-bois clairs des terrains calcaires, haies et taillis en plaine en stations eutrophes	

ARBRES ET ARBUSTES DE BOURGOGNE, D'APRÈS BUGNON, 1993

93 espèces dont 24 naturalisées ou échappées des parcs et jardins - **en gras: espèces protégées**

	nom commun	nom scientifique	répartition	arbres remarquables
	Bourdaine	Frangula alnus	haies, zones marécageuses, molinaies, sou-bois frais ou humides, hêtraies sèches, bois clairs mésoxérophiles ou xérophiles sur substrat acide	
Tiliacées	Tilleul à petites feuiles	Tilia cordata	forêts sur limons en plaine et présent partout sur substrats variés	*
	Tilleul à grandes feuilles	Tilia platyphyllos	haut de versant des vallons calcaires, éboulis boisés, forêts inondables	*
Cornacées	Cornouiller mâle	Cornus mas	bois clairs sur calcaire	*
	Cornouiller sanguin	Cornus sanguinea	bois clairs sur calcaire	
Oleacées	Frêne oxyphille	Fraxinus angustifolia	vallées et plaines inondables	
	Frêne élevé	Fraxinus excelsior	bois frais des grandes vallées, versants rocailleux des reliefs calcaires	
	Frêne orne	Fraxinus ornus	naturalisé sur les plateaux secs	*
	Frêne de Pennsylvanie	Fraxinus pennsylvanica	îles et rives de la Loire	
	Lilas	Syringa vulgaris	se maintient dans les anciens jardins	
	Troène	Ligustrum vulgare	haies, friches, sous-bois calcaires ou substrats eutrophes à mésoeutrophes	
Buddlejacées	Budléia	Buddleja davidii	se propage à partir des plantations d'ornement	
Caprifoliacées	Sureau noir	Sambucus nigra	haies, décombres, sous-bois enrichis en azote	*
	Sureau à grappes	Sambucus racemosa	talus forestiers, haies, taillis, coteaux rocailleux, à caractère submontagnard	
	Viorne lantane	Viburnum lantana	haies, lisières forestières sur substrat calcaire	
	Viorne obier	Viburnum opulus	haies et lisières humides, bords des eaux, sous-bois sur substrats variés	

STIHL

A LA RENCONTRE DES ARBRES EN BOURGOGNE

YONNE (89)
Pont-sur-Yonne
Sens
Joigny
Migennes
Saint-Florentin
Tonnerre
Charny
AUXERRE
Rogny-les-Sept-Ecluses
St-Fargeau
Cravant
Noyers-sur-Serein
Taingy
Arcy-sur-Cure
Treigny
Vézelay
Avallon
Clamecy
Cosne-Cours-sur-Loire
Lormes
Dun
St-Brisson
Corbigny
Saulieu
Bierre-les-Semur
Les-Settons
La-Charité-sur-Loire
Prémery
NIÈVRE (58)
Château-Chinon
Bibracte
NEVERS
La Machine
Decize
Loire
Châtillon-sur-Seine
Leuglay
Seine
Abbaye de Fontenay
Montbard
Bussy-Rabutin
St-Germain-Sources-Seine
Is-sur-Tille
Semur-en-Auxois
Flavigny-sur-Ozerain
CÔTE-D'OR (21)
Vitteaux
DIJON
Châteauneuf-en-Auxois
Pouilly-en-Auxois
Genlis
Auxonne
Gevrey-Chambertin
Nuits-Saint-Georges
St-Jean-de-Losnes
Arnay-le-Duc
Savigny-les-Beaune
Beaune
Seurre
Autun
Nolay
Pierre-de-Bresse
Chagny
Le Creusot
Saint-Germain-du-Bois
Chalon-sur-Saône
Blanzy
Toulon-sur-Arroux
Montceau-les-Mines
Saône
Louhans
Gueugnon
SAÔNE-et-LOIRE (71)
Bourbon-Lancy
Tournus
Digoin
Charolles
Blanot
Cluny
Paray-le-Monial
Azé
Matour
MÂCON
Romanèche-Thorins

CIRCUITS

Côte-d'Or

Au départ de Pouilly-en-Auxois, vous verrez la double allée de platanes sur le canal de Bourgogne à Créancey avant de rejoindre Châteauneuf-en-Auxois. La visite de ce village superbe et de son allée de tilleuls (depuis le parking) vous prendra 1 à 2 heures.

Redescendez par les châteaux de Sainte-Sabine puis par Pasquier, allez voir le tilleul du 16ème siècle à Veilly près de l'église et le chêne de Foissy sur la D14 avant de rendre visite à Lacanche et son chêne – ses autres chênes aussi dans les haies. Un monument en plein champs.

A Champignolles, l'alisier géant sera le premier ambassadeur des géants de Viévy (houx sur la D16, chênes à Thillot et Esbruyères, charmes à Essertennes ...) Un village dont le bocage fait le charme.

Il faut ensuite retourner sur la RN6 par le petit bourg médiéval d'Arnay-le-Duc (et son tilleul de la place). Dirigez-vous par la D36 et ses châteaux vers Mont-Saint-Jean : château du Moyen Age (privé) : architectures superbes et tilleuls centenaires vous y attendent pour un arrêt d'une heure au moins dans ce cadre champêtre de l'Auxois.

Faites un crochet par la forêt domaniale de Detain avec le tilleul d'Antheuil, les sapins tordus de Detain (sur le D109) et le sureau noir de Bouilland avant de rejoindre la côte de Beaune et ses vignobles : c'est l'image d'Epinal de la région.

A Ladoix-Serrigny, vous verrez le chêne Buffon. Revenez ensuite par Dijon ou Bligny-sur-Ouche à moins que ... par Meursault et son tilleul ou directement, vous ne décidiez de faire le détour pour la splendide forêt de Cîteaux et ses parcelles parmi les plus belles d'Europe. À Argilly : un voyage au pays, non des patriarches survivants de ci de là, mais d'une authentique forêt primaire. Une leçon d'écologie.

Saône-et-Loire

Le département de la Saône-et-Loire a été bien étudié et ses 4 grandes entités – Morvan, Plaine de Saône, Bresse et vignoble – sont riches en arbres remarquables.

Au départ de l'autoroute A6 à Chalon-sur-Saône, passez par le vignoble de Givry (peuplier noir), de Rully (chêne) et Mercurey (érable) et surtout la D 978 puis la vallée des Vaux et la D 48. Faites le détour pour admirer les séquoias de Villeneuve-en-Montagne. C'est là aussi que fut abattu un châtaignier géant.

Vous entrez dans le Morvan et ses châtaigniers (Marmagne). Allez vers les pierres et forêts superbes d'Uchon et par la D 240, visitez le châtaignier géant de Sainte-Eugéne, puis, par la D 985, celui de Cusy, où 10 personnes peuvent « se loger » avant d'aller vers Saint-Léger-sous-Beuvray, son châtaignier et son cèdre et surtout sa forêt de hêtres au sous-bois de houx du Mont Beuvray. Bibracte la gauloise et Autun la romaine méritent plusieurs heures d'arrêt.

Vous reviendrez par Gible (douglas) et Saint-Point (chêne).

Un deuxième itinéraire part de Tournus (érable) par la belle réserve naturelle de la Truchère (orme) et le platane de Prety proche avant de découvrir les grottes d'Azé (1 à 2 heures), sa buxaie et son thuya géant. Allez à Cluny, si belle, puis au château de Cormatin (D 981) pour arriver par la D 49 à la croix de Messey et l'orme visible en plein champs de Martailly. Menhirs et châteaux sont au rendez-vous sur cette D14 vers Tournus.

Après avoir visité l'orme à Manon sur les quais de la Saône à Chalon, un détour par la Maison des vins, le Musée de la photographie… vous reviendrez par l'autoroute.

Nièvre

Au départ de Nevers, passez admirer le platane de Coulanges-les-Nevers pour emprunter la D 977 voir les chênes Babaud (mort) de Giry et celui de Saint-Malo.

Par la D 33 allez à Couloutre (châtaignier) et surtout à Saint-Amand et son allée de charmes. Allez à Donzy et Sainte-Colombe-des-Bois (tilleuls) avant de visiter la réserve naturelle du Val de Loire à Pouilly. Goûtez ce dernier grand fleuve sauvage de France…

Retour sur Nevers par Raveau (chêne) et Saint-Aubin (chêne mort signalé).

Yonne

Ce département proche de Paris est bien boisé et 2 itinéraires sont possibles au départ d'Auxerre. Par la D 965, arrêtez-vous au châtaignier de Pourrain et surtout à Merry-la-Vallée (cormier, chêne, forêt…) pour aller par la D 207 jusqu'à Champcervais (chêne) et l'ouvrage imposant de Rogny-les-Sept-Ecluses avant de revenir par la D943 (orme à Dicy et 6 platanes à Cezy).

Une autre excursion dans le Morvan vous mènera par la N151 et le D104 vers le château et le tilleul de Druyes. Il faut consacrer 1 à 2 heures à la forêt de Courson-les-Carrières (chênes, érables, charmes…) et voir le marronnier de Fontenay-sous-Fouronne, le tilleul de l'église de Mailly-le-Château avec son pont et la réserve naturelle du Bois du Parc. Toute cette région calcaire fourmille de rochers, de grottes (Arcy-sur-Cure où il faut passer 2 heures). A Saint-Moré, le chêne et le point de vue sont superbes.

Allez jusqu'à Saint-Léger-Vauban (chêne) voir le château de Bazoches et surtout Vézelay et sa basilique, les fontaines salées… Près de la ville d'Avallon et ses secrets du Moyen Age vous passerez par le superbe vallon de la rivière du Cousin pour aller voir l'allée de charmes à Magny.

Les circuits que nous suggérons s'effectuent en voiture et prennent une journée. Ils sont réfléchis par département, au départ des autoroutes (Pouilly-en-Auxois, Chalon-sur-Saône, Tournus, Auxerre) mais vous pouvez évidemment coupler 2 voire 3 départements, ou effectuer des trajets plus ponctuels à bicyclette.

Par ailleurs, il est des sites extraordinaires mêlant histoire, paysages, nature et arbres remarquables. Parmi les plus spectaculaires, il faut consacrer 3 à 8 heures à :

- L'Abbaye de Fontenay et son sentier de découverte forestière de 4 km. Dans un rayon de 20 km, il y a au moins 20 sites extraordinaires (Alésia, Flavigny…)
- Le village de Chateauneuf-en-Auxois et son allée de tilleuls ainsi que le village de Mont-Saint-Jean et ses tilleuls centenaires.
- Les forêts domaniales de Bellary et Bertranges au Nord de Nevers.
- Bibracte, le Mont Beuvray (centre archéologique, musée). Tout proche il y a Autun, le bocage de Viévy et surtout le Parc Naturel Régional du Morvan, avec ses forêts et ses lacs.
- Azé, sa buxaie et ses arbres géants, et le clunissois.

Ci-contre : Un escalier fait dans un tronc de charme émondé donne son cachet au salon du gîte de Maizière (commune de Magnien - 21).
A Chalon-sur-Saône, la salle de restaurant de la maison des vins et son orme.
A Flavigny-sur-Ozerain, une adorable cabane de poupée pour les goûters, dinettes et lectures.
A Viré, au domaine de Poiseul, une série de cabanes est installée dans un parc forestier pour le bonheur de ses visiteurs.
Ci-après: L'accès aux cabanes du domaine de Poiseul s'effectue par un escalier autour d'un grand pin.
L'accrobranche et les parcs d'aventure se sont considérablement développés depuis cinq ans et plusieurs d'entre eux sont situés en Bourgogne.

PARCS D'AVENTURE, CABANES PERCHEES ET AUTRES CURIOSITES

Cabanes perchées, pour tous ceux qui n'ont pas oublié leurs rêves de gosses

«Je me sens bien en hauteur, presque inaccessible, protégé, rassuré par la distance. Je comprends les oiseaux qui choisissent de nicher dans les cimes pour être en sécurité. Juché sur les branches, je peux, comme mes amis à plumes, me détendre, relâcher la vigilance et observer le monde avec un autre point de vue,... rêver tranquillement.... Il y a certainement quelque chose de très ancien dans cette posture perchée, un lointain souvenir génétique de nos ancêtres qui cherchaient un peu de sécurité dans un monde hostile. L'arbre est un bon protecteur de la vie.»

Guy Mauchamp, Flavigny-sur-Ozerain.

En ce début de troisième millénaire marqué par les ravages du développement non durable forcené (au rythme des années 90, le dernier mètre carré en France sera goudronné-bétonné dans 160 ans, source: Institut Français de l'Environnement, voir l'intéressante analyse qu'en fait Jean-Marc Jancovici sur son remarquable site: www.manicore.com), il est parfois bon de retrouver une certaine insouciance et de se remémorer nos constructions d'enfance: cabanes dans les bois (pour moi, c'était dans ceux de St-Eusèbe où nous passions quelques semaines de centre aéré pendant le mois de juillet à nous exercer aux techniques du froissartage, ou jeudis de l'année scolaire passés dans nos tours de guets perchées à la «queuche» des chênes de l'allée qui mène au château du Plessis à Blanzy).

C'est à l'occasion d'une étude de conception d'un sentier d'interprétation de la forêt de Bialowieza en Pologne que j'ai découvert combien les cabanes perchées sont tout ce qu'il y a de plus «tendance». Une littérature spécialisée fleurit sur le sujet, dont le superbe «Cabanes perchées» de Peter et Judy Nelson vous replongera délicieusement dans vos rêveries enfantines les plus arboricoles.

Le magnifique calendrier 2008 intitulé « Vivons perchés » publié par les éditions de la Martinière présente quelques-unes des spectaculaires réalisations d'Alain Laurens et de son équipe de La Cabane Perchée.

A Flavigny-sur-Ozerain, Guy Mauchamp a bravé les foudres de la réglementation sur les Monuments Historiques en installant dans son cèdre une adorable cabane de poupée pour les goûters, dinettes et lectures de ses enfants.

Au Locle, au-dessus de Neuchâtel, un menuisier inventif a conçu un gîte circulaire avec tout le confort autour d'un frêne géant de la montagne jurassienne. Si vous voulez aller y passer une nuit, il vous faudra prendre patience, son carnet de réservation est complet pour les deux années qui viennent!

Le Mâconnais possède depuis peu des chambres d'hôtes installées dans les arbres d'un parc de 7 hectares à Viré, au domaine de Poiseuil (tél.:03 85 33 11 15 et site internet: www.poiseuil.com). Caroline et Jean-Christophe Robinet vous accueillent dans leur demeure familiale de charme et son gîte 3 épis avec vue sur les collines du Mâconnais et du Clunisois. Ils ont depuis peu installé deux cabanes perchées, l'une à 8 mètres de haut dans un chêne centenaire et l'autre, familiale, dans un bouquet de pins lariccios. La première accessible par le pin voisin et un pont de singe est équipée d'un lit double. Un filin sur poulie vous permet le matin de monter le petit déjeuner La cabane familiale réunit par une terrasse, à 4 mètres du sol, deux habitations l'une avec lit double et l'autre avec trois lits simples pour les enfants.

Dans certains cas, la cabane prévue étant trop grande, on a tout simplement construit tout autour de l'arbre en le conservant. C'est la cas de cet ancien restaurant sur la plateau d'Antully en Saône-et-Loire devenu boîte de nuit aujourd'hui à l'abandon mais qui enserre toujours le chêne qui lui a donné son nom. A Chalon-sur-Saône, la Maison des Vins conserve l'un des deux ormes qui furent tués par la graphiose mais intégrés au porche d'entrée et à la salle de restaurant du premier étage.

Tarzan, Robin des bois ou tout simplement voir le monde de haut

Depuis plus de 10 ans, les forêts sont un nouveau terrain d'aventure. Il y a l'Escaladobranche » ou « Accrobranche », réservée aux sportifs et encadrée par la Fédération de Montagne et d'Escalade. Les adeptes conquièrent un arbre, en employant des cordes qu'ils retirent après chaque utilisation et les techniques utilisées sont celles de l'alpinisme.

C'est en 1995 qu'est né en France le premier « parcours acrobatique », avec l'idée d'ateliers fixes et permanents sur un site fermé avec des instructeurs. Un itinéraire passe par des « chimpanzodromes », des ponts de singe, tyroliennes, échelles de corde, « bambous », sauts de Tarzan… Plus de 250 parcours d'aventure existent actuellement en France sur des parcs de 0,5 à 22 hectares. Un guide les recense (Ceres, 2004).

La Bourgogne était le parent pauvre de ce développement (avec 3 parcs seulement en 2004 : In Forest, Acro'bath et AB Loisirs) qui se fait surtout en Provence-Alpes-Côte-d'Azur. Quelques nouveaux parcs voient le jour alliant ainsi récréation et sensibilisation à l'environnement, comme l'acro-parc à Givry (www.acrogivry.com), Nançay, Messigny… Au total plus de 10 lieux. Un annuaire est consultable sur www.annuaire-parcours-aventure.fr

RENSEIGNEMENTS COMPLEMENTAIRES

BIBLIOGRAPHIE, SITES ET RENSEIGNEMENTS COMPLEMENTAIRES

Livres et articles de journaux et de revues. *Publications essentielles à consulter pour la Bourgogne en brun.*

- A.R.B.R.E.S., La Feuille d'A.R.B.R.E.S., n°1 à ..
- Association des Parcs et Jardins de Bourgogne, Parcs et jardins à visiter, Bourgogne, APJB, 2007, 34 pages.
- Berte-Langereau Philippe, Les arbres remarquables du Morvan, Les Annales des pays nivernais, CAMOSINE, N°129, 2007, 36 pages.
- Bourdu Robert, Histoires de France racontées par les arbres, éditions Ulmer, 1999, 224 pages.
- Bourdu Robert, Légendes de France racontées par les arbres, éditions Ulmer, 2001, 207 pages.
- Bourdu Robert, Des soins pour les très vieux arbres, éditions Ulmer, 2004, 158 pages.
- Bourdu Robert, Feterman Georges, Arbres de mémoire, éditions Actes Sud, 1998, 135 pages.
- Bourdu Robert, Viard Michel, Arbres souverains, éditions Dumay, 1988, 207 pages.
- Brosse Jacques, Mythologie des arbres, Petite bibliothèque Payot, 1993, 360 pages.
- Bugnon François, Nouvelle Flore de Bourgogne, tome II, Clés de détermination, Bulletin scientifique de Bourgogne, édition hors série, 1995, 811 pages.
- Cardot E. , Manuel de l'arbre pour l'enseignement sylvo-pastoral dans les écoles, Touring Club de France, 1907, 94 pages.
- Chaber Laurence, Desbrosse Alain, Thiébaut Olivier, Découverte des arbres remarquables en Morvan - Saône-et-Loire, Revue scientifique Bourgogne Nature, hors série n°4, Cahiers scientifiques du Parc naturel régional du Morvan,2007, 192 pages.
- Clavel Bernard, Curien Jean-Marie, Arbres, éditions Berger-Levrault, 1982, 131 pages.
- Conseil Général de l'Hérault, L'arbre héros, édité par le Conseil Général de l'Hérault, 1994, 154 pages.
- Conseil Général du Morbihan, Arbres remarquables en Morbihan, édité par le Conseil Général, seconde édition en 2000, 56 pages.
- Collectif, Anthologie de textes d'auteurs de Saône-et-Loire de 1850 à nos jours, édité par le Conseil Général, 1990, 220 pages plus annexes.
- Desbrosse Alain, La Tête dans les arbres - Inventaire des arbres remarquables de Bourgogne - Département de Saône-et-Loire, rapport remis au Conseil régional de Bourgogne, septembre 1993, 28 pages et annexes plus classeur des 164 fiches descriptives des arbres inventoriés.
- Drénou Christophe, coordinateur, Les Racines, face cachée des arbres, Institut pour le Développement Forestier, 2006, 335 pages.- D'Yvoire Christophe, Les Patriarches, éditions du Seuil, 2006, 116 pages.
- Fau Alexandra (conception iconographique), Arbres, carnet de dessins, Bibliothèque de l'image, 2002, 95 pages.
- Feterman Georges, 100 arbres pour retrouver nos racines, édité par la revue Hommes et Plantes, revue trimestrielle du Conservatoire des collections végétales spécialisées (CCVS), n°42, été 2002, 35 pages.
- Feterman Georges, La France des arbres remarquables, Dakota Editions, 2003, 175 pages.
- Feterman Georges, Bonnemaison Hélène, Les arbres remarquables d'Ile-de-France, AMC éditions, 2000, 88 pages.
- FRAPNA, De feuilles en, aiguilles, Petit guide des arbres remarquables de l'Isère, éditions Didier Richard, 1997, 96 pages.
- Froissart Michel, Froissartage Mobilier et constructions du bûcheron, éditions Chiron, 1996, 128 pages.
- Garnier Jacques (sous la direction de), CAUE, Paysages de Saône-et-Loire, éditions Spiralinthe, 2007, 288 pages.
- Hallé Francis, Eloge de la plante, pour une nouvelle biologie, éditions du Seuil, 1999, 341 pages.
- Hallé Francis, Plaidoyer pour l'arbre, éditions Actes Sud, 2005, 213 pages.
- Hutin Jérôme, Les arbres vénérables, Le tour du monde des géants millénaires, éditions JC Lattès, 2003, 232 pages.
- Jacamon Marcel, Brunaud André, Bugnon, Arbres et forêts de Bourgogne, éditions SAEP, 1983, 140 pages.
- Johnson Owen, More David, Guide Delachaux des arbres d'Europe, éditions Delachaux-et-Niestlé, 2005, 464 pages.
- La Grange Christian, Cabanon à vivre, éditions Terre vivante, 2004, 143 pages.
- Lelièvre Yves, Des maisons très branchées, Magazine Géo, n°337, mars 2007, pages 40 à 47.
-

Lesourd Félicien, Le Graverend Eugène, Les plus gros arbres de France, révision et réédition sous la direction de Daniel Lejeune par le Cercle Généalogique du Haut-Berry, 1995, 223 pages.
- Lieutaghi Pierre, Le livre des arbres, arbustes et arbrisseaux, éditions Actes Sud, 2004, 1322 pages.
- Nelson Peter et Judy, Cabanes perchées, éditions Hoëbeke, 2002, 224 pages.
- Obellianne Anne-Sophie, Perrod Dominique, Guide des arbres remarquables du Jura, édité par l'association «Bois, Monts, Lacs», 39240 Légna, 1999, 81 pages.
- Office National des Forêts, Les arbres remarquables, guide de gestion, non daté, 49 pages.
- Office National des Forêts, Découvrir les arbres remarquables de nos forêts, 2001, dépliant A4 6 volets.
- Pakenham Thomas, Rencontres avec des arbres remarquables, éditions J.C. Lattès, 1996, 187 pages.
- Pakenham Thomas, Le Tour du Monde en 80 arbres, éditions du Chêne, 2007, 192 pages.
- Parret Jean, L'arbre, éditions Actes Sud, collection «le nom de l'arbre», 1996, 93 pages.
- Pater Jeroen, Les arbres remarquables d'Europe, éditions du Rouergue, 2006, 192 pages.
- Pointereau Philippe et Bazile Didier, Arbres des champs, Haies, alignements, prés vergers, ou l'art du bocage. Pour protéger, restaurer et gérer les arbres «hors forêt», éditins Solagro, 1995, 139 pages.
- Rackham Oliver, Trees and Woodland in the British Landscape, J.M. Dent and Sons Ltd, London, 1990, 234 pages.
- Rackam Oliver, The Illustrated History of the Countryside – Weidenfeld and Nicholson, London, 1994, 240 pages.
- Rameau Jean-Claude, Mansion Dominique, Dumé Gérard, Flore Forestière Française, tome 1, Plaines et collines, éditée par l'Institut pour le Développement Forestier, 1989, 1785 pages.
- Roidot-Deleage, Gillot Dc., Quelques arbres remarquables de l'arrondissement d'Autun, in: Congrès Scientifique de France, 42ème session tenue à Autun du 4 au 13 septembre 1876, Autun, 1877, pages 259-263.
- Secrétariat à l'Environnement, Mission du Paysage, Guide d'inventaire des arbres remarquables, 1990, 45 pages.
- Touzeil Jean-Claude, Peuples d'Arbres, Editions Donner à Voir, 1997.
- Ulrich Henri, Reliques de nos forêts de jadis Arbres, qui êtes-vous ?, Editions des Dernières Nouvelles d'Alsace - ISTRA, 1981, 111 pages.
- White John, Moore David, Encyclopédie des arbres, éditions Flammarion, 2005, 830 pages.

Sites internet

Arbres remarquables:
- http://arbresvenerables.free.fr , le site de Jérôme Hutin.
- www.arbresremarquables.com , le site du lycée forestier de Velet à Etang-sur-Arroux en Saône-et-Loire.
- www.parcsetjardins.fr .
- www.arbres.org , le site de l'association A.R.B.R.E.S.
- www.cathedralgrove.se , arbres de Colombie britannique et références des sites pour les arbres d'Europe.
- www.monumentaltrees.eu , le site de Jeroen Pater, uniquement en allemand et hollandais.
- www.lahulotte.fr le site du célèbre journal La Hulotte. A la rubrique Petits mystères des grands bois (correspondant au titre du n° 89), vous trouverez les 300 plus belles photos d'arbres des lecteurs de « La Hulotte».
- www.drzewa.puszcza-bialowieska.eu le site de Tomaz Niechoda sur les arbres remarquables de la forêt de Bialowieza en Pologne.

Grimpe et parcs aventure dans les arbres:
- www.treeclimbing.fr , le site de la grimpe dans les arbres sans laisser de traces.
- Laives Aventures (71240 Laives): laives.aventures@gmail.com .

Cabanes perchées:
- Guy Mauchamp à Flavigny:
www.bois.com/pratique-realisations-bricolage/projets-en-images/cabane-perchee/ .
- Caroline et Jean Christophe Robinet, Poiseuil, Le Haut de Saint Albain, 71260 Viré, deux cabanes dans un parc de 7 hectares, une cabane familiale et une cabane dans un chêne à 8 mètres de haut: 03 85 33 11 15 www.poiseuil.com et info@poiseuil.com .
- Constructeur (à partir de 27 000 €) :
    - www.la-cabane-perchee.com.
    - www.cabane.fr, le site d'Eric Bolmont, 2, rue du Portail, 39600 Cramans (06 61 58 71 80) constructeur des cabanes du domaine de Poiseuil à Viré dans le Mâconnais.

GLOSSAIRE

Broussin: excroissance du tronc hérissée d'aspérités et formée de bois à éléments enchevêtrés, à l'origine des panneaux dits de loupe utilisés en ébénisterie.

Dextrorse: «Le mot dextrorsum désigne l'un des deux sens d'enroulement en spirale, en parlant des plantes volubiles, des bobines d'induction, des solénoïdes, des pas de vis, etc. C'est le sens tel qu'un observateur placé suivant l'axe de la spirale voit les brins ascendants sur la moitié de la spirale tournée vers lui, s'enrouler de gauche à droite. Lorsqu'on regarde par un bout, une bobine dextrorsum, un mobile qui suivrait le fil à partir de cette extrémité serait vu marchant dans le sens des aiguilles d'une montre (le sens contraire est dit senestrorsum). D'après dictionnaire Le Larousse du XXème siècle, 1931.

Emonder: Taille des branches d'un tronc donnant ainsi à l'arbre un port en hauteur.

Houppier: ensemble des branches, rameaux et feuillage qui surmonte le fût lui-même sans branches.

Marcescent: désigne le feuillage qui reste fixé aux rameaux, à l'état sec, pendant une partie de l'hiver.

Plein vent: se dit du houppier d'un arbre qui n'a jamais été élagué par opposition aux arbres qui sont taillés, en ville ou traditionnellement dans les bocages où ils prennent la forme de «têtards» pour le Saule blanc ou d' « écornats » quand on laisse se développer le fût en hauteur, ce qui est le mode de conduite des chênes et des frênes, les deux essences les plus communes.

Plesser: Action de plier des jeunes plants ou rejets des haies pour en faire un barrage végétal dense.

Senestrorse: à l'inverse de dextrorse, un fût torse dans ce sens montre des fibres montant de la droite vers la gauche, c'est également le sens d'enroulement du chèvrefeuille et du houblon sur leur support.

INDEX DES NOMS DE VILLES ET VILLAGES

(Bourgogne – hors tableau récapitulatif)

ENQUETE-CONCOURS
«Les arbres remarquables de Bourgogne»

Vous connaissez un ou plusieurs arbres superbes, chargés d'histoire ou aux formes extraordinaires et … ils ne sont pas notés dans ce livre (voir tableaux récapitulatifs par départements, pages 314 à 329) , ou vous avez des photographies originales de ces derniers...

Alors nous vous invitons à nous communiquer leur descriptif, leur localisation et les photographies. Vous pourrez ainsi contribuer à la sauvegarde de ce patrimoine. Et afin de vous y encourager les Editions de « **L'Escargot Savant** » s'engagent à remercier chaque année les 20 meilleurs dossiers par l'envoi d'un livre original.
De plus l'auteur de la meilleure contribution se verra offrir un voyage de 7 jours à la découverte de la plus grande forêt naturelle des plaines d'Europe, le parc national de Bialowieza en Pologne. Bisons, loups, lynx y vivent libres et plus de 100 chercheurs y travaillent pour étudier cet écosystème unique en Europe fait de tilleuls et de chênes de 300 à 450 ans, d'épicéas de plus de 50 mètres de hauteur… A la frontière entre la taïga et la forêt tempérée, entre la Mazurie et les marécages de la Biebza, ce laboratoire naturel accueille chaque année plus de 300 000 visiteurs. Vous pourrez en être !

Vos renseignements et photographies envoyés seront analysés par Alain Desbrosse et un collège de personnalités. Ils feront pour certains l'objet de descriptions dans les tomes suivants de cette édition.

Pour participer à cette enquête – concours, veuillez adresser vos courriers à :

L'Escargot Savant
Enquête Arbres
Le Thillot
21230 VIEVY - France

L'AUTEUR, Alain Desbrosse

Perché avec mon frère dès notre tendre enfance à la «queuche» des chênes de notre maison natale du bassin minier, je me suis toujours plu à rôder dans la ramure de ces êtres depuis lesquels on peut rêvasser tout à loisir.

Avec un nom plutôt prédestiné aux «beurches», buissons et autres friches, et de précoces amours ornithologiques, je ne pouvais longtemps rester indifférent à la magie des sylves.

Entraîné très tôt vers les contreforts du massif d'Uchon qui abritaient les ruches grand-paternelles dont les essaims allaient butiner les châtaigniers géants, je suis plus tard parti courir le vaste monde et ses profondes forêts.

En 1982 et 1983, un voyage d'étude sur la loutre organisé par Christian Kempf dans la célébrissime forêt polonaise de Bialowieza fut l'occasion de tomber sous le charme des chênes et des pins sylvestres colossaux de l'actuelle frontière orientale de l'Europe. Le printemps suivant, c'étaient les brousses et les bouillées battues par les tempêtes de St-Pierre-et-Miquelon qui allaient faire mon régal pour un petit septennat, à arpenter ces terres où règnent encore en maîtres les éléments naturels.

Depuis 1990, dans le cadre de mon activité de bureau d'études en environnement, j'ai pu mettre en place le premier inventaire des arbres remarquables sur le département de Saône-et-Loire grâce au soutien de la Région et de son chef du Service Environnement, Jean-Philippe Caumont. Depuis, cet inventaire s'enrichit lentement au gré des diverses études d'impact au quatre coins de cette Bourgogne qui recèle dans le domaine des arbres remarquables, un patrimoine malheureusement encore trop méconnu et que ce livre contribuera, je l'espère, à mettre en lumière.

Et ces perles de nos forêts m'apparaissent chaque jour bijoux plus extraordinaires encore, au gré des voyages que je guide aux quatre coins de la Terre, de la Mongolie au Groenland et des Açores à la Patagonie.

En ces temps de développement non durable triomphant, les arbres multicentenaires nous parlent du temps où nos aïeux trinquaient avec Henri IV et nous aideront à retrouver le chemin d'un développement soutenable qui fasse que nos enfants profitent encore longtemps de ces paisibles monstres vivants.

CREDIT PHOTOGRAPHIQUE

Toutes les photographiques de cet ouvrage ont été réalisées par Alain Desbrosse à l'exception de celles des auteurs qui suivent. Certaines ont été publiées dans le N° 4 de la revue « Bourgogne Nature » consacré aux arbres remarquables.

Georges Fettermann : pages 63, 64, 67, 68, 69

Christian Kempf : pages 8, 12, 16, 32, 33, 35, 38, 40, 46, 47, 48, 50, 51, 53, 54, 55, 56, 58, 59, 60, 124, 125, 140, 141, 144, 313, 341

Comité Régional du Tourisme de Bourgogne : pages 77, 101

Office de Tourisme de Madagascar : pages 36, 37

Certaines photographies de cet ouvrage sont sous licence Creative Commons Attributions 1.0, 2.0, 2.1, 2.5, 3.0. creativecommons.org/licences/by. Il s'agit des pages 25, 26, 27, 31, 44, 45, 46, 57, 344 et 345.

Acheve d'imprimer en 2012
Bialystok - Pologne
Dépôt légal Novembre 2012
Editions de l'Escargot Savant - France